教職課程コアカリキュラム対応版

キーワードで
読み解く

特別支援教育・障害児保育&教育相談・生徒指導・キャリア教育

橋本創一・三浦巧也・渡邉貴裕・尾高邦生
堂山亞希・熊谷 亮・田口禎子・大伴 潔
［編著］

福村出版

はじめに

　学校教育や幼児教育・保育において，特別支援教育・障害児保育と教育相談・相談支援，生徒指導・生活指導などの個別に支援が必要な幼児・児童・生徒への対応は，近年，ますます増加傾向にあり，多様性を呈しています。保育・教育現場では，こうした個別的な支援の実践を，学校内の教職員が連携しチームで行うことが求められています。

　本書は，「特別支援教育・障害児保育」と「教育相談・生徒指導・キャリア教育」の合本（Ⅰ：特別支援教育・障害児保育，Ⅱ：教育相談・生徒指導・キャリア教育）となっています。本書の特徴として，文部科学省（2017年）による教職課程コアカリキュラムに完全対応しています。特別支援教育・障害児保育と生徒指導・教育相談に関する書籍として，「①簡単！」「②見やすい！」「③全部載っている！」「④コンパクト！」「⑤もっと学びたい！」をコンセプトにしています。《調べよう・深めよう！》という課題，《事例》を掲載して実際的に学び，重要な用語に関しては《キーワード》で詳しくかつ簡単に説明しています。また，学校生活に関するコラムも掲載しました。最新のデータを満載しており，キーワードから読み解くスタンダードテキストになっています。多くの方に手元に置いていただき，4～5頁の対応表をご参照のうえご活用いただければ幸いです。

2020年3月

編者代表　橋本創一（東京学芸大学）

教職課程コアカリキュラムと本書の対応表

「特別の支援を必要とする幼児，児童および生徒に対する理解」（Ⅰの各章との対応）

到達目標	該当章
(1) 特別の支援を必要とする幼児，児童および生徒の理解 一般目標：特別の支援を必要とする幼児，児童および生徒の障害の特性および心身の発達を理解する	
1）インクルーシブ教育システムを含めた特別支援教育に関する制度の理念や仕組みを理解している。	1～3章，14～16章
2）発達障害や軽度知的障害をはじめとする特別の支援を必要とする幼児，児童および生徒の心身の発達，心理的特性および学習の過程を理解している。	3章，9～12章
3）視覚障害・聴覚障害・知的障害・肢体不自由・病弱等を含むさまざまな障害のある幼児，児童および生徒の学習上または生活上の困難について基礎的な知識を身につけている。	3～9章
(2) 特別の支援を必要とする幼児，児童および生徒の教育課程および支援の方法 一般目標：特別の支援を必要とする幼児，児童および生徒に対する教育課程や支援の方法を理解する	
1）発達障害や軽度知的障害をはじめとする特別の支援を必要とする幼児，児童および生徒に対する支援の方法について例示することができる。	9～12章，15章
2）「通級による指導」および「自立活動」の教育課程上の位置づけと内容を理解している。	1～15章
3）特別支援教育に関する教育課程の枠組みを踏まえ，個別の指導計画および個別の教育支援計画を作成する意義と方法を理解している。	1章，14章
4）特別支援教育コーディネーター，関係機関・家庭と連携しながら支援体制を構築することの必要性を理解している。	1～3章，14章
(3) 障害はないが特別の教育的ニーズのある幼児，児童および生徒の把握や支援 一般目標：障害はないが特別の教育的ニーズのある幼児，児童および生徒の学習上または生活上の困難とその対応を理解する	
1）母国語や貧困の問題等により特別の教育的ニーズのある幼児，児童および生徒の学習上または生活上の困難や組織的な対応の必要性を理解している。	1章，13章

「生徒指導の理論および方法」，「進路指導およびキャリア教育の理論および方法」，「教育相談（カウンセリングに関する基礎的な知識を含む。）の理論および方法」（Ⅱの各章との対応）

到達目標	該当章
生徒指導の理論および方法	
(1) 生徒指導の意義と原理	
1）教育課程における生徒指導の位置づけを理解している。	1章
2）各教科・道徳教育・総合的な学習の時間・特別活動における生徒指導の意義や重要性を理解している。	3章
3）集団指導・個別指導の方法原理を理解している。	2章
4）生徒指導体制と教育相談体制それぞれの基礎的な考え方と違いを理解している。	1章
(2) 児童および生徒全体への指導	
1）学級担任，教科担任その他の校務分掌上の立場や役割ならびに学校の指導方針および年間指導計画に基づいた組織的な取り組みの重要性を理解している。	2章
2）基礎的な生活習慣の確立や規範意識の醸成等の日々の生徒指導のあり方を理解している。	3章
3）児童および生徒の自己の存在感が育まれるような場や機会の設定のあり方を例示することができる。	1章，3章
(3) 個別の課題を抱える個々の児童および生徒への指導	
1）校則・懲戒・体罰等の生徒指導に関する主な法令の内容を理解している。 ※高等学校教諭においては停学および退学を含む。	4章
2）暴力行為・いじめ・不登校等の生徒指導上の課題の定義および対応の視点を理解している。	4～6章

到達目標	該当章
3) インターネットや性に関する課題，児童虐待への対応等の今日的な生徒指導上の課題や専門家や関係機関との連携のあり方を例示することができる。	7章，8章
進路指導およびキャリア教育の理論および方法	
(1) 進路指導・キャリア教育の意義および理論	
1) 教育課程における進路指導・キャリア教育の位置づけを理解している。	9章
2) 学校の教育活動全体を通じたキャリア教育の視点と指導のあり方を例示することができる。	9章
3) 進路指導・キャリア教育における組織的な指導体制および家庭や関係機関との連携のあり方を理解している。	9章
(2) ガイダンスとしての指導	
1) 職業に関する体験活動を核とし，キャリア教育の視点をもったカリキュラム・マネジメントの意義を理解している。	9章
2) 主に全体指導を行うガイダンスの機能を生かした進路指導・キャリア教育の意義や留意点を理解している。	16章
(3) カウンセリングとしての指導	
1) 生涯を通じたキャリア形成の視点に立った自己評価の意義を理解し，ポートフォリオの活用のあり方を例示することができる。	16章
2) キャリア・カウンセリングの基礎的な考え方と実践方法を説明することができる。	16章
教育相談（カウンセリングに関する基礎的な知識を含む。）の理論および方法	
(1) 教育相談の意義と理論	
1) 学校における教育相談の意義と課題を理解している。	10章
2) 教育相談にかかわる心理学の基礎的な理論・概念を理解している。	10章
(2) 教育相談の方法	
1) 幼児，児童および生徒の不適応や問題行動の意味ならびに幼児，児童および生徒の発するシグナルに気づき把握する方法を理解している。	11章
2) 学校教育におけるカウンセリングマインドの必要性を理解している。	13章，14章
3) 受容・傾聴・共感的理解等のカウンセリングの基礎的な姿勢や技法を理解している。	13章，14章
(3) 教育相談の展開	
1) 職種や校務分掌に応じて，幼児，児童および生徒ならびに保護者に対する教育相談を行う際の目標の立て方や進め方を例示することができる。	15章
2) いじめ，不登校・不登園，虐待，非行等の課題に対する，幼児，児童および生徒の発達段階や発達課題に応じた教育相談の進め方を理解している。	13〜16章
3) 教育相談の計画の作成や必要な校内体制の整備など，組織的な取り組みの必要性を理解している。	12章
4) 地域の医療・福祉・心理等の専門機関との連携の意義や必要性を理解している。	15章

目　次

I

特別支援教育・障害児保育

1章

インクルーシブ保育・教育と特別支援教育

橋本創一・山口　遼

1. 障害概念について

(1) 機能障害・能力障害・社会的不利の国際分類（ICIDH）〈昔の捉え方〉

　これまで，障害は個人の能力・機能によって起こるものとして，障害者が味わう社会的不利はそのひと個人の問題だとする医学的モデルを基本として定義されていました。1980（昭和55）年に発表された「機能障害・能力障害・社会的不利の国際分類（ICIDH）」はそのモデルに依拠し，障害が理解されていました。ICIDHは障害を3つの階層により捉え，直接疾患から生じる一次的な生物学的レベルの機能・形態障害，二次的な個人レベルでの能力障害，三次的な社会的レベルの社会的不利として示しました。図中の矢印は時間的な前後関係を示すものではなく，因果関係を示しており，同時的な共存を許すものとされています。

(2) 生活機能・障害・健康の国際分類（ICF）〈現代の捉え方〉

　2001（平成13）年，世界保健会議（WHO総会）は生活機能・障害・健康の国際分類（ICF）を承認しました。「疾病の結果」を分類したICIDHから，「健康の構成要素」の分類に視点を移行し，障害を理解するようになりました。ICFでは健康状態に関連する情報を「生活機能と障害」と「背景因子」の2つに整理し，医学・社会統合モデル（障害は人と環境のかかわり方・相互作用のあり方とする）が採用されました。図1－1で示されるように，人の生活機能とその障害は健康状態と背景因子との力動的な相互作用と考えられます。ICFを活用すると，1人の生活機能や障害について整理されるだけでなく，その全体像の把握や生活機能の低下をもたらす原因が環境因子・個人因子のどこにあるかを総合的に判断することができます。

(3) 日本における障害者の状況

　日本では，障害者を「身体障害，知的障害，精神障害（発達障害を含む。）その他の心身の機能の障害がある者であって，障害及び社会的障壁により継続的に日常生活又は社会生活に相当な制限を受ける状態にあるものをいう」と定義し，障害を身体障害，知的障害，精神障害の3つに区分しています。内閣府の障害者白書（2019）から，障害者数・施設入所・入院者数の概数を表1－1に示しました。複数の障害をあわせもつ場合もありますが，

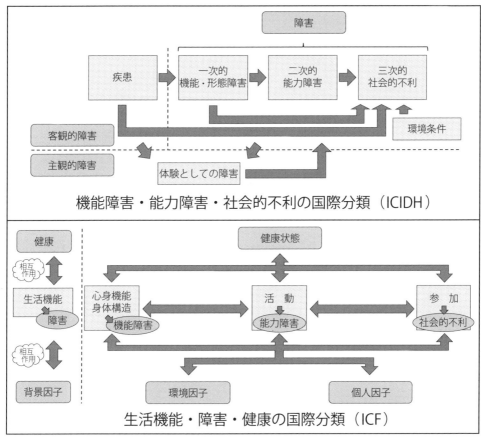

図1-1　ICIDHとICFの構成概念

国民のおよそ7.6%が何かしらの障害を有していることになります。

2. インクルーシブ保育・教育と特別支援教育の理念

(1) ノーマライゼーション

> 🔑 **キーワード**
>
> **特別支援教育**：1人ひとりの教育的ニーズを把握し，適切な指導および必要な支援を行うことで，子どもの自立や社会参加に向けた主体的な取り組みを支援すること。

　ノーマライゼーションは，1950年代に提唱された「どのような障害があろうと一般の市民と同等の生活と権利が保障されなければならない」という考え方です。日本では，厚生労働省がノーマライゼーションを「障害のある人もない人も，互いに支え合い，地域で生き生きと明るく豊かに暮らしていける社会を目指すこと」として定義し，ノーマライゼーションの社会の実現を目指しています。「特殊教育から特別支援教育への転換」は教育分野におけるノーマライゼーションの施策の1つといえるでしょう。また，バリアフ

表1−1　障害者の状況・人数（単位：万人）

		総　数	在宅者数	施設入所者数
身体障害児者	18歳未満	7.1	6.8	0.3
	男性	—	3.2	—
	女性	—	3.4	—
	不詳	—	0.1	—
	18歳以上	419.4	412.5	6.9
	男性	—	215.8	—
	女性	—	196.3	—
	不詳	—	0.3	—
	年齢不詳	9.3	9.3	—
	男性	—	2.9	—
	女性	—	5.4	—
	不詳	—	1.0	—
	総計	436.0	428.7	7.3
	男性	—	222.0	—
	女性	—	205.2	—
	不詳	—	1.5	—
知的障害児者	18歳未満	22.1	21.4	0.7
	男性	—	14.0	—
	女性	—	7.3	—
	不詳	—	0.1	—
	18歳以上	84.2	72.9	11.3
	男性	—	44.1	—
	女性	—	28.8	—
	不詳	—	0.1	—
	年齢不詳	1.8	1.8	—
	男性	—	0.6	—
	女性	—	0.6	—
	不詳	—	0.5	—
	総計	108.2	96.2	12.0
	男性	—	58.7	—
	女性	—	36.8	—
	不詳	—	0.8	—

		総　数	外来患者	入院患者
精神障害者	20歳未満	27.6	27.3	0.3
	男性	17.8	17.7	0.1
	女性	10.4	10.2	0.2
	20歳以上	391.6	361.8	29.8
	男性	155.1	141.5	13.6
	女性	236.8	220.6	16.2
	年齢不詳	0.7	0.7	0.0
	男性	0.3	0.3	0.0
	女性	0.3	0.3	0.0
	総計	419.3	389.1	30.2
	男性	172.2	158.5	13.7
	女性	247.1	230.7	16.4

出典：内閣府（2019）をもとに作成

リーやユニバーサルデザインは両者ともノーマライゼーションの一部となる概念といえます。

(2) 障害者権利条約

障害者に関する初めての国際条約である「障害者権利条約」（正式名称：障害者の権利に関する条約）は，障害者の人権や基本的自由の享受を確保し，障害者の固有の尊厳の尊重を促進することを目的とし，障害者の権利を実現するための措置等について規定しています。その内容は，条約の原則（無差別，平等，社会への包容等），政治的権利，教育・健康・労働・雇用に関する権利，社会的な保障，文化的な生活・スポーツへの参加，国際協力，締約国による報告等となっており，日本は2007（平成19）年に条約に署名，2014（平成26）年に締結しました。その間，政府は集中的に障害者に関する制度改革を進めていくこととし，2011（平成23）年に障害者基本法が改正され，2012（平成24）年に障害者総合支援法が成立し，2013（平成25）年には障害者差別解消法が成立して，同年，障害者雇用促進法が改正されました。

(3) 特別支援教育の始まり：特別支援教育元年（2007〈平成19〉年）

2000年代前半まで障害児教育の対象は障害が重度の児童・生徒のみでしたが，諸外国の障害児教育施策の動向を背景に，障害のある児童・生徒すべてが特別な教育支援の対象であると考えられるようになりました。

このような時代的な社会的な機運の中で，2007（平成19）年に学校教育法が改正され，特殊教育から特別支援教育へと転換が図られました。特殊教育とは，障害のある幼児・児童・生徒が自立をし，社会に参加する資質を培うために，1人ひとりの障害の種類や程度に応じて盲・聾・養護学校（幼稚部・小学部・中学部・高等部）ならびに小・中学校の特殊学級および通級の指導という場を提供し，その場において，きめ細かな教育を行うものです。一方で特別支援教育とは，障害のある幼児・児童・生徒に自立や社会参加に向けた主体的な取り組みを支援するという視点に立ち，1人ひとりの教育的ニーズを把握し，その持てる力を高め，生活や学習上の困難を改善または克服するため，適切な指導および必要な支援を行うものです。主な改正点は，①盲・聾・養護学校は複数の障害に対応する特別支援学校に改める，②小中学校の特殊学級を，特別支援学級と名称変更し残す，③学習障害，注意欠如・多動症（注意欠如・多動性障害）などの児童・生徒についても適切な指導が受けられる仕組みづくりを目指す，の3点があげられます。特殊教育が果たしてきた役割や実績を否定するものではなく，特別支援教育はこれを継承・発展させていこうとするもので，培われてきた教育水準や教員の専門性を維持し，さらに向上できるような方向で推進されることを前提としています。特別支援教育の対象については2章を参照してください。

(4) インクルーシブ保育・教育

> **キーワード**
>
> **インクルーシブ保育・教育**：必要な配慮・支援を行うことで，障害の有無に関係なく，一緒に包み込んだ保育・教育が実現することです。

　インクルージョンは，1994（平成6）年「サラマンカ宣言」の中で初めて提唱されました。障害の有無にかかわらず，すべての子どもを学校にインクルージョンすること，そしてそれを可能とするための学校制度の改革を目指すことを目標としています。また，すべての子どもを対象に1人ひとりの特別な教育的ニーズに応じた教育を行うべきであるとも述べています。日本では，障害者基本法（2011〈平成23〉年）で「障害のある児童生徒が通常の学級・学校でも充実した配慮・支援を受けながら，障害のない児童生徒と共に学ぶ環境を提供すること」が規定されるなど，インクルーシブ保育・教育の実現を推進しています。つまり，障害のある子どもとない子どもを区別なく，一緒に包み込むような指導といえます。障害をその人の個性や特徴として捉え，認め合い，みんなが同じように生活や活動に参加できるように必要（ニーズ）に応じて配慮や支援を提供していくことが求められています。

3. インクルーシブ保育・教育と特別支援教育の実践

(1) 学習指導要領・保育指針における特別支援教育や障害児保育

　インクルーシブ教育の推進により，障害のある子どもたちの学びの場の選択が柔軟に行われるようになっていることから，特別支援学校と幼稚園，小・中・高等学校における子どもたちの学びの連続性の確保がいっそう求められています。また，障害の重度・重複化や多様化への対応，幼稚部・小学部の段階から，学校や社会の中で自分の役割を果たしながら，自分らしい生き方を実現していく過程であるキャリア発達を促すキャリア教育など，卒業後の自立と社会参加に向けた充実を図ることが必要です。

(2) 障害児の保育・教育の形態

　障害のある幼児が主に在籍する機関は表1－2のとおりです。幼稚園や保育所で行われる障害児保育の形態は，障害幼児集団を対象とする形態（分離保育）と，健常幼児と障害幼児を合わせた集団を対象とする形態（統合保育），両者の中間となる形態（交流保育）があります。統合保育は各園の保育体制や施設・設備などの事情と，障害幼児の発達や障害の状態に応じて，多様な段階・内容で展開されています。一方で，障害児教育では障害の状態や程度に応じ，特別支援学校（障害の程度が比較的重度の児童・生徒を対象として教育を行う学校）や特別支援学級（障害のある児童・生徒のための，通常の学校に障害種別ごとに置かれる学級），通級による指導（通常の学級に在籍している生徒が，必要な特別の指導を特別の場で行う）等において指導や支援が行われています。

表1-2　障害幼児の利用機関

支　援		支援の内容
障害児通所支援	児童発達支援	日常生活における基本的な動作の指導，知識技能の付与，集団生活への適応訓練，その他の必要な支援を行う
	医療型児童発達支援	日常生活における基本的な動作の指導，知識技能の付与，集団生活への適応訓練，その他の必要な支援および治療を行う
	放課後等デイサービス	授業の終了後または学校の休業日に，生活能力の向上のために必要な訓練，社会との交流の促進その他の必要な支援を行う
	居宅訪問型児童発達支援	重度の障害等により外出が著しく困難な障害のある児童の居宅を訪問して発達支援を行う
	保育所等訪問支援	保育所，乳児院・児童養護施設等を訪問し，障害のある児童に対して，集団生活への適応のための専門的な支援，その他必要な支援を行う
障害児入所支援	福祉型障害児入所施設	施設に入所する障害のある児童に対して，保護，日常生活の指導および独立自活に必要な知識技能の付与を行う
	医療型障害児入所施設	施設に入所する障害のある児童に対して，保護，日常生活の指導および独立自活に必要な知識技能の付与および治療を行う

出典：内閣府（2019）をもとに作成

(3) アセスメント

　アセスメントとは，支援の対象となる子どもの実態を理解・把握するために，その子どもに関する情報をさまざまな角度から集め，その結果を総合的に整理・解釈していく過程です。その機能は2つあり，1つはある条件や基準に照らし合わせ，大まかにその対象となりうるものを抽出するスクリーニング的な機能，もう1つは具体的・専門的に状態像を探っていく診断的な機能です。知能検査・発達検査を用いたアセスメントは，障害に関する「判断・実態把握」と「個別指導計画の作成」などの重要な情報源となります。知能発達検査の結果数値にばかり注目するのではなく，行動観察や日常場面の様子も総合的に加味し，本人・家族・関係者が抱く問題の背景要因や支援について検討することが求められています（表1-3）。

表1-3　アセスメントの主な種類と用途

形式	検査名	年齢	IDD	LD	ASD	ADHD
間接	KIDS乳幼児発達スケール	0:11〜6:11	○		○	
	LDI-R LD判断のための調査票	小1〜中3		○		
	AQ日本語版 自閉症スペクトラム指数 児童用	6〜15歳			○	
	PARS-TR 親面接式自閉スペクトラム症評定尺度	3歳以上			○	
	ADHD-RS	5〜18歳				○
	Conners 3 日本語版	6〜18歳				○
直接	WISC-IV 知能検査	5:00〜16:11	○	○	○	○
	田中ビネー知能検査V	2歳以上	○	○	○	○
	新版K式発達検査2001	0:03以上	○	○	○	○
	日本語版 K-ABC II	2:06〜18:11	○	○	○	
	標準読み書きスクリーニング検査	小1〜高3		○		

※　IDD：知的障害，LD：学習障害，ASD：自閉スペクトラム症（自閉症スペクトラム障害），ADHD：注意欠如・多動症
※　「年齢」欄で，たとえば「0:11」は，0歳11ヶ月を表す

(4) 合理的配慮

合理的配慮は，障害者の権利に関する条約で提唱された概念であり，日本では教育において「障害のある子どもが，他の子どもと平等に『教育を受ける権利』を享受・行使することを確保するために，学校の設置者及び学校が必要かつ適当な変更・調整を行うことであり，障害のある子どもに対し，その状況に応じて，学校教育を受ける場合に個別に必要とされるもの」として，「学校の設置者及び学校に対して体制面，財政面において，均衡を失した又は過度の負担を課さないもの」と定義しました（中央教育審議会初等中等教育分科会，2012）。通常学校の中で合理的配慮を考えるうえで，①学校施設・設備，②教育内容・方法・評価，③支援体制の大きく3つの観点に立った対応が求められています。具体的には，独立行政法人国立特別支援教育総合研究所が運営する「インクルーシブ教育システム構築支援データベース」等を参考にするとよいでしょう（図1 - 2）。

(5) 交流および共同学習と副次的な籍

障害のある子ども・ない子どもが一緒に参加する活動は，相互のふれあいを通じて豊か

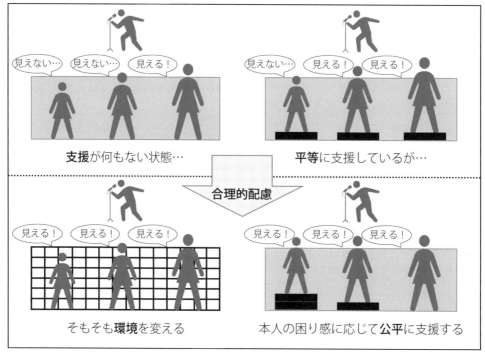

図1-2 合理的配慮のイメージ

表1-4　交流および共同学習の展開とポイント

関係者の共通理解と体制の構築	・学校，子どもたち，保護者等の関係者が，交流および共同学習の意義やねらい等について，十分に理解する ・校長のリーダーシップのもと，学校全体で組織的に取り組む体制を整える
指導計画の作成	・交流および共同学習の実施，事前の準備，実施後の振り返りについて，年間指導計画に位置づけ，計画的・継続的に取り組む ・単発のイベントやその場かぎりの活動ではなく，継続的な取り組みとして年間指導計画に位置づける
活動の実施 事前学習 当日の活動 事後学習	・事前に，活動のねらいや内容等について子どもたちの理解を深める ・障害についての正しい知識，適切な支援や協力の仕方について理解を促す ・安全確保を重視し，過重負担にならないような時間，活動にする ・見通しのある活動，体験的な活動を意識する ・障害について形式的に理解させる程度にとどまるものにならないよう，子どもたちが主体的に取り組む活動にする ・事後学習で振り返り（作文や絵）を行うとともに，その後の日常生活において，障害者理解にかかわる丁寧な指導を継続する ・写真やビデオの活用，活動の様子を広く伝える
評価	・活動後には，活動のねらいの達成状況，子どもたちの意識や行動の変容を評価し，今後の取り組みに活かす ・活動直後の状況だけではなく，その後の日常生活における子どもたちの変容（相互理解など）を捉える

出典：文部科学省（2019）をもとに作成

な人間性を育むことを目的とする交流の側面と，教科等のねらいの達成を目的とする共同学習の側面があるとされています。2つの側面は一体化し分かちがたいものとして捉えられています。学習指導要領にもその実施が規定されており，障害のある子ども・ない子ども双方にとって意義のある活動とされており，ともに尊重し合いながら協働していくための態度を育み，共生社会の形成に役立つものと位置づけられています。交流教育には学校間交流，学校内交流，居住地校交流，地域社会との交流，交流保育には直接交流，間接交流があります（表1-4）。

　地域とのつながりの維持・継続を図るために副次的な籍（副籍，支援籍など）を置く学校があります。東京都では副籍制度として，東京都立特別支援学校小・中学部の児童・生徒が居住地域の小・中学校に副次的な籍をもち，学校行事や地域行事などに参加することができます。

(6) バリアフリーとユニバーサルデザインによる教育

　バリアフリーとは，障害によりもたらされるバリア（障壁）に対処するといった考え方です。ユニバーサルデザインは，障害の有無，年齢，性別，人種等にかかわらず誰もが利用しやすい都市や生活環境をデザインするという考え方です。日本では2000（平成12）年以降，教育分野で応用されており，すべての校種で全児童・生徒の活動参加を可能にすること，わかりやすい授業を提供できることなどとして急速に認知されてきました。具体的には，教室など学習環境を整えるハード面と，指導方法の工夫を意識するソフト面による

実践があげられます。すべての子どもに教育的利益をもたらすものとして期待されていますが，あくまで授業・指導のベースであり，特別なニーズがある子どもに対しては個別に追加支援を行うことが必要です。

4. インクルーシブ保育・教育と特別支援教育を取り巻く課題

(1) 障害理解教育

　共同学習を進める際の事前学習として取り組まれてきた障害に関する教育は，障害児理解教育として重視されるようになりました。これは，障害児に対する偏見を取り除き，ともに認め合い尊重し社会を生きていくという共生社会の実現に向けた取り組みとして注目されています。障害のない子どもに，障害について一方通行的な理解を求めるのではなく，両者が相互の交流を通して学び，成長していくことが目指されています。

(2) 高等学校での支援

　特別支援教育法制化により，高等教育機関においても特別支援教育の推進が求められるようになりました。一方で，学校設置者の違いや設置学科の多様性などにより全国で一律した取り組みは難しく，整備は難航しています。2018（平成30）年度より，義務教育段階と同様に「通級による指導」が開始されましたが，高等教育の特性や青年期の発達課題をめぐる諸問題を加味した指導のあり方の検討が課題とされています。

(3) 高等教育機関での支援

　高等教育機関（以下，大学等）に在籍する障害のある学生総数は2017（平成29）年度に3万人を超えました（日本学生支援機構, 2018）。学生支援の対象は大きく変化しており，近年とくに精神障害学生の増加は顕著です。障害者差別解消法を契機に障害のある学生に対する学内の支援体制は整備されつつあります。一方で，障害学生に対する合理的配慮の提供を義務づけられた国公立大学と努力義務とされた私立大学・私立短期大学や大学規模によってその支援体制に格差が生まれています。

調べよう・深めよう！

調べよう：「療育」とは何ですか？

深めよう：「自立活動」の実際は？

《引用・参考文献》

中央教育審議会初等中等教育分科会（2012）．合理的配慮等環境整備検討ワーキンググループ報告——学校における「合理的配慮」の視点——．

外務省（2018）．障害者権利条約パンフレット．

橋本創一・菅野敦・林安紀子他（編著）（2012）．改訂新版 障害児者の理解と教育・支援——特別支援教育／障害者支援のガイド—— 金子書房．

橋本創一・霜田浩信・林安紀子他（編著）（2006）．特別支援教育の基礎知識——障害児のアセスメントと支援，コーディネートのために—— 明治図書．

橋本創一・渡邉貴裕・林安紀子他（編著）（2012）．知的・発達障害のある子のための「インクルーシブ保育」実践プログラム——遊び活動から就学移行・療育支援まで—— 福村出版．

橋本創一・安永啓司・大伴潔他（編著）（2019）．特別支援教育の新しいステージ 5つのI（アイ）で始まる知的障害児教育の実践・研究——新学習指導要領から読む新たな授業つくり—— 福村出版．

菅野敦・宇野宏幸・橋本創一他（編）（2006）．特別支援教育における教育実践の方法——発達障害のある子どもへの個に応じた支援と校内・地域連携システムの構築—— ナカニシヤ出版．

小池敏英・北島善夫（2001）．知的障害の心理学——発達支援からの理解—— 北大路書房．

厚生労働省（編）（2018）．保育所保育指針解説〈平成30年3月〉 フレーベル館．

厚生労働省．障害児支援の強化について．https://www.mhlw.go.jp/seisakunitsuite/bunya/hukushi_kaigo/shougaishahukushi/kaiseihou/dl/sankou_111117_01-06/pdf（2019年9月1日閲覧）

李受眞・橋本創一（2018）．知能検査の種類と活用について 小児内科，*50*（9），1343-1347.

松浦宏・新井邦二郎・市川伸一（編）（2004）．学校心理士と学校心理学 北大路書房．

文部科学省（2015）．障害者理解の促進や共同学習について（参考）．

文部科学省（2007）．パンフレット「特別支援教育」．

文部科学省（2013）．特別支援教育の概要．

文部科学省（2019）．交流及び共同学習ガイド．

内閣府（2019）．令和元年版 障害者白書．

内閣府．障害者差別解消法リーフレット「『合理的配慮』を知っていますか？」．https://www8.cao.go.jp/shougai/suishin/pdf/gouriteki_hairyo/print.pdf；「障害者差別解消法がスタートします」．https://www8.cao.go.jp/shougai/suishin/pdf/sabekai/leaflet-p.pdf；「障害者差別解消法が制定されました」．https://www8.cao.go.jp/shougai/suishin/pdf/leaf_seitei.pdf（いずれも2019年9月1日閲覧）

日本学生支援機構（2018）．平成29年度 大学，短期大学及び高等専門学校における障害のある学生の修学支援に関する実態調査結果報告書．

日本発達障害学会（監修）（2016）．キーワードで読む 発達障害研究と実践のための医学診断／福祉サービス／特別支援教育／就労支援——福祉・労働制度・脳科学的アプローチ—— 福村出版．

野口真央・霜田浩信（2018）．通常学校における障害理解教育のあり方の検討——1人ひとりの違いに目を向けた障害理解教育プログラムの試作—— 群馬大学教育学部紀要 人文・社会科学編，*67*，205-218.

髙橋純一・松﨑博文（2014）．障害児教育におけるインクルーシブ教育への変遷と課題 人間発達文化学類論集，*19*，13-26.

玉村公二彦・黒田学・向井啓二他（編著）（2019）．新版 キーワードブック 特別支援教育——インクルーシブ教育時代の基礎知識—— クリエイツかもがわ．

田中康雄（2018）．発達障害を検出する検査の種類と使い分け 小児内科，*50*（9），1348-1353.

東京都教育委員会（2014）．副籍ガイドブック．

2章
保育・教育フィールドと幼児・児童・生徒の実態

渡邉貴裕

1. 特別支援教育の理念と仕組み

(1) 特別支援教育とは

　特別支援教育とは，「障害のある幼児児童生徒の自立や社会参加に向けた主体的な取組を支援するという視点に立ち，幼児児童生徒一人一人の教育的ニーズを把握し，その持てる力を高め，生活や学習上の困難を改善又は克服するため，適切な指導及び支援を行うもの」(中央教育審議会, 2005) です。

　また，「現在，小・中学校において通常の学級に在籍するLD・ADHD・高機能自閉症等の児童生徒に対する指導及び支援が喫緊の課題となっており，『特別支援教育』においては，特殊教育の対象となっている幼児児童生徒に加え，これらの児童生徒に対しても適切な指導及び支援を行うものである」(中央教育審議会, 2005) とされています。

(2) 特別支援教育の対象となる幼児・児童・生徒

　特別支援教育の対象となる幼児・児童・生徒数は年々増加しており，2017 (平成29) 年5月1日現在，義務教育段階の児童・生徒のうち，0.7％が特別支援学校の小学部・中学部において教育を受けています。また，2.4％の児童・生徒が小学校・中学校の特別支援学級で，1.1％の児童・生徒が通級による指導を受けています。これらを合算すると約42万人となり，義務教育段階の児童・生徒の約4.2％にあたります (文部科学省, 2018b)。とくに文部科学省が2012 (平成24) 年に実施した調査では，公立の小・中学校において発達障害の可能性のある児童・生徒が6.5％程度の割合で通常の学級に在籍していることも報告されています (図2−1)。また，小・中学校のみならず高等学校や幼稚園等においても，特別支援教育を推進していく必要があります。

(3) 特別支援教育を推進するための仕組み

　特別支援教育の対象となる幼児・児童・生徒の学びの場としては，特別支援学校，特別支援学級，通級指導教室 (通級による指導) に加え，特別な教育的支援を必要とする子どもたちが在籍している幼稚園・小学校・中学校・高等学校などの通常の学級があげられます。

　これらの場において特別支援教育を推進していくためには，教職員が協力しながら組織

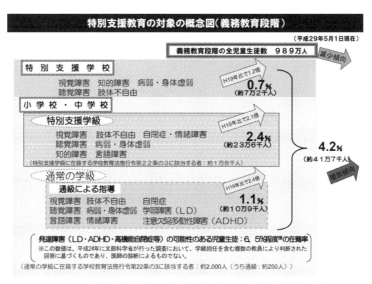

図2-1　特別支援教育の対象の概念図（義務教育段階）

出典：https://www.mext.go.jp/b_menu/hakusho/html/hpab201901/detail/1421903.htm

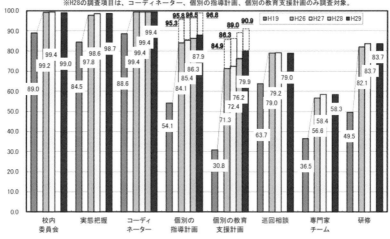

図2-2　平成29年度特別支援教育体制整備状況調査結果（公立）
（平成29年　文部科学省初等中等教育局特別支援教育課）

出典：文部科学省（2018b）

的に支援していくための仕組みを整えていくことが重要とされており，具体的には校内委員会の設置，特別支援教育コーディネーターの指名，個別の教育支援計画・個別の指導計画の策定などがあげられます。

　なお，文部科学省では，障害のあるすべての幼児・児童・生徒の教育のいっそうの推進を図り，特別支援教育の今後の施策の参考とするため，「特別支援教育体制整備状況調査」を実施し公開しています（文部科学省，2018b）（図2-2）。これらを見るかぎりでは，特別支

援教育を推進するための仕組みの整備は着実に進んでいることがうかがえます。しかしながら，幼稚園・高等学校では体制整備に遅れが見られることや，地域による差が大きい等の課題も見られます。

2. 特別支援学校の教育

(1) 特別支援学校とは

特別支援学校は，学校教育法に次のように規定されています。

「特別支援学校は，視覚障害者，聴覚障害者，知的障害者，肢体不自由者又は病弱者（身体虚弱者を含む。以下同じ。）に対して，幼稚園，小学校，中学校又は高等学校に準ずる教育を施すとともに，障害による学習上又は生活上の困難を克服し自立を図るために必要な知識技能を授けることを目的とする」（学校教育法第72条）。

ここでは5つの障害が対象としてあげられていますが，単一の障害を対象とする特別支援学校もあれば，複数の障害に対応した特別支援学校もあります。特別支援学校は原則として，義務教育である小学校および中学校にあたる小学部および中学部を置かなければなりません。また，幼稚園にあたる幼稚部や高等学校にあたる高等部が設置されている場合もあります。さらに，障害が重度であったりするなどの理由による特別支援学校への通学が困難な児童・生徒に対しては，教員が家庭や病院などに出向き指導をする訪問教育も行われています。改訂学習指導要領では，家庭や地域社会との連携と世代を超えた交流，学校相互間の連携や交流を通して，「社会に開かれた教育課程」「共生社会の形成に向けたインクルーシブ教育システムの構築」を目指しています。

(2) 対象とする児童・生徒と在学者数

特別支援学校へ修学する児童・生徒の障害の程度は，学校教育法施行令第22条の3で表2-1のように定められています。この法令は，わが国において特別支援学校に入学可能な障害の程度を示すものです。

特別支援学校の種類別学校数・児童・生徒数を図2-3に示します。

(3) 特別支援学校における教育の概要

特別支援学校における教育の特徴は，小学部から中学部までの9年間（高等部の3年間を加えると12年間）の一貫性・系統性のある教育が行われることです。特別支援学校の教育課程には，障害のある幼児・児童・生徒について，その障害による学習上または生活上の困難を主体的に改善・克服するために必要な知識，技能，態度および習慣を養い，もって心身の調和的発達の基礎を培うことをねらいとする「自立活動」という領域が設けられています。また，各教科の指導にあたっては，個々の児童・生徒の実態を的確に把握し，「個別の指導計画」を作成することが学習指導要領に示されています。とくに，学校教育

表2－1　特別支援学校の対象となる障害の程度

区　分	障害の程度
視覚障害者	両眼の視力がおおむね0.3未満の者または視力以外の視機能障害が高度の者のうち，拡大鏡等の使用によっても通常の文字，図形等の視覚による認識が不可能または著しく困難な程度の者
聴覚障害者	両耳の聴力レベルがおおむね60デシベル以上の者のうち，補聴器等の使用によっても通常の話声を解することが不可能または著しく困難な程度の者
知的障害者	1. 知的発達の遅滞があり，他人との意思疎通が困難で日常生活を営むのに頻繁に援助を必要とする程度の者 2. 知的発達の遅滞の程度が前号に掲げる程度に達しない者のうち，社会生活への適応が著しく困難な者
肢体不自由者	1. 肢体不自由の状態が補装具の使用によっても歩行，筆記等日常生活における基本的な動作が不可能または困難な程度の者 2. 肢体不自由の状態が前号に掲げる程度に達しない者のうち，常時の医学的観察指導を必要とする程度の者
病弱者	1. 慢性の呼吸器疾患，腎臓疾患および神経疾患，悪性新生物その他の疾患の状態が継続して医療または生活規制を必要とする程度の者 2. 身体虚弱の状態が継続して生活規制を必要とする程度の者

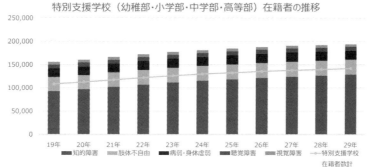

	視覚障害	聴覚障害	知的障害	肢体不自由	病弱・身体虚弱	計
学 校 数	82	116	776	350	149	1,135
在籍者数	5,317	8,269	128,912	31,813	19,435	141,944

※注：在籍者数は，平成18年度までは在籍する学校の障害種別により集計したため，複数の障害を有する者については，在籍する学校の障害種別以外の障害について集計していない。平成19年度より，複数の障害種に対応できる特別支援学校制度へ転換したため，複数の障害を有する者については，障害種のそれぞれに集計している。このため，障害種別の在籍者数の数値の合計は計と一致しない。

※注：学校数は，平成19年度より，複数の障害種に対応できる特別支援学校制度へ転換したため，複数の障害に対応する学校については，それぞれの障害種に集計している。このため，障害種別の学校数の数値の合計は計と一致しない。

図2－3　特別支援学校種類別学校数，児童・生徒数
（平成31年2月8日　文部科学省初等中等教育局特別支援教育課）
出典：文部科学省（2018c）

　法施行規則第130条第2項では，「知的障害者である児童若しくは生徒又は複数の障害を併せ有する児童若しくは生徒を教育する場合において特に必要があるときは，各教科，道徳，外国語活動，特別活動及び自立活動の全部又は一部について，合わせて授業を行うことができる」と規定しています。この各教科等を合わせた指導では，「日常生活の指導」「遊びの指導」「生活単元学習」「作業学習」といった，具体的で実際的な活動を通して効

果的な学習を展開することを指向しています。

3. 特別支援学級

(1) 特別支援学級とは

　特別支援学級は，障害による学習上または生活上の困難を有するため，通常の学級における指導では十分に指導効果を上げることが困難な児童・生徒のために，小学校・中学校等に特別に編成された学級です。

　特別支援学級の設置については，学校教育法施行規則第137条において「特別支援学級は，特別の事情のある場合を除いては，学校教育法第81条第2項各号に掲げる区分に従って置くものとする」と規定しています。特別支援学級は，制度上，小学校，中学校，高等学校及び中等教育学校において設置することができますが，現状では高等学校と中等教育学校での設置はありません。また，さらに，病院内に設置される病弱・身体虚弱者の特別支援学級を院内学級と呼びます。

(2) 対象とする児童・生徒と在学者数

　特別支援学級および対象とする児童・生徒の障害種について，学校教育法81条第2項，第3項では表2−2のように規定しています。

　「六　その他障害のある者で，特別支援学級において教育を行うことが適当なもの」には，言語障害者，自閉症者と情緒障害者が該当します。第81条第3項は，ぜんそくなどの健康障害の療養のために設けた健康学園などがこれに該当します。

　特別支援学級の児童・生徒数を図2−4に示します。

(3) 特別支援学級における教育の概要

　特別支援学級における教育の特徴は，少人数による学級編成が行われるため個に応じた指導が徹底できることです。障害による学習上または生活上の困難を克服し自立を図るため，特別支援学校小学部・中学部学習指導要領第7章に示す自立活動を取り入れることが

表2−2　学校教育法第81条（抜粋）（特別支援学級について）

2　小学校，中学校，高等学校及び中等教育学校には，次の各号のいずれかに該当する児童及び生徒のために，特別支援学級を置くことができる。
一　知的障害者
二　肢体不自由者
三　身体虚弱者
四　弱視者
五　難聴者
六　その他障害のある者で，特別支援学級において教育を行うことが適当なもの
3　前項に規定する学校においては，疾病により療養中の児童及び生徒に対して，特別支援学級を設け，又は教員を派遣して，教育を行うことができる。

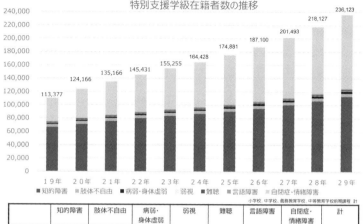

出典：文部科学省（2018c）

図2－4　特別支援学級の児童・生徒数
（平成31年2月8日　文部科学省初等中等教育局特別支援教育課）

	知的障害	肢体不自由	病弱・身体虚弱	弱視	難聴	言語障害	自閉症・情緒障害	計
学 級 数	27,128	3,040	2,112	477	1,126	667	25,795	60,345
在籍者数	113,361	4,515	3,505	547	1,717	1,741	110,737	236,123

できます。また，学年を超えた学級編成をしていることから，異学年集団による引き上げ効果が期待できます。児童・生徒の障害の程度や学級の実態を考慮のうえ，各教科の目標や内容を下学年の教科の目標や内容に替えたり，各教科を，知的障害者である児童・生徒に対する教育を行う特別支援学校の各教科に替えたりするなどして，実態に応じた教育課程を編成することもできます。さらに，特別支援学級は，地域の多くの子どもが就学する小学校，中学校の1つの学級であることから，友人関係や地域社会とのかかわりの中で成長していけるということも特色といえます。

4．通級による指導

（1）通級による指導とは

　通級による指導は，小・中学校の通常の学級に在籍する比較的軽度の障害のある児童・生徒に対して，主として各教科などの指導を通常の学級で行いながら，障害の状態に応じて特別な指導を行う教育形態のことです。

　通級の形態には，在籍校に設置されている通級指導教室で指導を受ける自校通級と，在籍校に通級指導教室がないため他の学校に通級する他校通級があります。また，通級指導担当教員が該当する児童・生徒がいる学校に赴き，または複数の学校を巡回して指導を行う巡回指導という形態もあります。

　通級による指導の時間数については，自立活動および教科の補充を合わせて，年間35

時間（週1単位時間）から年間280単位時間（週8単位時間）までが標準とされています。また，LD（学習障害）およびADHD（注意欠如・多動症〈注意欠如・多動性障害〉）の児童・生徒の指導時間数については，月1単位時間程度でも指導上の効果が期待できる場合もあることから，年間10単位時間（月1単位時間）から年間280単位時間までが標準として示されています。

(2) 対象とする児童・生徒と在学者数

　通級による指導および対象とする児童・生徒の障害種について，学校教育法施行規則第140条では表2-3のように規定しています。

　ここでいう特別の指導とは，障害による学習上または生活上の困難の改善克服を目的とする指導のことです。指導にあたっては，特別支援学校学習指導要領を参考とし，たとえば障害による学習上または生活上の困難の改善・克服を目的とした指導領域である「自立活動」の内容を取り入れるなどして学習活動を行うことになります。また，「六　その他障害のある者で，この条の規定により特別の教育を行うことが適当なもの」には肢体不自由者と病弱者が該当します。

　通級による指導を受けている児童・生徒数を図2-5に示します。

(3) 通級による指導における教育の概要

　通級による指導における教育の特徴は，指導を行う場合には，特別の教育課程によることができ，障害による特別の指導を，小・中学校の教育課程に加え，またはその一部に替えることができます。2017（平成29）年に公示された小学校および中学校の学習指導要領の総則では，特別の教育課程を編成する場合，「特別支援学校小学部・中学部学習指導要領第7章に示す自立活動の内容を参考とし，具体的な目標や内容を定め，指導を行うものとする」という規定が新たに加えられました。また，各教科の内容を取り扱いながら指導を行う場合においては，あくまで障害による学習上または生活上の困難を改善・克服することを目的とした指導を，各教科・科目の内容と関連づけて行うことが重要であり，単なる各教科の遅れを補填するための指導にならないようにする点も明確化されています。通

表2-3　学校教育法施行規則第140条（通級による指導について）

小学校若しくは中学校又は中等教育学校の前期課程において，次の各号のいずれかに該当する児童又は生徒（特別支援学級の児童及び生徒を除く。）のうち当該障害に応じた特別の指導を行う必要があるものを教育する場合には，文部科学大臣が別に定めるところにより，第五十条第一項，第五十一条及び第五十二条の規定並びに第七十二条から第七十四条までの規定にかかわらず，特別の教育課程によることができる。
一　言語障害者
二　自閉症者
三　情緒障害者
四　弱視者
五　難聴者
六　学習障害者
七　注意欠陥多動性障害者
八　その他障害のある者で，この条の規定により特別の教育課程による教育を行うことが適当なもの

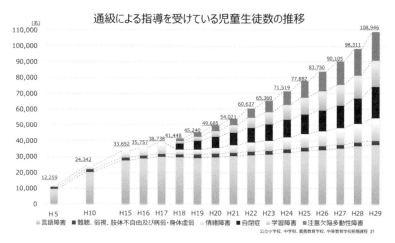

通級による指導を受けている児童生徒数の推移

※「注意欠陥多動性障害」及び「学習障害」は、平成１８年度から新たに通級指導の対象として学校教育法施行規則に規定
（併せて「自閉症」も平成１８年度から対象として明示：平成１７年度以前は主に「情緒障害」の通級指導教室にて対応）
※Ｈ５，Ｈ１０は参考として記載。Ｈ６〜Ｈ９，Ｈ１１〜Ｈ１４は省略

図2－5　通級による指導の実施状況
（平成31年2月22日　文部科学省初等中等教育局特別支援教育課）
出典：文部科学省（2018d）

級による指導の対象となるのは，おおむね通常の学級の授業に参加できる児童・生徒なので，その児童・生徒が通常の学級に適応していくための指導が大切です。そのために，児童・生徒が在籍する通常の学級の担任，各教科担当等と学習の状況等について情報共有を行っていくことが重要となります。また教育機関以外の専門家と連携を図りながら指導にあたることで，より充実した指導が可能になります。

5．就学支援と就学先決定のあり方

（1）就学基準

　これまで見てきたように，障害のある子どもたちに対して多様な学びの場が準備されています。わが国では，特別支援学校における教育の対象として5つの障害種が規定されています（表2－1）が，従来の就学先決定では，これに該当する者が原則として特別支援学校に就学するという「就学基準」がありました。

　しかしながら，2013（平成25）年に学校教育法施行令の一部改正により，障害の状態（第22条の3への該当の有無）は参考程度とし，本人の教育的ニーズ，学校や地域の環境，保護者や専門家の意見等を総合的に勘案し，障害のある児童・生徒の就学先を個別に判断・決定する仕組みへと改められました。さらに，一度就学したら，小学校（小学部）6年間，中学校（中学部）3年間の学びの場が自動的に決まるのではなく，その後の障害の状態や適応の状況等により，小・中学校と特別支援学校間の「転学」が可能となりました。その

際には，教育上必要な支援の内容，地域における教育の体制の整備状況などについても十分考慮する必要があるため，各学校は就学後も児童・生徒の発達の程度や適応の状況についての情報を整理していく必要があります。

(2)「個別の指導計画」と「個別の教育支援計画」の意義

改訂学習指導要領解説の総則編では，「障害のある児童などについては，家庭，地域及び医療や福祉，保健，労働等の業務を行う関係機関との連携を図り，長期的な視点で児童への教育支援を行うために，個別の教育支援計画を作成し活用することに努めるとともに，各教科等の指導に当たって，個々の児童の実態を的確に把握し，個別の指導計画を作成し活用することに努めるものとする。特に，特別支援学級に在籍する児童や通級による指導を受ける児童については，個々の児童の実態を的確に把握し，個別の教育支援計画や個別指導計画を作成し，効果的に活用するものとする」と示しています。

特別支援教育の理念を実現させていくためには，早期からの教育相談・支援，就学支援，就学後の適切な教育について，個別の教育支援計画の作成・活用の推進等を通じて，教育支援の充実を図ることが重要視されています。とくに個別の教育支援計画は，多くの関係者が関与することから，保護者の同意を事前に得るなど個人情報の取り扱いに十分留意していく必要があります。

(3) 就学に向けた支援

幼稚園や保育所での支援では，①特性に応じた個々への支援と，②どの子どもにもわかりやすい生活環境づくりとの両面から支援をしていきます。そしてとくに重要なのは，③保護者への支援です。保護者との信頼関係を築くために，担任は日々の子どもの成長や変化を保護者に対して丁寧に伝えていきます。発達障害の可能性のある子どもをもつ保護者に対しては，その不安な気持ちについて担任をはじめ園全体で共通理解していきます。

最近では幼稚園や保育所などの集団生活の場で対人関係やコミュニケーションに課題がある子に対する支援や，そうした子どもたちの就学前の準備として，5歳児検診を行う自治体が増えてきています。就学に向けた支援として，医療機関への受診，進路先（特別支援学校，特別支援学級，通常の学級等）の見学等の機会が増えてきますが，そのことが保護者の不安を募らせることもあります。関係機関と連携をとりながら多くの人がかかわり，子どもやその家族を支えているという安心感をもたせ，子どもにとってよりよい就学先について前向きに考えていけるよう支援していきたいものです。

> **調べよう・深めよう！**
>
> **調べよう**：通常学級における「気になる子」とはどのような特徴をもつ子どもたちでしょうか？
> **深めよう**：通級による指導を進めていく際にはどのような課題があるでしょうか？

《引用・参考文献》

中央教育審議会（2005）．特別支援教育を推進するための制度の在り方について（答申）．

文部科学省（2018a）．平成30年度 文部科学白書．

文部科学省（2018b）．平成29年度特別支援教育体制整備状況調査．https://www.mext.go.jp/a_menu/shotou/tokubetu/__icsFiles/afieldfile/2018/06/25/1402845_02.pdf（2019年8月1日閲覧）

文部科学省（2018c）．特別支援学校の現状．http://www.zentoku.jp/dantai/titeki/saitou_20181126_shiryou.pdf（2019年8月1日閲覧）

文部科学省（2018d）．通級による指導の現状．https://www.mext.go.jp/component/a_menu/education/micro_detail/__icsFiles/afieldfile/2019/03/06/1414032_09.pdf（2019年8月1日閲覧）

1. 障害児者の福祉の基礎

(1) 障害の定義

> 🔑 **キーワード**
>
> **ICD-11**：世界保健機関（WHO）が作成する，感染症や身体疾患，精神疾患など多岐にわたる疾患を網羅した疾患分類の第11版。

　障害児者の施策について基本理念を定めた障害者基本法では，障害者を「身体障害，知的障害，精神障害（発達障害を含む。）その他の心身の機能の障害がある者であって，障害及び社会的障壁により継続的に日常生活又は社会生活に相当な制限を受ける状態にあるもの」と定義しています。「社会的障壁」とは，1章のICF（国際生活機能分類）でもふれたように，障害を多角的に捉え，障害とは個人にあるものではなく個人と社会（環境）との間にある障壁として捉えようとするもの（社会モデル）です。

　知的障害や精神障害，発達障害については，WHOが定める疾病分類であるICD-11や，アメリカ精神医学会が定める診断ガイドラインであるDSM-5に基づき，診断されます。ICD-11による発達障害・精神障害の診断分類を表3－1に示します。

(2) わが国の障害児者福祉の歴史

　戦後，日本国憲法が制定され，基本的人権の保障が規定されたことにより，社会福祉に関する法整備が行われました。表3－2にあるように，児童福祉法，身体障害者福祉法，精神衛生法（現在の精神保健福祉法），精神薄弱者福祉法（現在の知的障害者福祉法）が制定され，障害種ごとの基盤整備が進められてきました。しかし，制度間の格差や制度の谷間に陥るといった弊害があったことから，1970（昭和45）年に，障害の種別を超えた心身障害者対策基本法（のちに障害者基本法に改正）が制定され，総合的な障害者施策の推進が図られるようになりました。

　1980年代には，ノーマライゼーションの理念がわが国においても普及し，1981（昭和56）年の「国際障害者年」においてテーマとされた「完全参加と平等」の考え方を受け，施設での保護を中心とした福祉から，地域生活を支援する福祉へと移行していきました。

　その後，高齢者福祉において介護保険制度が導入され，措置制度から契約制度に変わっ

表3－1　ICD-11による発達障害・精神障害の診断分類

発達障害・知的障害	精神障害
1　神経発達症群 　　1.1　知的発達症 　　1.2　発達性発話または言語症群 　　1.3　自閉スペクトラム症 　　1.4　発達性学習症 　　1.5　発達性協調運動症 　　1.6　一次性チックまたはチック症群 　　1.7　注意欠如多動症 　　1.8　常同運動症 　　1.9　神経発達症，他の特定される 　　1.10　神経発達症，特定不能	2　統合失調症または他の一次性精神症群 3　気分症（障害）群 4　不安または恐怖関連症群 5　強迫症または関連症群 6　ストレス関連症群 7　解離症群 8　食行動症または摂食症群 9　排泄症群 10　身体的苦痛症群または身体的体験症群 11　物質使用症（障害）群または嗜癖行動症（障害）群 12　衝動制御症群 13　秩序破壊的または非社会的行動症群 14　パーソナリティ症（障害）群および関連特性 15　パラフィリア症群 16　作為症群 17　神経認知障害群 18　性の健康に関連する状態

表3－2　障害者福祉に関する法律・制度

年	法律・制度名（略称）
1947（昭和22）年	児童福祉法制定
1949（昭和24）年	身体障害者福祉法制定
1950（昭和25）年	精神保健福祉法制定
1960（昭和35）年	精神薄弱者福祉法制定
1960（昭和35）年	身体障害者雇用促進法制定
1964（昭和39）年	特別児童扶養手当等の支給に関する法律
1970（昭和45）年	心身障害者対策基本法制定
1981（昭和56）年	国際障害者年
1993（平成5）年	障害者基本法制定
2003（平成15）年	支援費制度が開始
2004（平成16）年	発達障害者支援法制定
2005（平成17）年	障害者自立支援法制定
2006（平成18）年	バリアフリー法制定
2006（平成18）年	国連にて障害者権利条約が採択
2011（平成23）年	障害者虐待防止法制定
2013（平成25）年	障害者差別解消法制定
2014（平成26）年	日本が障害者権利条約を批准

たことを受け，2003（平成15）年には，障害福祉においても，「支援費制度」が開始されました。措置制度においては，福祉サービスの利用者である障害者には，選択権が基本的には認められていませんでした。一方，この支援費制度は，福祉サービスを利用者が自ら選択・決定し，事業者（福祉サービスの提供者）との契約に基づいて利用することによって，利用者が主体的にサービスを利用できるようになりました。しかし，地域生活支援のニー

ズが急速に高まったことから，財源問題や障害種別間のサービスの格差，地域間のサービス水準の格差など，新たな課題も表面化しました。

　そこで，これらの課題解消のため，2005（平成17）年に「障害者自立支援法」が新たに制定され，これまで障害種ごとに異なっていたサービス体系を一元化し，障害種別を問わずに同様のサービスを利用できるようになりました。また，支給決定プロセスの明確化・透明化を図るため，障害の状態を示す全国共通の尺度となる「障害程度区分」が導入されました。さらに，安定した財源確保のため，財源の2分の1を国が負担する仕組みが導入され，利用者負担も見直されました。しかし，サービスの利用量に応じた定率の利用者負担（応益負担）や，受けられるサービスの制限が生じる「障害程度区分」には，多くの批判が寄せられました。

　こうした流れを受け，障害者自立支援法は，2010（平成22）年の児童福祉法の改正に合わせて改正されました。この両法律の改正によって，利用者負担が抜本的に見直され，「応能負担」（所得に応じた負担）となり，相談支援体制が強化され，障害児支援の施設一元化や新サービスの創設などが実施されました。さらに，2012（平成24）年には，障害者自立支援法を，「障害者総合支援法（障害者の日常生活及び社会生活を総合的に支援するための法律）」とする法律が制定され，障害者の範囲として3障害（身体障害，知的障害，精神障害〈発達障害を含む〉）に難病が追加され，「障害程度区分」に代わり「障害支援区分」（必要な支援の度合いを総合的に示すもの）が導入されました。

　また，1章でもふれましたが，2006（平成18）年の国連総会本会議にて「障害者権利条約」が採択され，わが国も2014（平成26）年に批准しました。この批准に先立ち，国内では，障害者基本法の改正，前述の障害者総合支援法および障害者差別解消法の制定がなされました。障害者差別解消法では，行政や事業者等に「障害を理由とする差別的取り扱いの禁止」と「合理的配慮の提供」を義務化（一部努力義務）しました。さらに，2013（平成25）年には，障害者雇用促進法も改正され，企業などの事業主に対し，障害を理由とする差別的取り扱いの禁止と合理的配慮の提供を義務化しました。加えてこの改正で，精神障害・発達障害者も雇用義務対象範囲に追加され，法定雇用率（企業が全従業員数に対し，雇用すべきと定められた障害者数の割合）の算定に加えられました。

　ここまで，障害児者福祉制度の変遷を概観してきました。障害児者福祉制度は，最初から今日のように整備されていたのではなく，多くの障害当事者や家族，支援者が地道に声を上げてきたからこそ現在の制度があります。障害児者の自立や社会参加，共生社会の実現に向けて，今後もさまざまな施策が検討される必要があります。

2. 障害の早期発見と障害児への支援制度

(1) 障害の早期発見・早期支援システム

> **🔑 キーワード**
>
> **乳幼児健診**：母子保健法で定められた市町村が実施する健康診査で，保健センターで
> 行われます。
> **スクリーニング検査**：障害や疾患のある人やその疑いのある人をふるい分けるために，
> 簡便な検査を広範囲に行うものです。

　乳幼児期は，心身ともに大きく発達していく時期です。また，保護者にとっても，喜び
とともに多くの悩みや負担を抱えながら子育てをする時期となります。この時期におい
て，障害をはじめとする発達のつまずきや疾患を早期に発見し，子どもとその保護者を適
切な支援・治療につなげることは，非常に重要です。

　しかし，障害や疾患はさまざまであり，出生後すぐに発見できるものもあれば，発達の
経過の中でのちに明らかになるものもあります。そこで，母子の保健指導や障害・疾患の
予防と早期発見を目的とした1歳6ヶ月健診，3歳児健診などの乳幼児健診が，障害の早
期発見と早期支援に大きな役割を果たしています（図3−1）。とくに，発達障害は3歳児
健診までに発見することが難しい場合がありますが，近年では，精度の高いスクリーニン
グ検査が開発され健診で使用する自治体や，5歳児健診を実施する自治体も増えてきてい
ます。さらに，保育所や幼稚園などの集団生活のなかで障害に気づく場合も多くあり，保
育士や幼稚園教諭に求められる専門性も高まっています。

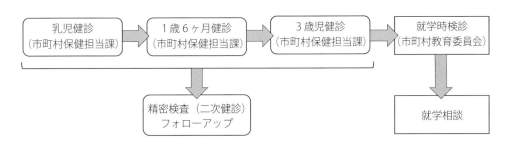

図3−1　乳幼児健診のシステム

(2) 乳幼児期における発達支援

　乳幼児健診で障害が疑われた場合や，保護者が子どもの発育状況に不安を感じた場合に
は，発達相談において精密検査や生育歴の聴き取りを行い，必要と判断された場合には，
療育へとつなげられます。児童福祉法に定められた障害児通所支援（表3−3）として，児
童発達支援があり，児童発達支援センターや児童発達支援事業所において個別または集団
での療育を受けることができます。療育の目標は，何か特殊な訓練をして障害を治すと

表3－3　障害児を対象とする支援機関

分　野	支援機関	職　員
福祉機関 （児童福祉法）	保育所 ＜障害児通所支援＞ 　児童発達支援 　医療型児童発達支援 　放課後等デイサービス（就学している障害児を対象） 　保育所等訪問支援 ＜障害児入所支援＞ 　福祉型障害児入所施設 　医療型障害児入所施設	保育士 保育士，児童指導員，専門職（心理士，理学療法士，作業療法士，言語聴覚士，看護師，栄養士など） ※施設によって異なる
教育機関	幼稚園 小学校，中学校，高等学校 特別支援学校 教育センター	幼稚園教諭 学校教諭 特別支援学校教諭 専門職
医療機関	病院，リハビリテーションセンターなど	医師，看護師，専門職
行政機関	保健センター，児童相談所，福祉事務所，役所の福祉課など	専門職（保健師，心理士など）を含む公務員

いうことではなく，障害のある子どもとその家族が地域で安心してごく普通の生活を送り，安定した子育てができるように支援していくことです。実際には，保育所や幼稚園のような環境において，着替えや食事，排泄といった身辺自立を促し，遊びを通して認知や言葉，運動，集団への適応力を伸ばしていきます。職員は，保育士を中心に，児童指導員や心理士，理学療法士，作業療法士，言語聴覚士など，多様な職種が施設の種類や状況によって配置され，個々の子どもの発達に合わせた発達支援や保護者への相談支援を連携して行っています。近年の傾向として，重複障害児や医療的ケア児といった医療と福祉の支援が必要な子どもの増加や，保育所や幼稚園との並行通園をする子どもの増加があり，多機関連携が重要な課題となっています。

(3) 保護者の心理的葛藤と相談支援

　わが子の障害が明らかになった場合，保護者のショックや不安，葛藤は非常に大きいものです。また，乳幼児期の子どもの発達は親子関係を中心とした家族の力に負うところが大きいものですが，障害のある子どもを育てることは容易なことではありません。したがって，とくに乳幼児期においては，保護者への相談支援は，子どもへの直接的な支援より重視されることもあります。

　保護者が障害のあるわが子に向き合う際に，「障害受容」という言葉が多く用いられます。「障害受容」とは，1950年代にアメリカで初めて提唱された概念であり，上田（1980）は，「あきらめでも居直りでもなく，障害に対する価値観（感）の転換であり，障害をもつことが自己の全体としての人間的価値を低下させるものではないことの認識と体得を通

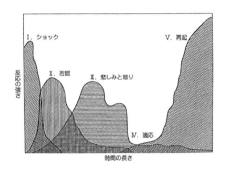

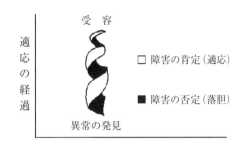

図3－2　Drotar et al.（1975）の段階モデル　　図3－3　中田（1995）のらせん型モデル

じて，恥の意識や劣等感を克服し，積極的な生活態度に転ずること」（価値転換論）と定義しています。

　また，障害受容の過程に関して，いくつかのモデルが知られています。その1つは，1950年代から唱えられていた「段階モデル（stage theory）」です。1970年代には，Drotar et al.（1975）が先天性奇形児の親の心理変容過程の5段階の仮説図としてまとめました（図3－2）。5段階説では，障害の事実に対する衝撃が最初にあり，その後，心理的防衛として否認，悲しみ，怒りなどの情緒的混乱を経て，前向きに適応への努力が行われ，障害受容へと至るというものです。この段階モデルでは，時間の経過とともに一方向的に障害受容に至り，保護者が子どもの障害に対する葛藤を乗り越えた後は，安定した適応状態が続くと考えます。

　これに対して，保護者が子どもの障害を知って以降，悲しみは生涯を通して続いていくと考える「慢性的悲哀（chronic sorrow）」（Olshansky, 1962）という概念があります。Olshansky（1962）は，精神遅滞（知的障害）のある子どもの親に関する論述において，いったん適応状態となっても悲哀は内面に存在し，子どもの発達の節目やライフステージごとに幾度となく顕現すると考え，悲哀は正常な反応であり，わが子の障害を否認しているわけではないとしています。

　さらに，中田（1995）は，段階モデルと慢性的悲哀を統合し，「らせん型モデル」を提唱しました（図3－3）。らせん型モデルでは，親の内面には障害を肯定する気持ちと障害を否定する気持ちの両方の感情が常に存在し，表と裏の関係にあると考えます。そのため，表面的には2つの感情が交互に現れ，落胆と適応の時期をただ繰り返しているように見えますが，少しずつ受容が進んでいく過程であることを表しています。

　加えて，「障害受容」という言葉は，「保護者が障害受容できていない」などネガティブな場面において用いられることが多く，支援者が保護者に対して「障害受容すべき」と押しつけてしまう側面がある，非常に危うい言葉でもあります。田島（2009）は，「障害受容」の概念や価値転換論，段階モデルなどの問題点を指摘し，障害へのとらわれから自由になる「障害との自由」を提唱しています。

以上，いくつかのモデルをもとに障害のある子どもをもつ保護者の心理的葛藤について概観し，また，「障害受容」という概念の危うさについても解説しました。保護者はさまざまな葛藤を経験し，直線的に適応へ向かっていくわけではないということが理解できたかと思います。教師や支援者の姿勢として，保護者の悲哀をわかったつもりになったり，安易に励ましたりすることが，親の自然な感情の表明を妨げてしまう可能性もあります。保護者が障害を受容できているか，できていないか，という視点に立つのではなく，保護者本人にしかわからない思いがあると受け止める謙虚さと，保護者の言葉に耳を傾け，心情を理解しようと常に努める姿勢が求められます。

3. 障害者への支援制度の実際

(1) 障害福祉サービスの種類

日本において，障害があると認定されると，障害種別の障害者手帳が交付されます（表3-4）。手帳があることによって，各種福祉サービスを利用できたり，税控除などの経済的支援を受けられたりします。日本における障害者手帳の保持者数は表3-5に示したとおりです。

障害福祉サービスに関しては，障害者総合支援法において，障害種別に分け隔てられることなく，包括的に定められています。同法では，「障害福祉サービス」「地域相談支援」

表3-4　障害者手帳の種類

身体障害者手帳
・身体障害者福祉法の別表に示される障害の種類（視覚障害／聴覚又は平衡機能の障害／音声機能，言語機能又はそしゃく機能の障害／肢体不自由／心臓，じん臓又は呼吸器の機能の障害／ぼうこう又は直腸の機能の障害／小腸の機能の障害／ヒト免疫不全ウイルスによる免疫の機能の障害／肝臓の機能の障害）を対象とする（2019年現在） ・「身体障害者程度等級表」において，障害の程度によって重度側から1～6級に区分される

療育手帳
・知的障害者福祉法には，定義が設けられていないため，都道府県ごとに判定基準が異なる ・A（重度）とB（その他）に区分される ・「知的障害児（者）基礎調査」では，知的障害を，「知的機能の障害が発達期（おおむね18歳まで）にあらわれ，日常生活に支障が生じているため，何らかの特別の援助を必要とする状態にあるもの」としている

精神障害者保健福祉手帳
・精神保健福祉法第5条に定められた「統合失調症，精神作用物質による急性中毒又はその依存症，知的障害，精神病質その他の精神疾患を有する者」のうち，知的障害者を除いた者が対象となる ・精神疾患の程度，能力障害の程度により，1～3級の等級がある

表3-5　障害者手帳保持者数

	身体障害者手帳	療育手帳	精神障害者保健福祉手帳
2016年	428.7万人	96.2万人	84.1万人
2011年	386.3万人	62.2万人	56.8万人

出典：平成28年生活のしづらさなどに関する調査（全国在宅障害児・者等実態調査）

市区町村

自立支援給付	**介護給付** • 居宅介護（ホームヘルプ） • 重度訪問介護 • 同行援護 • 行動援護 • 重度障害者等包括支援 • 短期入所（ショートステイ） • 療養介護 • 生活介護 • 施設入所支援	**障害者** **障害児**

訓練等給付
• 自立訓練
• 就労移行支援
• 就労継続支援
• 就労定着支援
• 自立生活援助
• 共同生活援助
（グループホーム）

補装具

自立支援医療
• 更生医療
• 育成医療*
• 精神通院医療*

*実施主体は都道府県

地域生活支援事業
• 理解促進研修
• 自発的活動支援
• 相談支援
• 成年後見制度利用支援
• 成年後見制度法人後見支援
• 意思疎通支援

• 日常生活用具の給付または貸与
• 手話奉仕員養成研修
• 移動支援
• 地域活動支援センター
• 福祉ホーム
• その他の日常生活または社会生活支援

都道府県

地域生活支援事業
• 専門性の高い相談支援
• 広域的な対応が必要な事業
• 人材育成

支援

• 専門性の高い意思疎通支援を行う者の養成・派遣
• 意思疎通支援を行う者の広域的な連絡調整，派遣調整 等

図3－4　障害者総合支援法における障害福祉サービスと地域生活支援事業

「地域生活支援事業」の3つのサービス体系に分類し，市区町村が行う事業と都道府県が行う事業を分け，それぞれの役割を明確にしています（図3－4）。そのうち，重要な支援制度について，以下で解説します。

①介護給付

　比較的障害の程度が重い障害者が，介護支援を受けるために給付されるサービスです。入所施設での生活の場としての支援を行う事業（施設入所支援）や，自宅で生活する際にヘルパーが訪問し介護を行う事業（居宅介護），日中の活動を支援する事業（行動援護や生活介護など）などがあります。

　入所施設であっても，夜間・休日の支援と日中の支援を分け，たとえば，施設入所支援と生活介護の2つのサービスを合わせて1日24時間の支援とします。このように施設入所支援でも夜間・休日の支援と日中の支援を分けることによって，サービスの組み合わせを選択でき，施設に入所している障害者でも，日中は別の施設でのサービスを受けることができます。

②訓練等給付

　日中活動の中で自立した日常生活や社会生活ができるように身体機能や生活能力の向上のための支援を行う自立訓練や，就労に必要な訓練を行う就労移行支援，就労の機会を提供しながら訓練を行う就労継続支援（A型＝雇用型／B型＝非雇用型）などがあります。また，夜間に日常生活の援助を行うグループホーム（共同生活援助）もあります。

③地域相談支援

　障害福祉サービスの利用開始の際の相談や利用しているサービスの見直しをする「計画

相談支援」や，入所施設や精神科病院などから地域生活へ移行する際の相談に応じる「地域相談支援」などがあります。障害者総合支援法上の障害福祉サービスを複数組み合わせて利用する場合には，サービス利用計画を作成することになっており，研修を受けた相談支援従事者が作成することができます。

④地域生活支援事業

地域生活支援事業は，都道府県や市区町村が創意工夫により，利用者の状況に応じて柔軟にサービスを提供できる事業です。地域活動支援センターの運営や相談支援，移動支援，日常生活用具の給付・貸与が含まれます。

(2) 障害者福祉の周辺領域

①発達障害者支援センター

2004（平成16）年の発達障害者支援法の制定に伴い，新たに設置された機関であり，その役割は，発達障害児者とその家族に対する相談支援と情報提供，発達支援，就労支援を行うこととされています。

②経済的保障

障害のある子どもを養育する保護者や，障害者本人に対する経済的保障として，各種手当や障害年金があります。子どもの保護者に対する手当としては，特別児童扶養手当や障害児福祉手当，障害者本人に対する手当として，特別障害者手当があります。

年金には，国民年金，厚生年金，共済年金がありますが，それぞれに障害者のための制度（障害基礎年金，障害厚生年金，障害共済年金）が設けられています。このうち，障害厚生年金と障害共済年金は，在職中の病気やけがによって障害が生じたときに支給されるものであり，障害基礎年金は20歳以上に限定されています。

🔍調べよう・深めよう！

調べよう：障害者福祉の相談は役所のどこの窓口に行けばよいの？

深めよう：親の障害受容に関する「手記」を読んでみよう。

《引用・参考文献》

Drotar, D., Baskiewicz, A., Irvin, N., et al. (1975). The adaptation of parents to the birth of an infant with a congenital malformation :A hypothetical model. *Pediatrics*, 56(5), 710-717.

中田洋二郎（1995）．親の障害の認識と受容に関する考察——受容の段階説と慢性的悲哀—— 早稲田心理学年報, 27, 83-92.

Olshansky, S. (1962). Chronic sorrow: A response to having a mentally defective child. *Social Casework*, 43, 190-193.

田島明子（2009）．障害受容再考——「障害受容」から「障害との自由」—— 三輪書店.

上田敏（1980）．障害の受容——その本質と諸段階について—— 総合リハビリテーション, 8, 515-521.

4章
視覚障害児の理解と支援

小林　巌

---

1. 視覚と視覚障害

（1）視覚障害とは

　周囲の事物や事象を見るための機能を視機能といいます。視覚障害とは，この視機能の永続的低下を総称したものです。視機能に低下が見られても，それが治療等によって短期間に回復する場合は，教育的に見た場合の視覚障害とはいいません（香川, 2016）。視覚障害は，大きく盲と弱視（ロービジョンともいわれます）に区分されます（表4－1）。

表4－1　視覚障害の定義

盲児	点字を常用し，主として聴覚や触覚を活用した学習を行う必要のある者
弱視児	視力（両眼の矯正視力）が0.3未満の者のうち，普通の文字を使用するなど，主として視覚による学習が可能な者

出典：香川（2016）をもとに作成

（2）視機能

　視機能は，視力，視野，色覚，光覚，屈折，眼球運動，調節，両眼視などのさまざまな側面から成り立っています。ここでは代表的な視力と視野について説明します。

　視力は，細かいものを見分ける機能です。一般的に，視力の測定にはランドルト環を視標とする標準視力表が使用されます。視力0.1 〜 2.0の範囲の視標を5mの視距離から見て測定が行われます（図4－1）。0.1より視力が低い場合，0.1の視標が見える位置まで近づかせます。視標との距離をxmとすれば，視力は$0.1 \times x/5$と計算し求められます（小林, 2012）。なお，視力の測定では，標準視力表以外の方法（たとえば，縞視力のカードなど）が

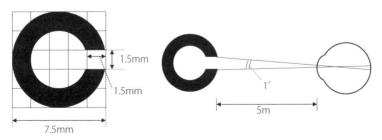

図4－1　ランドルト環と視力（図中の数値は視力1.0の場合）
出典：香川（2016）の図1－6を一部改変して作成

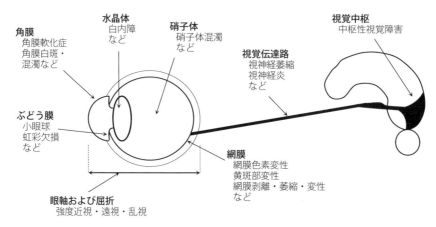

図4－2　視覚障害の原因部位
出典：中野（1999）の図2－5を一部改変して作成

採用されることもあります。

　視野は，眼を静止した状態で同時に見える範囲です。健常成人の視野の範囲は，耳側100度，鼻側と上方が60度，下方が70度といわれています（全国盲学校長会, 2018）。視野の障害には求心性視野狭窄，半盲，暗点などがあります。

（3）視覚障害の原因

　視覚は，生理学的には眼球，視覚伝達路，視覚中枢の三者が機能して成立する感覚です。この三者のいずれかが機能しないと視覚障害が生じることになります（小林, 2012）（図4－2）。

2.　視覚障害の特性

（1）一般的な特徴

　子どもに視覚障害があっても，適切な支援が行われるならば，ほぼ通常と同じ道筋をたどって成長します。しかし，視覚的な刺激や情報の不足から外界への関心が育ちにくく，発達のいくつかの領域に滞りを生ずることがあるといった点に留意する必要があります（香川, 2016）。

　視覚障害児によく見られる行動の例として，バーバリズム（Verbalism）やブラインディズム（Blindism）があげられます。視覚障害児は視覚による情報収集が困難であるため，言葉のもつ概念やイメージを適切に身につけるのが難しい場合が少なくありません。適切な概念やイメージを伴わないで，言葉だけが独り歩きをしているような状態をバーバリズムといいます（香川, 2016）。また，視覚障害児には「目押し」や「身体揺すり」などの癖のようなしぐさが見られることがあり，ブラインディズムと呼ばれています。これは外界への興味関心が育ちにくいことなどから，自己の身体を刺激する感覚遊びに浸ってしまう

表4－2　見えにくさを規定している主な要因

(1) ピンボケ状態	屈折異常で網膜に像が鮮明に結ばれない状態
(2) 混濁状態	角膜や水晶体が混濁することで光が乱反射している状態
(3) 暗幕不良状態	虹彩疾患や色素欠損などで眼球内が暗く保てない状態
(4) 照明不良状態	視細胞機能の低下で光量の過不足の状態
(5) 振とう状態	不随意な眼球の動き（眼振）で網膜像が常に動いている状態
(6) 視野の限定状態	視野狭窄や中心暗点のある状態

出典：香川（2016）pp. 136-137，猪平（2018）p. 7をもとに作成

ためのようです。子どもが身体を十分に動かし，外界に関心を向け，いろいろな遊びを楽しめるようになると減少に向かうといわれています（香川, 2016）。

　また，一般的に視覚障害者に生じやすい困難として，①歩行・移動，②文字や図の認知・処理，③日常生活動作があげられ，これらを「視覚障害者の三大不自由」という場合があります（香川, 2016）。

(2) 盲と弱視

　盲と一言でいっても，まったく見えない者，明暗がわかる者，ぼんやり物の形がわかる者などさまざまな状況であることが特徴です。また，3～5歳まで見えていた子どもは視覚記憶があるため，視覚イメージを想起できる可能性があります（全国盲学校長会, 2018）。

　弱視は，外見では障害の状況がわかりにくいうえに，見えの状況には大きな個人差があるといわれています。見えにくさを規定している要因として，表4－2に示したようなさまざまなものが指摘されています。

　なお，「弱視」という言葉は，医学分野や社会福祉・教育の分野をはじめ，社会で広く使われていますが，医学分野と社会福祉・教育の分野では同じ言葉でも意味が異なることに注意する必要があります。

　医学分野での「弱視」（医学的弱視。英語ではamblyopia）は，子どもの視力が発達する過程で，視覚系に異常がないにもかかわらず，眼に適切な刺激が与えられないことにより視力の発達が止まってしまった状態をいいます。これは通常，片側のみに生じ，もう片方はよく見えるため，視覚障害とはいえない程度の見え方です（青柳他, 2015）。これに対し，教育分野でいう「弱視」は，さまざまな病気の結果，治療困難で眼鏡などでも直せない視機能の低下により見えにくいという困難を抱えるため，社会生活や教育で特別な配慮を必要とする弱視（社会的弱視・教育的弱視。英語ではlow visionまたはpartial sight）を意味しています（小田他, 1993）。このような意味の「弱視」は，近年では「ロービジョン」ともいわれています。

(3) 視覚障害をあわせ有する重複障害

　近年の視覚障害特別支援学校（以下，盲学校）では，視覚障害のみならず，知的障害や

肢体不自由など，視覚障害以外の障害をあわせ有する幼児・児童・生徒の割合が増加しています。重複障害のために視力不明や測定ができない幼児・児童・生徒においては，行動観察から評価を行うことも大切であると指摘されています（全国盲学校長会, 2018）。

3. 視覚障害教育の方法

> 🔑 **キーワード**
>
> **視覚障害特別支援学校（盲学校）の教育課程**：自立活動，重複障害に関する特例規定，独自の教科（高等部の理療科など）のあることが特徴的です。
>
> **点字**：縦3点横2列の6点で構成された，触覚で確認できる文字。点字に対し，普通の文字を「墨字」といいます。
>
> **歩行指導**：安全・効率的に目的地へ移動するための能力の養成のため，主に自立活動の時間に歩行指導が行われています。

（1）教科指導・自立活動等での配慮

視覚障害児を対象とした「準ずる教育」の配慮事項として，特別支援学校学習指導要領（文部科学省, 2017）では，①的確な概念形成，言語の正しい理解活用，②文字の系統的な指導，③指導内容の精選，基礎・基本からの指導，④教材教具の効果的な活用（表4－3を参照），⑤空間時間の概念の重要性に関する5項目が指摘されており，指導上のポイントといえます。

視覚障害児童・生徒の教科教育にあたっては，点字教科書や拡大教科書が用いられています。また近年では，デジタル技術を用いた教科書（デイジー教科書・マルチメディアデイジー教科書など）の導入も一部で見られており，今後の展開が注目されます。

自立活動は，個別の児童・生徒の障害の状態や発達や経験の程度等を踏まえ「個別の指導計画」を作成したうえで進められます（文部科学省, 2017）。盲学校で行われている自立活動の代表的な内容としては，①手指の使い方や探索，②空間概念や運動概念，③歩行指導，④点字の初期指導，⑤日常生活動作，⑥視知覚の向上，⑦コンピュータ等の活用があ

表4－3　よく用いられる教材教具・機器の例

種　類	代表例
（1）触覚を活用する	立体の教材（標本・模型），平面の教材（立体コピー，レーズライター〈表面作図器〉等を用いて作成）
（2）視覚情報を聴覚情報に置き換える	音声温度計，音声計算機，音声タイマー，感光器
（3）見えにくさを補う	遠用弱視レンズ（単眼鏡），近用弱視レンズ（拡大鏡），拡大読書機
（4）コンピュータ等の情報機器を利用する	音声図書再生機，点字情報端末，音声読み上げソフト，拡大ソフト，携帯端末（スマートフォン，タブレット）

出典：全国盲学校長会（2018）をもとに作成

ります（青柳他，2015）。

　また，重複障害児童・生徒の教育課程においては，障害の状態により，とくに必要がある場合は各教科および外国語活動の目標および内容に関する事項の一部を取り扱わないことができます。また，知的障害をあわせ有する者については，知的障害特別支援学校の各教科の目標および内容に関する事項の一部または全部を変えることができます（文部科学省，2017）。

（2）指導の例

　盲児に対する指導の代表例として点字指導があげられます。点字（図4－3）は視覚の活用が難しい児童・生徒の情報伝達手段として有用なものです。点字の指導は基礎段階の指導を経て，一般的に読みの学習が行われ，ある程度の触読ができるようになった段階で書きの学習へと展開されます（香川，2016）。

　弱視児に対する指導では，視覚によって明確に認識させるための方策（外的条件整備）と，視覚認知能力を高めるための方策（内的条件整備）があります。外的条件整備の主な例としては，網膜像の拡大や単純化，ノイズの除去，照明のコントロールなどがあります（香川，2016）。とくに，教科書や教材等の読みにおいては，視覚補助（拡大鏡，単眼鏡，拡大読書機）や，書見台などの器具が活用されますが，これらも外的条件整備の代表例といえます。また近年では，タブレット端末をはじめとするICT機器の活用も注目されています。

　後者の視覚認知能力を高めるには，視覚活用の基礎技能（注視，追視，注視点移行）の習得に加え，認知特性や発達の段階を踏まえた適切なかかわりをしていく必要があります。なかでも目と手の協応は視覚認知発達の根幹となる部分であり，これに関する指導を通して獲得を促すことが必要であると指摘されています（全国盲学校長会，2018）。

　一方，視覚障害をあわせ有する重複障害児は，視覚障害や重複する障害ばかりでなく，発達段階や児童・生徒のもつ興味・関心もさまざまです。限られた諸感覚を活用して自発行動を起こすための環境を準備し，児童・生徒に課題解決を数多く体験させることが基

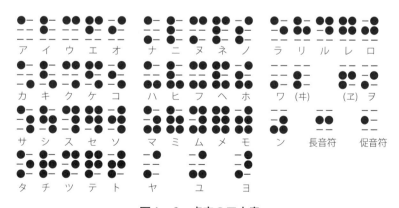

図4－3　点字の五十音
出典：本間他（1991）p.57を一部改変して作成

礎・基本であり，生活年齢を十分考慮しながら個々に合った教育内容を多様に工夫していくことが大切であると指摘されています（全国盲学校長会, 2018）。

4. 視覚障害教育の仕組み

(1) 盲学校

　視覚障害教育の専門的機関として，盲学校があります。2018（平成30）年現在，国内には67校の盲学校があります。また，視覚障害を含む複数の障害種に対応した特別支援学校が5校あります（全国盲学校長会, 2018）。多くの盲学校には幼稚部，小学部，中学部，高等部が設置されており，高等部には本科と専攻科があります。高等部の本科は一般の高等学校に相当します。専攻科は，高等部本科卒業後（一般の高等学校卒業を含む）に入学可能な教育課程で，理療科（手技療法科），理学療法科，音楽科などの学科が設置されており，職業教育が中心とした教育が行われています。多くの場合，修業年限は3年です（香川, 2016）。

　盲学校の在籍者は2018（平成30）年現在2731人であり，在籍者は年々減少傾向にあります。一方で，現在，盲学校の小学部で5〜6割，中学部で4〜5割，高等部においては2〜3割を重複障害児童・生徒が占めるに至っています。このような重複障害児童・生徒の占める割合は年々増加するとともに，障害の状態も非常に重度化しており，現在の視覚障害教育の中で重要な課題の1つとして認識されています（香川, 2016）。

　以上のように，盲学校においては，幼稚部から高等部専攻科までの幅広い教育活動が展開されています。さらに，近年の特別支援教育の展開の中で，地域の視覚障害に関するセンター的機能としての役割もよりいっそう求められるようになってきています。

(2) 特別支援学級・通級による指導等

　義務教育段階における視覚障害児の教育は，盲学校のほかに，通常の小中学校でも行われます。「弱視特別支援学級」および「通級による指導」が制度的によく知られていますが，このほかに，通常の学級で「合理的配慮」を受けながら他の子どもたちと一緒に教育を受ける場合もあります（青柳他, 2015）。

　小・中学校の特別支援学級および通級による指導を受けている視覚障害児の数は，2017年度現在，全国で特別支援学級が547人（全体の約0.2%），通級による指導が197人（全体の約0.2%）という状況です（文部科学省, 2018）。

　通級による指導の設置場所については，在籍校や他の学校に設置などのさまざまな方法があります。弱視通級指導教室を盲学校に開設することも可能であり，前述した盲学校のセンター的機能との位置づけから関係者の注目を集めています（香川, 2016）。

(3) キャリア教育

　視覚障害者の職業として，三療（あんま・マッサージ・指圧，はり，きゅう）が邦楽（琵琶，

箏曲，三味線）とともに，長い間職業的自立の根幹をなしてきていました。しかし，三療の分野に晴眼の従事者が増加してきていることや，高等教育化などの状況の変化に伴い，視覚障害者の安定した職業とはいえなくなってきています。一方で，近年では大学等への進学や，一般企業への就職も目立っている状況です。さらに，盲学校の重複障害児童・生徒のほとんどが発達遅滞をあわせ有していることから，これらの児童・生徒の卒業後の進路も大きな課題となっています（香川，2016）。今後の視覚障害教育においては，以上に示したような状況を背景とした進路・就労ニーズの多様化への対応がよりいっそう求められます。

事例

視覚障害をあわせ有する重複障害児について

　　肢体不自由特別支援学校の小学4年女児。肢体不自由，知的障害および視覚障害をあわせ有しています。新版K式発達検査で全領域1歳1ヶ月。視力は両眼で0.15。手指操作の巧緻性や，視覚の活用（しっかり見る）に課題があったため，タブレット端末によるアプリ（お絵描きアプリなど主に4種類）の取り組みを行いました（指導期間7ヶ月）。その結果，画面に顔を向けている時間がかなり延長し，取り組みに集中できるようになった様子がうかがわれました。

《引用・参考文献》

青柳まゆみ・鳥山由子（編著）（2015）．視覚障害教育入門―改訂版―　ジアース教育新社.

本間一夫・岩橋明子・田中農夫男（編）（1991）．点字と朗読を学ぼう　福村出版.

猪平眞理（編著）（2018）．視覚に障害のある乳幼児の育ちを支える　慶應義塾大学出版会.

香川邦生（編著）（2016）．五訂版　視覚障害教育に携わる方のために　慶應義塾大学出版会.

小林巖（2012）．視覚に関する制約と支援. 橋本創一・菅野敦・林安紀子他（編著），改訂新版　障害児者の理解と教育・支援――特別支援教育／障害者支援のガイド――（pp. 40-48）　金子書房.

文部科学省（2017）．特別支援学校幼稚部教育要領　小学部・中学部学習指導要領（平成29年4月告示）. http://www.mext.go.jp/component/a_menu/education/micro_detail/__icsFiles/afieldfile/2019/03/15/1399950_2.pdf（2019年9月9日閲覧）

文部科学省（2018）．特別支援教育資料（平成29年度）. http://www.mext.go.jp/a_menu/shotou/tokubetu/material/1406456.htm（2019年9月9日閲覧）

中野泰志（1999）．眼の働きと視機能の評価. 大川原潔・香川邦生・瀬尾政雄他（編），視力の弱い子どもの理解と支援（pp. 36-70）　教育出版.

小田浩一・中野泰志（1993）．弱視者の知覚・認知的困難. 鳥居修晃（編著），視覚障害と認知（pp. 52-61）　財団法人放送大学教育振興会.

全国盲学校長会（編著）（2018）．新訂版　視覚障害教育入門Q＆A――確かな専門性の基盤となる基礎的な知識を身に付けるために――　ジアース教育新社.

廣野政人・林安紀子

1. 聴覚障害とは

(1) 定　義

　聴覚障害とは，身のまわりの音や話し言葉が聞こえにくかったり，ほとんど聞こえなかったりする状態をいいます。

(2) 難聴と聾

　聴覚障害の原因や聞こえの程度はさまざまです。そのため，聴覚障害を分類し定義することは非常に困難です。聴覚障害を「難聴」（中途失聴と難聴の両方を含む広い意味で難聴という場合がある）と「聾」に分けた場合，その人がどれにあたるかは，その人自身がどう思っているかというアイデンティティの問題でもあります。

　難聴とは，聞こえにくいが，聴力が残っている人で，補聴器等を使って会話ができる人やわずかな音しか聞こえない人など，その程度はさまざまです（中途失聴とは，音声言語を獲得した後に聞こえなくなった人で，まったく聞こえなくても会話ができる人がいます）。

　聾とは，音声言語を獲得する前に失聴した人で，ほとんどの人が，手話を第一言語としています。

(3) 聾学校と難聴学級

　聾学校は，特別支援学校に分類され，難聴学級は，小・中学校に設置されています。どの教育の場が対象となるかは，個々の障害の程度により変わります。両耳の聴力レベルがおおむね60dB以上で，補聴器等の使用によっても通常の話し声を解することが不可能または著しく困難な程度（2002〈平成14〉年4月改正学校教育施行令第22条の3）の子どもは聾学校で学ぶことが適切とされています。聴力レベルが軽度，中度であって，通常の学級で留意して指導することが適切な子どもは難聴学級や通級で学んでいます。

　また，教育の場の選択には，障害の程度に加え，本人・保護者の希望や生育歴および言語発達の状態を考慮して総合的に判断しています。

2. 聴覚系の構造と聞こえ

　次に，耳の構造と音がどのように捉えられ，脳へと伝わっていくのかを伝音系と感音系に分けて見ていきましょう（図5－1）。

(1) 外耳および中耳の役割

　外耳は「耳介」と「外耳道」に分けられ，耳介は音を集め，外耳道は集めた音を鼓膜へ導きながら増幅する働きをもっています。中耳には，外耳道に接する「鼓膜」と鼓膜を通して内耳につながる「耳小骨」があり，耳小骨は鼓膜の振動を蝸牛に伝える働きがあります。これらの部位を総称して「伝音系」と呼び，このような音の伝わり方を「気導」といいます。外耳と中耳を介さずに内耳に音の振動が伝わる経路を「骨伝導」といいます。

(2) 内耳および神経・中枢の役割

　内耳には，聴覚に関係している「蝸牛」と平衡感覚をつかさどる「三半規管」とがあり，音声振動を電気信号に変えて「聴神経」に伝わります。蝸牛はかたつむりのような形をしており，リンパ液で満たされ，内側には有毛細胞という感覚細胞が並んでいます。音の高い周波数成分に対しては入り口側，低い周波数成分に対しては奥側の有毛細胞が刺激を受けて電位変動が生じます。電気信号は，大脳に伝えられ意味のある音として捉えることができるようになります。内耳および神経・中枢の部位を総称して「感音系」といいます。

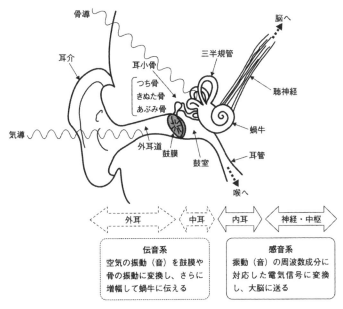

図5－1　聴覚器官の構造・役割と音の伝わる経路
出典：橋本他（2012）の図6－1

3. 障害の種類と原因

　聴覚障害は一般に，障害の原因となる部位によって「伝音性」と「感音性」，障害の原因となる問題が生じた時期によって「先天性」に「後天性」に分類されます。

(1) 伝音性難聴と感音性難聴 (表5-1)

　聴覚障害の原因の診断においては，伝音性難聴と感音性難聴を区別することが重要です（「骨伝導」経路での聴力が正常であれば伝音性難聴が疑われます）。

表5-1　障害の原因となる部位による分類と特徴

種類	主な原因	聞こえ方	医療的対応	教育的対応
伝音性難聴	・外耳道奇形 ・鼓膜外傷 ・耳小骨離断 ・中耳炎　など	・大きな音ははっきり聞こえる ・骨導聴力は正常	・形成手術 ・人工中耳手術 ・骨導補聴器　など ★医療効果良好	・医学的治療や骨導補聴器の使用によって，明瞭度の高い聞こえが得られる場合は，特別な教育的支援を必要としない場合も多い
感音性難聴	・有毛細胞の異常 ・頭部外傷 ・老化　など （※図5-2参照）	・大きな音でもはっきり聞こえない ・高い音の成分が聞き取りにくい（語音の聞き分けが難しい） ・いろいろな音が反響したように重なって聞こえる ・耳鳴りを伴うことがある ・聞こえ方の個人差が大きい	・原因となる疾患に応じた薬剤 ・人工内耳手術 ・補聴器　など ★医療効果や補聴器効果には限界がある	・医学的治療や補聴器の使用だけでは，難聴を介した音声言語の習得や使用に制約がある ・音声言語，手話など個に応じたコミュニケーション手段の選択や学習支援を継続して行う必要がある

出典：橋本他（2012）の表6-1より作成

(2) 感音性難聴の原因と出現率

　感音性難聴の原因と出現率について，その原因のほとんどを占める内耳性障害が生じた時期を先天性と後天性に分けて図5-2に示します。ただし，難聴が徐々に進行したり，改善と悪化を繰り返したりする場合もあることから，障害の原因となる問題が生じた時期と症状が出現する時期は必ずしも一致するものではありません。なお，高度の先天性感音性難聴者の出現率は約1000人に1人といわれています。

(3) 聴力検査と障害程度
①最小可聴値（聴覚閾値）の測定（聴力検査）

　最小可聴値（聴覚閾値）とは，雑音のない環境で聴覚が検知できる最小の純音の音圧レベルのことです。この測定（標準純音聴力検査）は，音の高さ（語音の聞き分けの手がかりに

先天性内耳障害の原因	後天性内耳障害の原因
・遺伝性難聴（主に劣性遺伝） 　症候性（30%） 　　アルポート症候群（腎障害），アッシャー症候群（眼の障害）， 　　トリーチャーコリンズ症候群（顔貌，知的障害）など 　非症候性（70%） ・胎生期難聴 　体内感染…風疹，サイトメガロウイルス，梅毒など 　薬剤…サリドマイド，アミノ配糖体系抗生物質など ・周産期難聴 　低酸素状態…仮死，肺疾患など 　重症黄疸，薬剤など	加齢…老人性難聴 騒音…音響外傷，騒音難聴 内リンパ水腫…メニエール病 　　　　　　　（難聴，めまい，耳鳴り） 感染…おたふく風邪，細菌性髄膜炎など 薬物…アミノ配糖体系抗生剤，抗がん剤， 　　　鎮痛剤など 原因不明…突発性難聴，急性音感性難聴など その他（頭部外傷，聴神経腫瘍など）

※後天性難聴者のうち，聴覚を介して言語習得をした後に聴覚障害を生じた場合を「中途失聴者」と呼ぶことがある

図5-2　感音性難聴の時期による主な原因
出典：橋本他（2012）の図6-2より作成

なる周波数帯域〈125～8000Hz〉の7周波数）ごとに音の強さ（音圧）を変えながら，どの程度聞こえたかを測定し，聞こえる最も小さな音の大きさ（最小可聴閾値）を調べるものです。気導聴力はヘッドホンから刺激音を提示し，骨導聴力は頭蓋骨に振動子を当てて測定します。測定された最小可聴値は聴力レベル（単位：dB）で示し，聴力図（オーディオグラム）に記録します（図5-3）。感音性難聴では，図5-3（一例）のような高い周波数の聞こえが低下するような聴力図の形（聴力型）を示すことが多いとされています。

②平均聴力レベルと障害程度

　平均聴力は，「大抵4分法」と呼ばれる方法で行われています。500Hz，1000Hz，2000Hzの最小可聴値をもとに計算されます。その値から障害程度の分類がなされています（図5-3の右側）。聴覚障害児の聞こえの程度にはさまざまな要因がかかわっており，

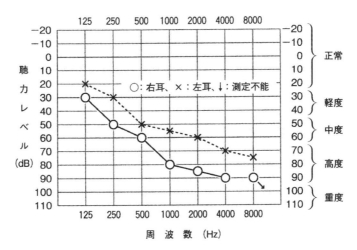

図5-3　気導聴力のオーディオグラム例と平均聴力レベルによる障害程度分類（図の右側）
出典：橋本他（2012）の図6-3

音が聞こえているからといって，聞こえた音を言葉として認識できることと同じとはいえない側面があります。その個人差が非常に大きく，平均聴力の値から障害程度を予測することは困難です。

4. 早期発見（新生児聴覚スクリーニング）と補聴システム

聴覚障害は早期に適切な支援を行うことによって，言語発達やコミュニケーションの形成に大きな効果が得られます。近年，新生児でも，正確度が高く安全で，かつ，短時間で簡便に検査が実施できる機器が開発されたことにより，早期発見（新生児聴覚スクリーニング）が可能になりました。

（1）新生児聴覚スクリーニングの普及

比較的軽度な難聴の発見も可能な手法および装置が開発されたことにより，生後数日から聴力検査を行うことが可能になりました。2017（平成29）年度において，新生児聴覚検査の受検の有無を把握している市区町村の割合は94.7％（1649／1741市区町村）。その市区町村のうち，受検者数を集計している市区町村は1491市区町村（そのうちの出生児数に対する受検者数の割合は81.8％〈50万7047／61万9692人〉）でした（厚生労働省，2019）。

（2）新生児聴覚スクリーニングの課題

新生児聴覚スクリーニングを行うにあたっては，十分なインフォームドコンセントや，保護者やその当該家族への精神面の十分な配慮が必要です。また，問題がなかったケースに関しても，進行性難聴や後天性難聴も考慮に入れたフォロー体制が必要であり，乳幼児健診での聴覚検診の充実や支援の体制などについての検討が緊急の課題となっています。

（3）補聴システム

感音性難聴者が用いる補聴システムについて主なものを示します（図5−4）。

①人工内耳（図5−4(1)）

重度の聴覚障害がある場合，乳幼児期に人工内耳手術を行うケースが増えています。人工内耳手術が開始された1985年から2017年までの毎年の人工内耳手術件数（累計1万1066耳）は，平均すると年々施行症例が増加しています。とくに7歳未満の小児例の増加が顕著であり，この約10年間で，手術件数は2倍以上に増加しましたが，諸外国と比べると依然として多いとはいえません（日本耳鼻咽喉科学会，2017）。

②補聴器（図5−4(2)(3)）

技術の進歩により，補聴器もデジタル化が進み，より細やかで微妙な周波数の調整や，出力の調整が可能になりました。小型化され，ジュエリーのようなカラーをそろえた補聴

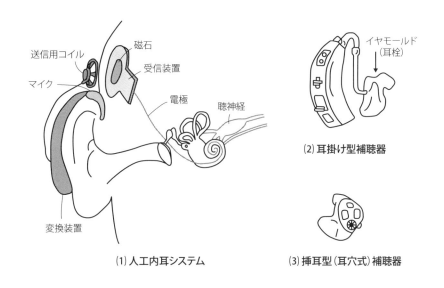

図5-4　人工内耳と補聴器

出典：橋本他（2012）の図6-4より一部改変して作成

器もあります。また，学校や会議室などに集団補聴システムが導入されることにより，雑音の多い室内などでの効果が期待されます。一方で，高性能の補聴器を使ったとしても，感音性難聴児者が「健聴者と同じように聞こえるようになる」ということではありません。補聴器の効果には個人差が大きいということを理解する必要があります。

5. 感音性難聴の聞こえと言語発達

(1) 音声の物理的特徴と感音性難聴の聞こえ方

　語音は，子音と母音から構成されています。子音や母音の音色の違いは，音の高さ（周波数）や，その時間的変化の特性を手がかりにして聞き分けられています。図5-5に，/a/，/ka/，/sa/ の音声波形（上図）と周波数成分（下図：濃い部分が周波数帯域のエネルギーが強い）を示します。子音は母音に比べてエネルギーが小さく，持続時間が短いので聞き取りにくい特徴があります（上図）。とくに，子音 /k/ や /s/ は高周波数成分のみから構成されるので，感音性難聴者には聞こえにくいものです（下図）。軽度の感音性難聴者であっても，この3つの語音は「あ・あ・あ」と母音しか聞こえない可能性が高いでしょう。

　子音は母音に比べて，強さ・時間・周波数成分のすべてにおいて限定された特性をもつために，軽度難聴者であってもその存在自体を感知できなかったり，聞き間違えたりしやすい音です。また，自分自身の発音を聴覚的にモニターすることも困難であるため，とくに子音は不明瞭な発音になりやすいでしょう。

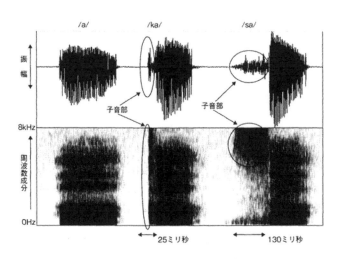

/a/ /ka/ /sa/

振幅

子音部   子音部

8kHz

周波数成分

0Hz

←25ミリ秒→   ←130ミリ秒→

図5-5　単音節の音声波形と周波数成分
出典：橋本他（2012）の図6-5

（2）聞こえる赤ちゃんの言語発達

　聞こえに問題がない赤ちゃんは，子音や母音の微細な違いを聞き分けることができます。生まれる前から胎内で主に母親の声を聞いた経験をもって生まれてくるからです。生まれた後も養育者からの言葉かけのシャワーを浴びながら，音声と意味を結びつけて理解し，語彙が急激に増えていきます。また，盛んに発声することで大人と同様の明瞭な子音や母音の発音のレパートリーを増やしていきます（喃語）。1歳ごろには意味のある言葉を初めてしゃべるようになります（初語）。1歳後半では名詞を中心とした表出語彙数の「爆発的増加」を示します。

　その後，さらに品詞の種類が増え，多語文をしゃべり始め，5歳くらいには大人との会話に不自由しないくらいの文法能力を身につけるようになります。

（3）聞こえない・聞こえにくい赤ちゃんの言語発達
①音声言語（日本語）の場合

　聞こえない・聞こえにくい赤ちゃんの言語発達は，ごく初期の段階から聞こえる赤ちゃんとの違いが見られ，その後の発達の経過もゆっくりで，とくに助詞の使用などの文法習得については学齢期以降も不完全である場合が少なくありません。

　言語の発達については，難聴の原因や聞こえの程度，障害発見や補聴器装用開始の時期などにより，個人差は大きくなります。高度難聴の赤ちゃんは生後6ヶ月くらいまでは聞こえる赤ちゃんと同じくらい頻繁に発声していますが，それ以降は発声頻度が少なくなっていきます。聞こえる赤ちゃんが生後10ヶ月ごろから喃語（子音＋母音からなる音節の繰り返し）を盛んにしゃべり始めるのと対照的です。現在では，補聴器や人工内耳などによる聴覚補償をできるだけ早期から開始し，聴覚活用を高める環境づくりをすることによって，難聴児の音声言語の発達は促進されるといわれています。また，家庭や療育・教育機

関でのきめ細かい言語発達支援を長期に継続することも重要となります。

②視覚言語（日本手話）の場合

　生まれつき手話を母語とする環境（聾家族：デフファミリー）で育てられている聞こえない赤ちゃんの場合は，聞こえる赤ちゃんが喃語をしゃべり始めるのと同じ時期に，手話の喃語（各種の手形や動きの繰り返し）を盛んに表出するようになり，やがて1歳ごろに有意味な手話単語を使い始め，手話言語体系を自然に獲得していくといわれています。しかしながら，先天性聴覚障害児の90％以上は聞こえる両親（音声言語話者）のもとに生まれるため，言語発達の基盤となる言語環境（視覚を介しての自然な言語，手話）にないことが多く，実際には言語発達に適した環境を整えることが課題とされています。

6. コミュニケーション手段

　聞こえない・聞こえにくい聴覚障害児者のコミュニケーション手段は，皆，同じではありません。聴覚障害児者であっても，音声言語（口話）だけでコミュニケーションをとる人や，音声言語（口話）と日本語対応手話とを合わせてコミュニケーションをとる人，日本手話でコミュニケーションをとる人など，そのコミュニケーション手段の活用方法はさまざまで，話す相手によってコミュニケーション手段を使い分けている人もいます。

7. 教育支援や療育，進路について

(1) 聴覚障害やあわせもつ障害の発見と配慮

　子どもの聴覚障害の発見は，新生児聴覚スクリーニング（前述）の普及により，0歳台からの早期発見・早期診断が可能となってきましたが，必ず新生児スクリーニングの際に発見できるとはかぎりません。難聴が徐々に進行する場合や，乳幼児期に急激な聴力低下が起こる場合もあり，1歳半検診や3歳児健診，就学前健診などで発見されることも多くあります。とくに，軽～中度の難聴の場合は，家族の気づきが遅れたり，行動面や言語面の発達の遅れから他の障害（知的障害や広汎性発達障害など）が最初に疑われたりするケースも少なくありません。

　また，重複障害がある場合には，聴覚障害を発見することができないこともあります。子どもの発達が気になる場合は，どんな症状であれ聴力検査を行うことが必要です。

(2) 療育・教育の場と内容

　表5－2に就学前と学齢における聴覚障害児の支援の場とその内容について示します。聴覚活用の程度，主なコミュニケーション手段，あわせもつ障害の有無などにより，支援の場，内容，支援者の職種などはさまざまです。また，各機関，支援者，保護者との間で相互の連携が必要です。

表5-2　支援の場と内容

時期	支援の場	支援の内容	支援者（職種）
就学前	医療機関	・医学的治療 ・人工内耳や補聴器の処方と管理	医師，言語聴覚士，補聴器技術者など
	難聴児通園施設（厚生労働省） 特別支援学校（聴覚障害） 乳幼児教育相談 幼稚部	・保護者支援 ・聴覚活用支援 ・言語発達支援 ・発達支援（全般的）	・教員 ・各種専門職（言語聴覚士，心理カウンセラー，理学療法士，作業療法士，保育士など） ・手話講習会や情報保障のためのスタッフ
	その他の障害児療育機関	・あわせもつ障害への支援など	
学齢	特別支援学校（聴覚障害）	・手話，指文字，音声言語などさまざまな言語モードを用いた学習支援 ・交流教育	・主として教員 ・各種専門職（巡回） ・手話講習会や情報保障のためのスタッフ（ボランティアや非常勤など）
	難聴特別支援学級 難聴通級指導教室	・主に音声言語による学習支援（個別指導や小集団指導） ・通常学級支援	
	通常の学級	・音声言語による一斉指導 ・FM補聴器の使用等の環境設定 ・視覚的情報保障（ノートテイクなど）	

出典：橋本他（2012）の表6-2より作成

　聾学校には，幼稚部，小学部，中学部，高等部があり，幼稚部を設置している聾学校には0歳児からの乳幼児相談を行っているところもあります。また，高等部3年間の後，専攻科を2年間設置しているところもあります。聾学校では，視覚を中心とした教材が豊富であり，近年ではICT機器を活用した教材開発が進んでいます。校内のいたるところにディスプレイが設置され，画面を通して緊急時を知らせたりする「見える校内放送」といった工夫もされています。

　聾学校では，中学部の卒業生のほとんどが高等部に進学しています。また，通常学級で中学校まで学んだ後，聾学校の高等部に入学する生徒もいます。高等部卒業後の職業教育の場として，聾学校専攻科，障害児職業能力開発校，あるいは専修（専門）学校があります。

　より高度な専門知識や技術を身につけるために，一般大学などの高等教育機関に進学する生徒が増えています。

　就労においては，職場での情報保障や人間関係（コミュニケーションの方法等）に配慮すべき問題が多くあり，職業教育や就職活動への支援のみでなく，就職後の職場適応を支援することが必要とされています。合理的配慮の視点からも，視覚的にわかりやすい情報保障を提供するなど，学校や職場での情報保障のあり方をさらに検討する必要があります。

8．社会における聴覚障害の理解と支援

（1）二言語二文化とは

　日本で使われている手話には，日本手話と日本語対応手話があります。日本語と日本手話のどちらを母語として習得し，日常生活や思考の手段として使用しているかが，異なる2つの文化として認識され，聴覚障害児者のアイデンティティに大きくかかわっています。この観点から，日本手話を自らの自然な言語として用いている者を「聾者」，聴覚活用や言語の特別な教育指導（聴覚口話法）により日本語（音声，文字，日本語対応手話）を主なコミュニケーション手段とする者を「難聴者」，聴力正常で日本語を母語とする者を「聴者」と区別して呼ぶことがあります。聾者のコミュニティは社会的には少数ですが，日本手話をもとにした「聾文化」を聴者社会が尊重していくことが重要です。

（2）情報保障

　二言語二文化を尊重した教育を実現するためには，聴覚障害児者に対するさまざまな場での情報保障の配慮が必要です。その原則は，聴者が聞こえない・聞こえにくい人の立場に立って，聴覚情報のうちのどの部分をどのように視覚情報に変換して提示していけばよいかを考えることです。具体的には，字幕提示，手話通訳，要約筆記，ノートテイク，プリント資料，板書の工夫などがあげられます。とくに通常学級で学ぶ児童・生徒に対して情報保障を行う人材確保が課題となっています。

（3）あわせもつ障害への配慮

　他の障害をあわせもつ場合，聾学校ではなく，その他の障害種を対象とした特別支援学校や学級に在籍することも多くあります。とくに知的障害をあわせもつ場合は，普段から音刺激に対する反応が曖昧なため，聴力の悪化や補聴器の電池切れなどに気づかないことがあります。また，感覚が過敏な場合，補聴器の耳栓を嫌がったり，補聴器からの音が大きすぎてパニックを起こしたりすることもあるため，1人ひとりに合わせた支援や環境の整備が重要です。

9．初めて聴覚障害児者と出会う人へ

①たとえ補聴器を着けていても，後ろから声をかけたりせず，正面にまわるなど，必ず自分のほうを見ていることを確認してから話しかけましょう。このとき，口の形がわかるようにはっきりと口を動かし，マスクをしている場合には外すことが望ましいでしょう。

②聴覚障害児者の中には，会話の内容があまりよくわからなくても，うなずいて理解しているようにふるまってしまう人もいます。それは，これまでの経験などから，相手に対

する気遣いや聞き返すことに対しての抵抗感があるからです。場合によっては，筆談等も加え，お互いに確認し合いながら会話を進めることが望ましいでしょう。とくに，重要な事柄については，口頭だけでなくメモなどに書いて渡すことで，共通理解がしやすくなります。

③健聴者の中には，「聴覚障害児者＝手話」といった先入観をもつ人もいるかと思います。しかし，聴覚障害があるからといって，誰でも手話が堪能なわけではありません。中途失聴者や聴覚口話法，日本語対応手話で教育を受けてきた聴覚障害児者には，手話通訳だけでは情報保障として不十分な場合があります。本人がどのような情報保障を必要としているのかを事前に確かめることで，より適切な方法で情報を伝えることができます。

④聴覚障害児は「見えているもの，注意を向けていること」からの情報をもとに状況判断をしているため，重要なことへ注意を促したり，あらかじめ重要な情報を伝えたりしておくことにより，新しい状況への適切な判断能力を高め，本人の不安を軽減することができます。

コラム

聴覚に障害のある児童・生徒の生活

　「明日は8時10分前に，生徒玄関に集合してください」。そう言われたら，あなたは何時を思い浮かべますか？

　多くの人は，「7時50分」を思い浮かべたことと思います。しかし，もう1つ考えられる時間が存在します。それは，「8時7，8分」のことです。

　書記言語を用いて「7時50分」を表すとするなら「8時の10分前」と書くでしょう。音声による会話では，この「8時」の後の「の」が省略され，さらに「8時」と「10分前」との間にわずかな「間」をとるのではないでしょうか。一方で，「8時10分の前」と書き表すことで「8時7，8分」を意味していることはいうまでもありません。

　音声言語を主なコミュニケーション手段としない聴覚に障害のある児童・生徒は，手話を使った会話が中心となります。音声言語で無意識に使われている間や抑揚を表しづらい手話表現においては，「8時10分前」は「8時7，8分」を示していると解釈する子どもは少なくありません。

《引用・参考文献》

橋本創一・菅野敦・林安紀子（編著）（2012）．改訂新版 障害児者の理解と教育・支援——特別支援教育／障害者支援のガイド—— 金子書房．

伊藤壽一・中川隆之（2005）．発達期から老年まで600万人が悩む 難聴Q&A ミネルヴァ書房．

加我君孝（編）（2005）．新生児聴覚スクリーニング——早期発見・早期教育のすべて—— 金原出版．

木村晴美（2007）．日本手話とろう文化——ろう者はストレンジャー—— 生活書院．

厚生労働省（2019）．平成29年度「新生児聴覚検査の実施状況等について」の調査結果を公表します．https://www.mhlw.go.jp/stf/newpage_03969.html（2019年8月24日閲覧）

森田訓子・伊藤茂彦・山口暁（2004）．新生児聴覚スクリーニングの問題点と今後の課題——保護者へのアンケート調査による検討—— *Audiology Japan*, *47*(1), 49-55.

村瀬嘉代子（編）（1999）．聴覚障害児の心理臨床 日本評論社．

日本耳鼻咽喉科学会（2017）．日本での人工内耳手術件数の推移．http://www.jibika.or.jp（2019年8月24日閲覧）

日本産婦人科医会（2007）．新生児聴覚スクリーニングマニュアル．http://www.jaog.or.jp（2019年8月24日閲覧）

1. 運動障害児の理解

(1) 運動障害と肢体不自由

①運動とは

　運動とは，脳の大部分を占めている大脳から脊髄を通って筋へ伝え，筋の収縮をコントロールして，筋が付着している手や足などの骨や，眼球や顔の表情などの状態を調整することです。運動を自分の意思で行うことを総称して随意運動と呼びます。随意運動は，図6－1のように，大脳から運動指令が生じます。この運動指令は脊髄を通って，収縮させたい筋へ指令が伝えられます。このように随意運動だけではなく，同じ姿勢をとり続けるような場合も，身体が重力に抗するために，複数の筋の収縮を相互に作用させることで関節の状態を維持することが無意識に行われています。何らかの疾患により，このような随意運動や姿勢の保持などの運動機能に異常が生じている状態を運動障害といいます。

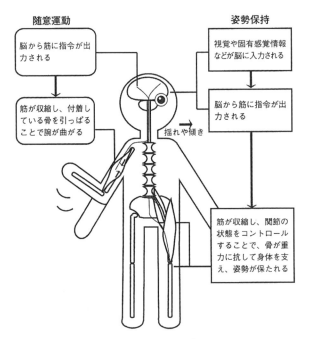

図6－1　随意運動の模式図
出典：松永（2012）の「運動機能の模式図と身体部位の名称」を一部改編して使用

②肢体不自由の定義

運動障害としてよく知られているものに「肢体不自由」があります。この「肢体不自由」という用語は，昭和初期に東京大学の整形外科の教授であった高木憲次によって提唱され，現在では教育分野や福祉分野などの幅広い分野で使われています。肢体不自由の定義については，文部科学省の教育支援資料（2013〈平成25〉年）では「肢体不自由とは，身体の動きに関する器官が，病気やけがで損なわれ，歩行や筆記などの日常生活動作が困難な状態をいう」としています。また肢体不自由をもつ幼児・児童・生徒について，特別支援学校での教育対象となる障害程度は，学校教育法施行令第22条の3に示されていて，「一 肢体不自由の状態が補装具の使用によっても歩行，筆記等日常生活における基本的な動作が不可能または困難な程度のもの。二 肢体不自由の状態が前号に掲げる程度に達しないもののうち，常時の医学的観察指導を必要とする程度のもの」とされています。

（2）脳性まひ

①脳性まひの定義

脳性まひの定義としては，1968（昭和43）年に厚生省脳性麻痺研究班による「受胎から新生児（出生後4週間）までの間に生じた，脳の非進行性病変に基づく，永続的な，しかし変化しうる運動および姿勢の異常である。その症状は満2歳までに発現する。進行性疾患や一過性運動障害，また将来正常化するであろうと思われる運動発達遅延は除外する」がよく用いられます。また脳性まひが発生する時期は，妊娠22週前までの胎芽期，妊娠22週以降の胎児から出生後7日未満までの周産期，その4週間までの新生児期のいずれにおいても起こりますが，周産期に最も起こることが多く，原因は発生する時期によりさまざまです。

②脳性まひの分類

脳性まひは，まひが生じる四肢への起こり方によって4つのタイプに分けられます（図6-2参照）。ここでいう四肢とは上肢と下肢のことで，上肢とは肩関節から手指の先端に至る部分のこと，下肢とは股関節から足指の先端に至る部分のことをいいます。1つ目は「四肢まひ」で，左右の上肢と下肢に同じ程度のまひを示します。全身の筋肉の緊張が強いことが多いため動きが制限され，運動障害としても独歩不能な状態が多いタイプです。またこのタイプでは，脳への障害が広範囲にわたっていることが多いため，運動障害だけでなく知的障害を伴っている場合も多くあります。2つ目は「両まひ」で，下肢のまひだけまたは下肢に強いまひを示す状態です。3つ目は「片まひ」で，体の半身の上肢・下肢にまひを示し，まひが生じている側と反対側の脳の障害が原因で起

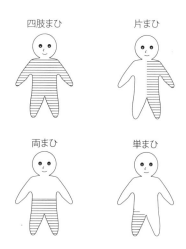

図6-2 まひのタイプ
出典：東条（2015）の「体の部位による
まひのタイプ」をもとに作成

こります。4つ目は「単まひ」で，四肢の1つだけにまひを示すタイプです。

2．運動障害児に生ずる困難とその支援

(1) 早期からの就学相談・支援の充実

　肢体不自由のある子どもの場合，運動障害だけでなく，知的発達の遅れや，視覚や聴覚などにも障害を伴う場合があります。それらの障害自体から引き起こされる困難だけでなく，それらの障害のために不自然なかたちでの経験などによって学習されたことによって二次的な困難を生じる場合もあります。とくに，運動面に関する「立つ」「歩く」といったことへの支援が集中してしまい，他の側面の発達状態へ関心が向かなくなりがちになります。したがって，幼児期の肢体不自由のある子どもについては，表面上に現れる困難ばかりに注目するのではなく，子どもの全体像を見ながら支援を行っていく必要があります。また二次的な困難の発生を抑えるためにも早期発見，早期相談，早期療育がとくに重要になります。

(2) 運動障害による困難とその支援
①上肢・下肢の運動障害と姿勢保持への支援

　肢体不自由のある子どものうち，上肢の運動障害の影響として，教科書などの教材・教具を操作することや文字を書くことなどに困難が生じます。そのような場合，教科書やノートをめくりやすくするために文鎮や滑り止めのマットを使用して固定したり，文字を書く際に筆記用具を持ちやすくするためにグリッパーを付けるなどの活動を行うための工夫をします。その他に，ICTやATといわれる技術を用いて入力装置を活用するなど，子どもが主体的な学習活動が行うことができるようにしていくことが大切です。下肢の運動障害の影響としては，学校での教育活動において，教室内でも教室外でも移動に関して制限が多く生じるので，補助手段としてつえ，歩行器や車いす（電動車いす）などを活用します。また，体幹を保持することが難しい場合には，姿勢が崩れやすく，疲れやすくなるために，授業に集中し続けにくくなるので，座位姿勢が安定するためのいすなどを活用します。

②運動障害によって生じる二次的な障害への支援

　これら運動障害は，動作に関する機能的な困難だけでなく，日常生活の直接的な体験や社会経験の不足につながっている場合が多くあります。さらにこの不足により，子どもの興味・関心の幅が狭くなったり，受け身的になっていくので，学校の教育活動では，具体的な体験の機会を多く設定したり，直接的な活動を多く取り入れた授業を実施する必要があります。脳性まひ等の脳性疾患が原因である肢体不自由の子どもたちは，筋緊張の亢進などから，自身の身体からの情報のフィードバックが受け取りにくくなることがあります。そのために，誤学習や未学習が生じてしまい，さまざまな認知の基礎の形成がうまくいかなくなります。したがって，情報をきちんと受け止められるような丁寧な指導を行う

ことが大切です。また肢体不自由の子どもたちは運動障害のために意思伝達に時間がかかります。そのためやりとりの中で本人が意思を表出する前に周囲が意図を汲み取りすぎてしまうことがあり，自分の意思を伝えることに消極的になるといったコミュニケーション意欲の低下を引き起こすことがあります。子どもとかかわる際に，子ども自身が伝達する間をとる「待つ」といったことも指導や支援を行う際には大切です。

(3) 自立活動の指導

> 🔑 **キーワード**
> **自立活動**：特別支援学校の教育課程に設定されている指導領域で，個々の幼児・児童・生徒の自立を目指して行うものです。

①自立活動の目標

　自立活動は，特別支援学校の教育課程に設けられた指導領域です。自立活動の目標については，学習指導要領で，「個々の児童又は生徒が自立を目指し，障害による学習上または生活上の困難を主体的に改善・克服するために必要な知識，技能，態度及び習慣を養い，もって心身の調和的発達の基盤を培う」とされています。たとえば，運動障害のために姿勢のコントロールが難しい子どもの場合，字をうまく書けるようになるために，座位を保持できるような姿勢づくりや，手指の巧緻性を高めるといった指導が考えられます。このような指導は自立活動を中心に行っていきます。

②自立活動の内容

　自立活動の内容については，特別支援学校学習指導要領には「健康の保持」「心理的な安定」「人間関係の形成」「環境の把握」「身体の動き」「コミュニケーション」の6区分が示され，この区分の下には27項目が示されています（図6−3参照）。この6区分27項目は

1．健康の保持
(1) 生活のリズムや生活習慣の形成に関すること。
(2) 病気の状態の理解と生活管理に関すること。
(3) 身体各部の状態の理解と養護に関すること。
(4) 障害の特性の理解と生活環境の調整に関すること。
(5) 健康状態の維持・改善に関すること。

2．心理的な安定
(1) 情緒の安定に関すること。
(2) 状況の理解と変化への対応に関すること。
(3) 障害による学習上又は生活上の困難を改善・克服する意欲に関すること。

3．人間関係の形成
(1) 他者とのかかわりの基礎に関すること。
(2) 他者の意図や感情の理解に関すること。
(3) 自己の理解と行動の調整に関すること。
(4) 集団への参加の基礎に関すること。

4．環境の把握
(1) 保有する感覚の活用に関すること。
(2) 感覚や認知の特性についての理解と対応に関すること。
(3) 感覚の補助及び代行手段の活用に関すること。
(4) 感覚を総合的に活用した周囲の状況の把握に関すること。
(5) 認知や行動の手掛かりとなる概念の形成に関すること。

5．身体の動き
(1) 姿勢と運動・動作の基本的技能に関すること。
(2) 姿勢保持と運動・動作の補助的手段の活用に関すること。
(3) 日常生活に必要な基本動作に関すること。
(4) 身体の移動能力に関すること。
(5) 作業に必要な動作と円滑な遂行に関すること。

6．コミュニケーション
(1) コミュニケーションの基礎的能力に関すること。
(2) 言語の受容と表出に関すること。
(3) 言語の形成と活用に関すること。
(4) コミュニケーション手段の選択と活用に関すること。
(5) 状況に応じたコミュニケーションに関すること。

図6−3　自立活動の内容の区分と項目
出典：文部科学省（2018）を参考に作成

すべて指導するのではなく，個々の子どもの状態に応じて選定していきます。肢体不自由のある子どもでは「身体の動き」や「コミュニケーション」といったことが内容として選定される場合が多いですが，肢体不自由があるからこの項目を入れるといった障害種から指導する項目を選定するのではなく，学校や家庭の生活での困難や目指している本人の将来像に向けた視点を含めて，個々の教育的ニーズに合わせて指導する項目を選定することがとても重要です。

3. 重症心身障害の理解

🔑 **キーワード**

重症心身障害：重度の知的障害と重度の肢体不自由をあわせもっている障害。

(1) 重症心身障害とは

①重症心身障害の定義

　重症心身障害は，1967年の児童福祉法の改正で「重症心身障害児施設は，重度の精神薄弱及び重度の肢体不自由が重複している児童を入所させ，これを保護するとともに，治療および日常生活の指導をすることを目的とする施設とする」と示され，その施設に入所する児童が重症心身障害児であるとされました。

②重症心身障害の分類（大島分類）

　重症心身障害の重度知的障害と重度肢体不自由については，具体的な基準が法的には示されていませんが，従来使用されているものとして，東京都立府中療育センターの大島一良によって作成された大島分類があります（図6-4参照）。これは，知能指数（IQ）を縦軸に，移動機能を横軸にして，それぞれを5段階に分けて縦軸と横軸の組み合わせにより25通りに障害程度を区分したものです。このうち1～4の区分が重症心身障害に該当します。

IQ
80

21	22	23	24	25
20	13	14	15	16
19	12	7	8	9
18	11	6	3	4
17	10	5	2	1

70

50

35

20

走れる　　歩ける　　歩行障害　すわれる　寝たきり

図6-4　大島分類

出典：大島（1971）

(2) 医療的ケアと超重症児

近年，医療の進歩に伴い，それまでは救命が困難であった重篤な疾患をもつ子どもや未熟児が生存可能になりました。その一方で，これらの子どもの中には医療的ケアが必要な重症心身障害児も増えてきています。

医療的ケアとは，法によって定められた用語ではなく，咀嚼や嚥下などの摂食行動が難しい場合などにカテーテルを使用して栄養剤などを摂取する経管栄養（図6-5参照）や，肺などの呼吸器に障害があるために自発的に排痰が困難である場合に行う喀痰吸引といった，日常生活に必要な医療的な生活援助行為を指した呼称です。

この医療的ケアは誰もが行えるものではなく，特別支援学校の教員の場合，法に定められた研修を受

図6-5　経管栄養をしている様子

けたうえで実施することが可能になります。この医療的ケアの行為をスコア化し，このスコアの合計点によって，医療的ケアの必要な程度が高い重症心身障害児は超重症児や準超重症児と呼ばれています（鈴木他, 1995）。

4. 重症心身障害児に生ずる困難とその支援

(1) 合併症と発達経過による身体の変化への対応

重症心身障害児は，重度知的障害と重度肢体不自由をあわせもっていますが，それらに加えて，てんかん，喘鳴や無呼吸などの呼吸障害，咀嚼・嚥下困難などの摂食障害，排泄障害，体温調節や睡眠覚醒リズムなどに異常をきたす自律神経障害といった何かしらの合併症をもっている場合が少なくありません。また先天的な異常や栄養摂取の不足により発育状態もよくないことが多いことから，低身長や低体重であったり，成長に伴い脊柱が曲がっていく側弯や胸郭の変形が生じたり，上肢・下肢では関節の動きが少ないために関節周辺の筋が固まる拘縮が生じやすくなります。そのため，学校や日常生活の中では，成長に伴う身体機能の低下を防ぎ，体調の安定に向けた支援が重要になります。

(2) AACを活用したコミュニケーション支援

また重症心身障害児は重度の知的障害と重度の運動障害のために，周囲の人からのかかわりに対して応答がとても微弱であったり不明瞭であったりすることと，自らの意思や欲求を表すことも難しいことから，コミュニケーションがとりにくい場合が多くなります。学校生活や日常生活の中や，社会生活を送るために他人とのやりとりは必要なので，重症

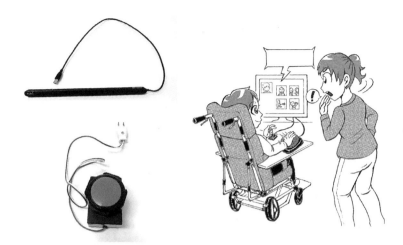

図6-6　支援機器と支援機器を使用している様子
左上は視線入力装置（tobii社），左下はボタンスイッチ

　心身障害児にとってもコミュニケーション支援は重要になります。重度の運動障害がある人によく用いられるコミュニケーションの支援方法としてAACがあります。
　AACは，「拡大代替コミュニケーション（Augmentative and Alternative Communication）」のことで，言葉を介したコミュニケーションが難しい場合に，表情，視線，ジェスチャー，サインや，コミュニケーションボードといった支援機器を活用してコミュニケーションをとる方法です。伝達したい内容を音声で出力するVOCA（Voice Output Communication Aid：音声出力補助装置）やパソコンやタブレットなどの機器を活用する場合（図6-6参照）にはスイッチ操作が必要となりますが，重症心身障害児の場合，強い運動障害があることが多いため，手指だけでなく，視線であったり，口元や舌の動きなどにより本人の意思で動かすことができ，発信しやすい方法を考えることが重要です。

🔑 **キーワード**

訪問教育：通学して教育を受けることが難しい子どもに対して，家庭，病院や児童福祉施設に教員が訪問して行う教育。

事例

病院に長期入院している重症心身障害のある生徒への訪問教育

　重症心身障害のあるAさんは病院に入院しているため，肢体不自由特別支援学校高等部の訪問学級に在籍し，教員が病院を訪問して院内の指導室で週3回，1回2時間程度行う授業を受けています。Aさんは病院の中の生活リズムで生活していて，入浴やおむつ交換といった生活行為は病院スタッフが行うため，少し変則的な時間割で授業を受けています。また，障害のために体調を崩しやすく，治療のために授業を休

んだり，冬になると感染症予防のために教員の病室への入室が制限されることがあるので，学習できる時間をとても大切にしています。

《引用・参考文献》

安藤隆男・藤田継道（編）（2015）．よくわかる肢体不自由教育，ミネルヴァ書房．

松永泰臣（2012）．運動に関する制約と支援．橋本創一・菅野敦・林安紀子他（編著），改訂新版 障害児者の理解と教育・支援――特別支援教育／障害者支援のガイド――（pp. 59-65） 金子書房．

文部科学省（2013）．教育支援資料．

文部科学省（2018）．特別支援学校小学部・中学部学習指導要領．

岡田喜篤（監修），井合瑞江・石井光子・小沢浩他（編）（2015）．新版 重症心身障害療育マニュアル 医歯薬出版．

大島一良（1971）．重症心身障害の基本的問題 公衆衛生，*35*，648-655．

鈴木康之・田角勝・山田美智子（1995）．超重度障害児（超重症児）の定義とその課題 小児保健研究，*54*，406-410．

東条恵（2015）．脳性まひ（脳性疾患）の医学．安藤隆男・藤田継道（編），よくわかる肢体不自由教育（pp. 18-19） ミネルヴァ書房．

7章
言語・コミュニケーション障害児の理解と支援

大伴　潔・溝江　唯

1．言語・コミュニケーションの3領域

　言葉にかかわる困難を考えるにあたり，「言語」「発声・発語」「コミュニケーション」という3つの領域に分けて整理することが有効です（表7－1）。言語領域とは，語彙や文法といった言語の記号的側面を指し，この領域の困難は，発達期では「言葉の遅れ」とみなされます。発声・発語領域とは，唇や舌の運動によって言葉を音声として表現する側面を指します。発音の誤りである構音障害や，「と，と，とけい」などのように言葉が流暢に出ない吃音，声のかすれなどの音声障害があります。コミュニケーション領域とは，社会的な慣習に沿って，場面や文脈に合った言葉で自分の意図を相手に伝える側面を指します。文法的な発話ができても，語用論的に適切な表現の困難がある場合はコミュニケーション領域の問題といえます。

表7－1　言語・コミュニケーションにかかわる3領域

領　　域	説　　明	困難の例
言語領域	語彙知識や文法の適切さ	・言語発達障害 ・（主に成人期）失語症
発声・発語領域	発声や構音（発音）による音声表出	・構音障害 ・吃音 ・音声障害
コミュニケーション領域	意図や場面・文脈に合った言語の機能的な使用	・社会的（語用論的）コミュニケーション症（DSM-5）

🔑 キーワード

語用論：言語学の一分野で，話者の意図や文脈に沿って適切に言語を運用する側面を扱います。自閉スペクトラム症（自閉症スペクトラム障害）のある話者は，語用論的側面に困難を示します。

2．言語領域における発達と困難

　言語発達は，有意味語を獲得する以前からの，養育者などと視線や身振りを交えたコミュニケーションを土台としています（表7－2）。言葉の能力は，一語文の段階から，語

表7－2　言語発達の過程

区　分	単語段階	語連鎖・統語段階	談話段階	学習段階
コミュニケーション	基本的な機能（要求・叙述・挨拶等）　➡	簡単な質問への言語的応答　➡	気持ちの説明，簡単な説明や語り　➡	発表や報告活動，感想や判断の説明，話し合い
語彙	社会的語彙（いや，もっと等），基本的な名詞・動詞等　➡	語彙の拡充，基本的な疑問詞（なに，どこ，だれ），位置を表す語　➡	語彙の拡充（反対語），時間を表す語，気持ちを表す語の拡充	学習語彙（漢字熟語など），順接・逆接の接続詞
統語		2～3語文，格助詞を含む文　➡	受け身文など助動詞の拡充，連体修飾節など	丁寧語・尊敬語の使用，書き言葉
談話・音韻意識		簡単な報告　➡	ストーリーの理解，語り表現，推論，理由の説明，しりとり遊び	メタ言語的活動，比喩・皮肉・ユーモアの理解，5W1Hを含む表現

をつなげて話す語連鎖・統語段階，複数の文をつなげて話す談話段階，学齢期に入り，言語を介して学んでいく学習段階へと進んでいきます。また，それぞれの時期において，コミュニケーションのとり方や，語彙の種類，統語（文法）の複雑さなども広がりを見せていきます。

　言語発達障害はこれらの発達的な遅れとして現れますが，世界保健機関（WHO）によるICD-11では，言語発達障害の下位分類に，①言語理解と言語表出が子どもの生活年齢や知的発達水準に比して著しく困難なタイプ，②言語理解よりも言語表出に困難が著しいタイプ，③主に語用論的側面に困難が認められるタイプを設けています（③のタイプは本章4節のコミュニケーション領域の困難に該当します）。表7－2における複数の側面で困難を示し，幼児期では言葉による意思疎通に影響し，学齢期では学習のつまずきの一因にもなります。主に成人期以降には，脳卒中（脳血管の閉塞など）の後遺症として失語症が生じる場合もあります。

3. 発声・発語領域における発達と困難

　舌や唇などの構音器官（図7-1）の運動による構音面の発達は，乳児期では喃語のレパートリーの拡大として現れ，比較的早期から産出される子音（m, tなど）や，正確な構音の難しい子音（s, rなど）があります。典型発達ではいずれの子音も学齢までにほぼ確立します。

(1) 構音障害

　構音面の障害には表7-3に示す3タイプがありますが，最も一般的に見られるのが機能性構音障害です。構

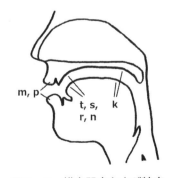

図7-1　構音器官および特定の部位で構音される主な子音

表7-3　構音障害のタイプ

構音障害のタイプ	説　明
機能性構音障害	唇や舌などの構音器官に形態の異常がなく，まひなどの神経学的異常もない
器質性構音障害	唇や舌，口蓋などの構音器官の形態異常による（例：口蓋裂・口唇裂）
運動障害性構音障害	神経学的問題に基づく（例：脳性まひに伴う構音障害）

　音の誤り方は子どもによって異なりますが，例としては，「先生」を「テンテイ」と発音するといったサ行音の置換や歪みがあげられます。知的発達に問題がなければ，適切な指導によって改善が期待されます。器質性構音障害は，口腔の先天的な形態異常に伴う構音の問題であり，口蓋裂の場合，多くは形成外科的な治療後に構音訓練を行います。運動障害性構音障害は，神経学的な原因を伴う構音障害であり，脳性まひのほか，成人期以降では，脳卒中の後遺症としてのまひ性構音障害やALS（筋萎縮性側索硬化症）による発語の不明瞭さがあります。

（2）吃　音

　吃音では構音には誤りはなく，他の音に置き換わることはありませんが，発語の流暢さに滞りが生じます（表7-4）。2歳から5歳にかけて吃音が始まることが多く，女児よりも男児に多く起こります。有病率（ある時点における吃音児者の総人口に占める割合）は約1％と推定されています。吃音は発語の非流暢さだけでなく，顔をしかめたり，手足を振ったりするなどの随伴症状を示す場合もあります。吃音は，発話場面への恐れや不安，孤立や自己否定といった心理面への影響を生じやすいことに留意する必要があります。

　構音障害と吃音それぞれについて図7-2に示す配慮が求められます。

表7-4　吃音の主な症状

吃音の典型的な症状	発話の例
・音節の繰り返し	「これ，か，か，かして」
・音節の引き伸ばし	「これ，かーして」
・音がつまるブロック	「これ，k……かして」

構音障害 吃音		構音障害：発話の不明瞭さによるコミュニケーションへの支障
		吃音：非流暢性による円滑なコミュニケーションへの支障
		構音障害・吃音：人前での発話への自信の低下や不安（とくに吃音の場合），他児からの指摘やからかい・いじめの契機となる可能性

学級適応や二次的な心理的問題に発展する可能性

図7-2　構音障害や吃音の影響についての配慮の必要性

4. コミュニケーション領域における発達と困難

　対人的コミュニケーションの基礎は発達初期から築かれ，語用論的に適切なかかわり方のレパートリーを広げていきます。コミュニケーション領域の困難には，発話が前後の文脈から外れて一方的であったり，場面に合わない丁寧な言葉遣いをしたり，比喩や皮肉など言葉の裏の意味に気づかずに字義どおりに理解したりすることなども含みます。アメリカ精神医学会による診断基準であるDSM-5では，「社会的（語用論的）コミュニケーション症」という診断カテゴリーが設けられています。言語能力の比較的高い自閉スペクトラム症児にも同様の特徴が見られますが，自閉スペクトラム症には語用論的側面の特徴のほかに，対人的・情緒的関係の困難や，行動・興味・活動の狭さなども認められるという点が異なります。

5. アセスメント

　本人や家族からの聞き取りや，発話場面の観察だけでなく，より客観的なアセスメントを通して，言語・コミュニケーション面における子どもの長所と課題を明らかにしていきます。領域ごとの主な評価法を表7－5に示します。

表7－5　領域ごとのアセスメントの例

領　域	アセスメント例	内　容
言語発達	絵画語い発達検査（PVT-R）	語を聞いて4つの絵の選択肢から該当する絵を選び，理解語彙の豊富さを評価する
	LCスケール（言語・コミュニケーション発達スケール）	幼児期の言語について，語彙，語連鎖・統語，語操作・談話等の側面を言語表出，言語理解，コミュニケーションから総合的に評価する
	LCSA（学齢版言語・コミュニケーション発達スケール）	学齢期の言語について，文や文章の聴覚的理解，語彙や定型句の知識，発話表現，柔軟性，リテラシーにかかわる10の下位検査から評価する
構音	新版構音検査	絵カードの呼称，音節の復唱，文章の音読などを通して，構音の正誤や誤りの特徴を評価する
コミュニケーション	日本版CCC-2子どものコミュニケーションチェックリスト	10領域70項目の行動から言語・コミュニケーションにかかわる子どもの特徴を評価する

6. 支　援

🔑 **キーワード**

通級による指導：小・中学校の通常の学級に在籍する軽度の障害がある児童・生徒に対して，障害に応じて個別または小集団での指導を行う特別支援教育の1つのかたち。

自立活動：障害がある児童・生徒の自立を目指して，教育的な活動を行う指導領域で，内容の6区分の1つにコミュニケーションがあります。

表7－6　言語発達，構音障害，コミュニケーション面への主な支援の場

幼児期	学齢期
・地域の保健センターなどでの親子グループ活動 ・児童発達支援事業所での療育（個別・集団） ・保育所・幼稚園における巡回相談 ・医療機関などでの言語指導	・公立学校に設置された通級指導教室（「ことばの教室」） ・特別支援学校での自立活動 ・医療機関などでの言語指導

表7－7　AAC（補助代替／拡大代替コミュニケーション）のタイプ

非補助系タイプ	補助系タイプ	
道具立てを必要としない伝達方法。身振りサインの語彙を体系化したものとしてマカトンサイン*がある。 *マカトン法（Makaton）：イギリスで開発され，話しことばに合わせて，主要な語を動作のサインで表現する方法。	非音声系	・絵や写真，シンボル，文字などを手指で選んで示す。シートに配列しておくコミュニケーションボードや，複数のページに整理したコミュニケーションブックなど。
	音声系	・画面のイラストや文字に触れると音声が再生されるアプリなどを備えたデジタル端末や，音声が産出される電子機器。 ・音声出力機能を備えたコミュニケーション専用の電子機器は VOCA（Voice Output Communication Aid）と総称される。

　言語・コミュニケーション障害に対する支援の場は，表7－6に示すとおり，発達段階によって異なります。幼児期は言語面，コミュニケーション面，さらに情緒・社会性の側面等が並行して発達していくため，言語聴覚士だけでなく，心理・保育・福祉等の職種もかかわることが特徴です。一方，学齢期には，通常の学校では「ことばの教室」において通級による指導が行われ，特別支援学校では自立活動が支援の場の一例となります。年齢段階を問わず医療機関での対応も行われ，とくに発声・発語領域への個別的対応の多くは言語聴覚士との連携を要します。また，子ども本人へのアプローチに加えて，家族への対応も求められます。子どもにとっての「よい聞き手」とは，子どもの発語の誤りを指摘したり修正させたりするのではなく，子どもが伝えようとしているメッセージの内容に関心を示し，子どもの発話の意欲を最大限に高めるような聞き手であることを家族に理解してもらい，それを実践するよう働きかけることが重要です。

　脳性まひなどの運動障害性構音障害や知的障害を伴う言語表出のある場合，音声言語を補助したり，音声言語の代わりとなる手段を用いたりすることがあり，このようなコミュニケーションをAAC（Augmentative and Alternative Communication：補助代替／拡大代替コミュニケーション）と呼びます。身振りのようにツールを必要としない非補助系タイプと，絵図版や文字，タブレット端末といった補助的なツールを用いる補助系タイプとがあります（表7－7）。

機能性構音障害のある児童の通級による指導

　A児は小学校入学時に「さかな」を「シャタナ」と発音するなど，サ行音とカ行音に一貫した構音の誤りがあり，仲間にからかわれることもありました。保護者への担任からの勧めもあり，週1回，「ことばの教室」で通級による指導を利用することとなりました。奥舌を上げる練習を通して［k］音は2ヶ月ほどで改善し，友だちからの誤りの指摘もなくなりました。舌先のコントロールを高める指導を通して，1年生の3学期には［s］音についても気になるほどではなくなり，本人も発話に自信を得たため，1年次末で退級となりました。

《引用・参考文献》

藤田郁代・北義子・阿部晶子（編）（2019）．標準言語聴覚障害学 言語聴覚障害学概論 第2版　医学書院．

石田宏代・石坂郁代（編）（2016）．言語聴覚士のための言語発達障害学 第2版　医歯薬出版．

加藤正子・竹下圭子・大伴潔（2012）．特別支援教育における構音障害のある子どもの理解と支援　学苑社．

大伴潔・林安紀子・橋本創一（編著）（2019）．言語・コミュニケーション発達の理解と支援——LCスケールを活用したアプローチ——　学苑社．

大伴潔・大井学（編著）（2011）．特別支援教育における言語・コミュニケーション・読み書きに困難がある子どもの理解と支援　学苑社．

橋本創一・渕上真裕美

1. 情緒障害児の理解

> 🔑 **キーワード**
>
> **情緒障害**：情緒の現れ方が偏っていたり，その現れ方が激しかったりする状態を自分
> の意志ではコントロールできないことが継続し，学校生活や社会生活に支障となる状
> 態のこと。

(1) 情緒障害とは

　日本では，情緒障害のタイプを大きく2つに分類してきました。1つは自閉症やその周
辺症状を呈するタイプで，いわゆる発達障害（先天的な脳の機能障害など）の中で行動・情
緒の面に著しい問題を抱えるものです。2つ目は，主に心理的な原因（環境との相互作用）
によりさまざまな問題行動や不適応症状が生じ，学校や社会への適応が困難になるタイプ
です。このタイプは行動障害と精神障害に分かれ，高じると社会的行動に大きな問題を示
したり，精神症状が現れたりします。なお，発達障害については10章から12章で取り上
げるため，この章では2つ目の心理的な原因によるタイプについて扱います。

(2) 情緒障害の種類

　世界保健機関（WHO）によるICD-11では，精神・行動・神経発達の疾患として，発達
障害，統合失調症，気分障害，不安障害，強迫性障害，ストレス障害，解離性障害，食行
動・摂食障害，排泄障害，身体的苦痛・体験障害，物質使用・嗜癖（依存症），衝動制御障
害，破壊的・非社会的行動障害，パーソナリティ障害，パラフィリア症，作為症，認知
症，性の健康に関する状態，の18個の障害があげられています。この中で10歳未満の子
どもに多く見られるのが発達障害であり，年少期からの成長・発達にかかわる問題が現れ
ます。一方，10代以降で増加するのは統合失調症や気分障害，不安障害，ストレス障害
のような大人に見られるものと同じ精神疾患です。思春期と重なる10代は性ホルモンの
分泌が活発になり，それに伴い脳の扁桃体や辺縁系などの情動・感情にかかわる部分の
活動も活発になることで，大人と同じ精神の不調や疾患が増加します。近年，10代に多
いと注目されている，神経性やせ症（摂食障害に分類され，女性の0.5％の出現率）や選択性
かん黙（不安障害で0.7～2.0％の出現率），起立性調節障害（自律神経系障害で小学生5％中学生

表8－1　主な情緒障害と精神障害の種類

種　類	症　状
発達障害	ICD-11では，知的発達障害，発達性発話・言語障害，自閉スペクトラム症，学習障害，発達性協調運動障害，チック症・トゥレット症，注意欠如多動症の7つが示されている。
統合失調症	発症のピークは20歳台半ばであり，出現率は全人口のおよそ0.7〜0.8%だといわれている。小児期に発症することは非常にまれである。思考の異常や感情の平板化，意欲の低下などが現れる。また，幻覚や妄想によって対人関係に困難を抱えることも多い。
気分障害	いわゆるうつ病で，睡眠障害や食欲の低下，身体のだるさ，興味の喪失，意欲の減退などの症状が現れる。また，自傷行為や自殺企図などの行動面の変化が出てくることがあるため，注意が必要である。出現率は，小児のおよそ2%，青年のおよそ5%だといわれている。
不安障害	他者の視線や自宅や保護者からの分離など，心配や不安が向けられる対象は様々であり，多くのタイプがある。子どもの多くは腹痛や頭痛，汗を大量にかくなどの身体症状が現れる。また，パニック発作が生じることもある。小児のいずれかの時期での出現率は，約10〜15%といわれている。
ストレス障害	心的外傷後ストレス障害（PTSD）が多くあげられる。トラウマになるような深刻な心の傷や大きなストレスを受けたあと，強い精神的な苦痛が続く。常に気持ちが高ぶったり，何も感じなくなったりする。日常的にトラウマの再体験やフラッシュバックが繰り返される。出現率は，全人口の9〜15%といわれている。
摂食障害	痩せているにもかかわらず，体重増加や肥満に対する恐怖から，食事を拒んだり，おう吐を繰り返す拒食症と，食べることを制御できない過食症の2つのタイプがある。とくに拒食症は，精神障害の中で最も致死率が高いため，注意が必要である。

10%の出現率），ゲーム障害（依存症で0.7〜27.5%の出現率）なども情緒障害としてあげられます。

ゲーム障害〔オンライン／オフラインによるゲーム障害〕

　ICD-11（2019）から，新たに「ゲーム障害」が追加されました。ゲーム障害とは，①ゲームをする時間や頻度を自ら制御できない，②ゲームを最優先する，③問題が起きているのに続けるなどの状態が12ヶ月以上続き，社会生活に重大な支障が出ている場合に診断される可能性があります。ゲーム障害になると，朝起きられない，物や人にあたる等の問題が現れるとされています。

（3）情緒障害・精神障害への薬物療法

🔑 キーワード

薬物療法：薬を使用して行う医学的な治療方法のこと。

　情緒障害や精神障害への医学的な治療として，薬物療法が用いられています。薬物療法は，主に，①精神症状を軽減し，日常生活を送るうえでの苦痛や困難を緩和すること，②心身の状態を改善することによって自己治癒力を高めること，③再発を防止することの3点を目的として用いられています。ただし，薬の効果は個人差が大きく，副作用が生じることもあります。

薬　名	効　果
中枢刺激薬・その他（抗うつ薬・抗精神病薬）	ADHDやASDなどの多動・衝動性や不注意に対しての薬物療法として，中枢刺激薬メチルフェニデート塩酸塩，非中枢刺激薬アトモキセチン塩酸塩，選択的α2Aアドレナリン受容体作動薬グアンファシン塩酸塩の使用により，主にノルアドレナリンの再取り込みを抑えて脳内の神経伝達物質の働きを増強したり，ノルアドレナリンの受容体であるα2A受容体を刺激しシグナル伝達を増強させる作用を促す。
抗不安薬	不安・緊張を軽減させることなどを目的として用いられる。不安障害だけでなく，うつ病，統合失調症，心身症における不安や緊張，抑うつ，睡眠障害，自律神経失調症などに用いられる。
抗うつ薬	抑うつ気分，精神運動制止，不安・焦燥などの症状を緩和する。主にうつ病に用いられるが，一部の抗うつ薬は，パニック障害，社交不安症，強迫性障害，摂食障害などにも用いられている。
抗精神病薬	幻覚・妄想，精神運動興奮などを緩和する。主に，統合失調症や双極性障害の治療に用いられる。
気分安定薬	気分を安定させ，躁状態やうつ状態を軽減させる作用がある。一般的に，双極性障害に用いられる。
睡眠薬	不眠や睡眠が必要な状態の際に用いられ，睡眠時の緊張や不安を取り除き，寝つきをよくするなどの作用がある。

（4）情緒障害と発達障害

　近年，発達障害が学校や家庭に広く知られるようになり，気になる子どもに対して発達障害の可能性を考慮するケースが増えてきています。しかし，一見障害のようであっても情緒障害が隠れている場合や，発達障害と情緒障害が合併している場合もあります。

　発達障害は，先天的な脳の異常によって発達の仕方に凹凸があることから，生活上の問題が生じやすくなります。多少の凹凸があっても生活に支障がないようであれば，発達障害とはみなされませんが，特定の領域の発達が著しく遅れているために，社会にうまく適応できなくなるおそれがある場合は，発達障害としての対処が必要となります。一方，情緒障害は，心理的・環境的な要因によって生じる障害であり，発達障害のように脳に障害や病気があることで起こるわけではありません。不安や恐怖を感じやすいといった情緒の偏りや，感情が揺れるようなことがあったときの表現の激しさなどの情緒的なこじれが積み重なることによって，気持ちの乱れがコントロールできない情緒障害につながっていきます。たとえば，選択性かん黙は，身体機能に問題がないのに，特定の人や場所において言葉を発しない状態が出現し，ほとんどが家庭内では普通に話すが学校では無言でいるなどのかたちで現れます。また，起立性調節障害は，自律神経失調症の一種と考えられ，立ちくらみや疲れやすさ，長時間立っていられないなどがあげられます。主に小学校高学年から中学生の思春期の子どもに多く見られます。

（5）情緒障害児の心理特性

　情緒障害に含まれる行動は，質的な内容の違いから大きく反社会的行動，非社会的行動，神経性習癖の3つに分けることができます。

反社会的行動とは，怒りや不安，不信感，不安などを社会に向けて衝動的・攻撃的なかたちで表す行動のことをいい，殴る蹴るなどの暴力的行為や，物品を破壊する破壊的行為などが含まれます。これらの行動の多くは，背景に衝動性や攻撃性があると考えられており，心理的な原因で情緒が不安定になったときに状況に対して適応的にふるまうことができず，怒りや不満を爆発させてしまいます。

非社会的行動とは，対人面や社会的な関係に対する消極的あるいは逃避的な行動のことをいい，具体的には選択性かん黙や孤立，引きこもりなどがあげられます。これらの行動は，内向性，内気，おとなしい，神経質などの性格的要因や，自信や自尊心が欠如してしまったことによるひどい劣等感が背景として考えられています。

神経性習癖とは，身体的あるいは行動的なレベルで頻繁に繰り返し行う癖のようなかたちをとって現れる問題行動であり，爪かみや指しゃぶりなどがあげられます。乳幼児期に一過的に現れるものから，長期にわたって持続するものがあります。これらの行動は，情緒的な葛藤から生じる緊張や不安を無意識的な行動によって軽減させていると考えられています。

(6) 情緒障害児への教育

情緒障害のある子どもたちに対する教育は，主に自閉症・情緒障害等通級指導教室や自閉症・情緒障害特別支援学級において行われています。安心できる雰囲気の中で，場に応じた適切な行動や生活に必要なルール，集団参加や心理安定などを学びます。

また，症状が深刻化し家庭での生活が困難になった子どもたちは，入院治療が行われます。そのため，病院内にある院内学級で学習を行う場合もあります。

(7) 学校での配慮

情緒障害児は不安や緊張を抱えていることが多いことから，安心して過ごせる環境が大切です。そのため，否定するのではなく受容的な態度で接し，関係を構築することが必要です。また，情緒障害児の多くは自己肯定感が低いため，ささいなことでも褒め，成功体験を重ね，自信をつけていくことが大切です。衝動的な面がある子どもは周囲とのトラブルも生じやすいことから，友人関係などの刺激を減らすことも求められます。

2. 病弱・身体虚弱児の理解

> **🔑 キーワード**
>
> **病弱・身体虚弱**：病弱とは，慢性疾患等のため継続して医療や生活規制を必要とする状態，身体虚弱とは，病気にかかりやすいため継続して生活規制を必要とする状態のこと。

（1） 病弱・身体虚弱とは

病弱・身体虚弱児は病気や身体の弱さによって，生活規制が必要とされています。生活規制とは，健康状態の回復・改善を図るために，運動，日常の諸活動（歩行，入浴，読書，学習など）および食事の質や量について，病状や健康の状態に応じて配慮することを意味します。そして，このような健康に関する制約のある子どもの教育を病弱教育といいます。具体的には，慢性疾患，内部障害，小児慢性特定疾患といった身体疾患があげられます。

> ### （1） 慢性疾患
> 急性疾患に比べ，症状が急激・重篤ではなく，長期の経過をたどる疾患の総称です。長期の管理・観察・ケアが必要となる疾患です。
>
> ### （2） 内部障害
> 身体障害者福祉法に定める心臓機能障害，腎臓機能障害，呼吸器機能障害，膀胱または直腸の機能障害，小腸機能障害，ヒト免疫不全ウイルスによる免疫機能障害，肝臓機能障害の7つの種類を指します。
>
> ### （3） 小児慢性特定疾患
> 治療が長期にわたり，医療費の負担が高額になることから，入院治療の医療費について公費による援助が保証されている疾患です。対象となるのは，悪性新生物，慢性腎疾患，慢性呼吸器疾患，慢性心疾患，内分泌疾患，膠原病，糖尿病，先天性代謝異常，血友病等血液疾患，神経・筋疾患，慢性消火器疾患の11疾患群514疾患になります。

また，現在333種類指定されている（2019〈令和元〉年9月）完治しないとされる難病などのほかに，アレルギー疾患や肥満症なども対象となります。

病弱教育の対象は，現在，大きく3つに分類されます。①身体疾患，②精神疾患（情緒障害），③重症心身障害です。いずれも医療的な治療，ケアが必要とされるものです。症状の程度や治療の優先度・範囲・期間などが幼児・児童・生徒によってさまざまで，保育や学校教育を実践するにあたっては，個に応じた配慮と支援が必要とされます。

（2） 病弱・身体虚弱児への教育

病弱・身体虚弱児は，長期間の入院・治療などによる学習の空白や遅れなどにより，学力不振を示すことも多くなっています。病弱教育は，そのような学習の空白や遅れなどを補完するだけでなく，不安を取り除いて心理的に安定させ，積極性，自主性，社会性を養い育てるなど重要な意義をもちます。さらに，自ら病気を管理する能力を育てたり，生活環境の質（QOL）の向上も期待されています。医療関係者の中では，学校教育を受けている病弱・身体虚弱児のほうが，治療上の効果があるだけでなく，退院後の適応がよいこと，再発の頻度が少ないことが指摘されています。病弱教育は，入院・治療中の生活だけ

表8−3　主な身体疾患の種類

種　類	症　状
悪性新生物 （小児がん）	小児がかかるさまざまながんを総称して小児がんといい，白血病や脳腫瘍，神経芽腫，リンパ腫，腎腫瘍などが含まれる。大人のがんとは異なり，生活習慣に発生原因があると考えられるものは少なく，遺伝性のものもある。出現率は，子どもの約0.01％である。
白血病	血液のがんであり，病気の進行が早いために急速に症状が出現する場合があることから，早期の診断と治療が求められる。代表的な症状は，貧血，出血，感染，発熱などである。小児がんの中で最も多い約40％を占めている。
腎臓病	生まれつきの腎臓病以外に，慢性糸球体腎炎，ネフローゼ症候群（小児人口10万人あたり6.5人）などがあげられる。血が混じった血尿などで気づくこともあるが，とくに症状はなく，健康診断や学校検尿などで指摘される場合が多い。
糖尿病	小児や若年成人に多い1型糖尿病と，成人から中高年に多い2型糖尿病の2種類があり，「だるい」「疲れやすい」「食べても痩せる」「のどが渇く」などの症状が現れる。とくに1型糖尿病ではインスリン療法が必須であり，自分で血糖値を測定し，インスリン注射を行う。しかし，血糖値が下がりすぎる低血糖に注意が必要である。小児1型糖尿病の発症率は毎年10万人あたり1.5〜2人といわれている。
アレルギー疾患	喘息やアトピー性皮膚炎，食物アレルギーが多い。とくに食物アレルギーで生じる最も重篤な症状がアナフィラキシーショックであり，意識障害や呼吸困難，血圧低下などが生じ，生命にかかわる。アナフィラキシーショックが起こったら，なるべく早くアドレナリン自己注射（エピペン）をすることが大切であり，学校では保健室などで常備されている。近年，アレルギー疾患患者は増加しており，全人口の約2人に1人が何らかのアレルギー疾患であるといわれている。
肥満症	子どもでは標準体重に対して実測体重が何％上回っているか示す肥満度を使って評価し，幼児では15％以上，学童では20％以上を肥満という。エネルギー摂取量や吸収の効率性，エネルギー消費量のバランスで決まるが，小児では遺伝的要因による肥満が顕在化しやすい。肥満は2型糖尿病や脂質異常症，高血圧などの原因となり，将来的に心筋梗塞や脳卒中を起こすリスクを高める。現在幼児の約5％，学童の10〜20％が肥満傾向にあるとされている。

でなく，その後の生活にも大きな影響を与えています。

①教育の場

　病弱・身体虚弱児に対する教育の場は，主に，①病気で入院・治療している子どもを対象とする特別支援学校（病弱者対象），②病院内にある特別支援学級（いわゆる院内学級），③訪問教育の3つがあげられます。①特別支援学校では，隣接または併設する病院から子どもが通学して教育を受けたり，教師が病院内の分教室や病室で指導を行ったりしています。これらの学校には，小学部や中学部のほかに高等部を設置しているところもあります。②院内学級は，入院中の子どもたちのために近隣の小・中学校の特別支援学級として病院内に設置しているものをいいます。③訪問教育では，特別支援学校から教師が病院や家庭に派遣され，ベッドサイドなどで直接指導がなされます。

②教育内容

　基本的には，小学校，中学校，高等学校または幼稚園に準じた教育課程が編成されており，個々の子どもの実態に応じて，教育計画が作成され指導内容が準備されます。また，通常の教育に加えて，自立活動という，病気と上手に付き合っていくための病気の理解などの自己管理に必要な知識や技能を学ぶ時間が設定されています。自立活動には，「健康

表8－4　院内学級の小学部の時間割（例）

	月	火	水	木	金
1 9：45〜10：30	国語	算数	国語	市民科	国語
2 10：45〜11：30	算数	国語	算数	算数	算数 生活
昼食　：　安静					
3 13：00〜13：45	自立	市民科		図工	音楽
4 14：00〜14：45	市民科 国語	理科		家庭 国語	社会
ベッドサイド　15：00〜					

出典：東京都品川区清水台小学校さいかち学級（病弱虚弱学級）
　　　2　授業日・時間　●授業時間　●時間割　を参考に作成
　　　https://school.cts.ne.jp/data/open/cnt/3/2635/1/saikachihp.pdf（2019年9月6日閲覧）

の保持」「心理的な安定」「人間関係の形成」「環境の把握」「身体の動き」「コミュニケーション」の6つの区分のもとに27の項目で構成されています。これらの中から1人ひとりの子どもが必要とする項目を選定し，相互に関連づけて指導内容を設定します。

③学習上の課題

　個々の児童・生徒の学習が積み上げられていくためには，さまざまな課題があります。主な4つを以下に示します。

　ア　学習の空白などを補うこと

　　入院・治療によって学習の空白や遅れが見られる児童・生徒がいるため，1人ひとりの学習の到達度などの実態把握を行い，空白や遅れを補完することが大切です。

　イ　身体活動の制限を考慮すること

　　病態によって身体活動に制限のある児童・生徒がいるため，本人に合った補助的手段を図り，姿勢保持や運動・動作の活動を図ることが必要です。

　ウ　経験を広めるようにすること

　　長期の入院や治療によって生活空間が限られ，直接経験が不足したり，経験の偏りが生じやすくなっていることから，各教科ではできるだけさまざまな体験ができるよう教育内容を工夫することが求められます。

　エ　少人数の弊害の克服

　　特別支援学校（病弱）や院内学級では少人数の場合が多いことから，集団の中でさまざまな意見を聞いて思考を深めたり，社会性を伸長させたりするには不利な場合があるため，配慮が必要です。

(3) 病弱・身体虚弱児の心理特性

　病弱・身体虚弱児は，慢性的に病弱の状態にあることに加え，病態も悪化と改善を繰り返すことが多いことから，大きなストレスにさらされています。そのため，病弱・身体虚弱児は不安，いらだち，劣等感，自信喪失，ひがみ，孤立感などの心理状態を抱えやすく

なるといわれています。とくに，幼児期・前学齢期は，入院し家族と離れることによって分離不安や情緒不安を示しやすくなり，退行行動や睡眠や食事などの異常が見られることがあります。また，長期の入院などにより日常的にさまざまな行動が制限されることによって，成長・発達に不可欠な仲間体験や社会経験が不足しやすくなることから，積極性や自主性，社会性が乏しくなりやすい傾向も見られます。病弱である以外は健康な子どもと変わらない病弱・身体虚弱児も多くいますが，周囲が自分の価値観を押しつけることなく，受容・共感的態度で接することが重要です。

(4) 家族の思い

　病弱・身体虚弱児の家族は，本人と同様にさまざまな気持ちを抱えています。たとえば，子どもの病気や今後の生活に関する不安，自分のせいで病気になってしまったのかもしれないという罪悪感，なぜ自分の子どもだけが病気になるのかという怒り・嫉妬，気持ちを誰にもわかってもらえない寂しさ・孤立感などがあげられます。また，家族の中には寝る間を惜しんで看病に専念したり，自分だけ楽しむことはできないと趣味や娯楽を一切断つ人も少なくありません。このような家族の思いやストレスを理解し，本人だけでなく家族に対してもサポートを行うことが大切です。

(5) 退院後の具体的な支援と配慮

　支援や配慮事項を検討していくうえでは，学級担任や養護教諭だけでなく校内委員会等で対応を考えていくことが大切です。ただし，学校における支援策の検討については保護者の了解が必要になります。とくに病気に関する情報は，個人情報の中でも秘匿性が高いため，個人情報の管理に十分留意しているという事実を保護者に伝えたうえで，話し合っていくことが大切です。

　入院中，あるいは退院後の子どもを学級に受け入れる際には，まず保護者や医療関係者との話し合いが必要です。ここでは，「子どもの病気がもつ特性に応じた支援や配慮について」をしっかり打ち合わせることが求められます。保護者が子どもに病気について詳しく説明していない場合もあることから，子どもへの接し方も打ち合わせておくことが大切です。

　受け入れ後は，主に周囲の児童・生徒，教育活動，教室環境等への3つの配慮が必要です。周囲の児童・生徒への配慮は，病気による生活規制のために他の子どもたちと違った活動や支援が，誤解や偏見につながらないように注意することが必要となります。また，生命にかかわる場合もあるため，より徹底した感染症の予防が求められます。教育活動では，学習の遅れや学習内容，学校行事等への配慮が求められます。本人のストレスを高めることがないよう，学習に対して意欲を高め続けられるような工夫が必要です。また，保護者の了解を得たうえで，学習継続ができるよう前籍校と連携することも大切になります。教育環境等では，体調が悪いときに休養できる場所や自分自身で医療的な処置を行え

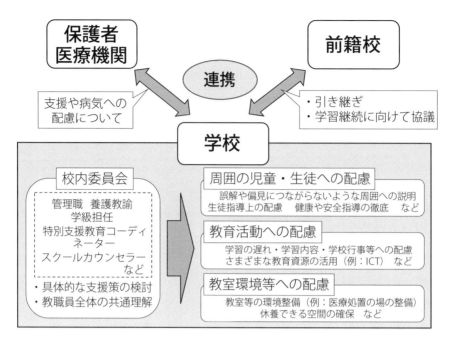

図8－1　退院後のフォロー

る場所の確保，すぐに保健室に行けるような座席の配慮をはじめ，室内の温度・湿度・日当たり・においなど，保護者や医師と相談しながら細部まで気を配ることが必要です（図8－1）。

> **事例**
>
> **食物アレルギーのある児童への配慮**
>
> 　食物アレルギーは，アナフィラキシーショックを引き起こす危険性があるため，重要な課題となっています。学校では，主治医が記載した「学校生活管理指導表（アレルギー疾患用）」を学校に提出してもらい，それに基づいて調理場の施設・設備等を考慮したうえで，各学校では給食における除去食対応を基本としています。また，万が一アナフィラキシーショックを引き起こした場合に備えて，保健室にはエピペンを常備しており，教職員を対象としたエピペンの使用に関する研修も行われています。

《引用・参考文献》

相川勝代（2001）．病・虚弱．昇地勝人・蘭香代子・長野恵子他（編），障害特性の理解と発達援助──教育・心理・福祉のためのエッセンス──（pp. 93-103）　ナカニシヤ出版．

青森県総合学校教育センター特別支援教育課．障害の理解　病弱・身体虚弱．http://ts.edu-c.pref.aomori.jp/?action=common_download_main&upload_id=1887（2019年9月9日閲覧）

花田利郎（2001）．情緒障害．昇地勝人・蘭香代子・長野恵子他（編），障害特性の理解と発達援助——教育・心理・福祉のためのエッセンス——（pp. 114-125）ナカニシヤ出版．

細川倫太郎（2019）．ゲーム依存は病気　WHO，国際疾病の新基準．日本経済新聞，2019年5月25日17：30．https://www.nikkei.com/article/DGXMZO45280950V20C19A5MM8000/（2019年9月9日閲覧）

文部科学省．特別支援教育について（5）　病弱・身体虚弱教育．http://www.mext.go.jp/a_menu/shotou/tokubetu/004/005.htm（2019年9月4日閲覧）

文部科学省．特別支援教育について（7）　自閉症・情緒障害教育．http://www.mext.go.jp/a_menu/shotou/tokubetu/004/007.htm（2019年9月4日閲覧）

相馬壽昭（1995）．情緒障害児の治療と教育——治療教育と心理臨床の接点——　田研出版．

杉山登志郎（2009）．健康ライブラリー イラスト版 子どもの発達障害と情緒障害　講談社．

武田鉄郎（2006）．病弱・身体虚弱児の心理・行動特性と支援．橋本創一・霜田浩信・林安紀子他（編著），特別支援教育の基礎知識——障害児のアセスメントと支援，コーディネートのために——（pp. 166-182）明治図書出版．

武田鉄郎（2012）．健康に関する制約と支援．橋本創一・菅野敦・林安紀子他（編著）．改訂新版 障害児者の理解と教育・支援——特別支援教育／障害者支援のガイド——（pp. 74-82）金子書房．

武田鉄郎．病弱教育の現状と課題．https://www.nise.go.jp/portal/elearn/shiryou/byoujyaku/byouzyaku_ganzyou.pdf（2019年9月9日閲覧）

全国特別支援学校病弱教育校長会・独立行政法人国立特別支援教育総合研究所（2010）．病気児童生徒への特別支援教育　病気の子どもの理解のために．http://www.nise.go.jp/portal/elearn/shiryou/byoujyaku/pdf/supportbooklet_2.pdf（2019年9月13日閲覧）

杉岡千宏・橋本創一

1. 知的障害とは

(1) 出現率

　アメリカ精神医学会（APA）の「精神疾患の分類と診断の手引き（DSM-5）」によると，知的障害の有病率は一般人口全体の約1％で，有病率は年齢によって変動します。重度知的障害の有病率は，おおむね1000人につき6人の割合です。

(2) 診断基準

　DSM-5における診断基準は以下のとおりです。知的障害は発達期に発症し，概念的，社会的，および実用的な領域における知的機能と適応機能の両面の欠陥を含む障害であり，以下の3つの基準を満たす必要があります。

　A. 臨床的評価および個別化，標準化された知能検査によって確かめられる，理論的思考，問題解決，計画，抽象的思考，判断，学校での学習，および経験からの学習など，知的機能の欠陥。

　B. 個人の自立や社会的責任において発達的および社会文化的な水準を満たすことができなくなるという適応機能の欠陥。継続的な支援がなければ，適応上の欠陥は，家庭，学校，職場，および地域社会といった多岐にわたる環境において，コミュニケーション，社会参加，および自立した生活といった複数の日常生活活動における機能を限定する。

　C. 知的および適応の欠陥は発達期の間に発症する。

(3) 原因疾患

> **🔑 キーワード**
>
> **ダウン症（Down Syndrome）**：染色体異常（21番染色体の過剰）が原因です。全般的な知的機能の遅滞，発達の偏りなどの特徴が見られ，類似した身体的な特徴や合併症などが顕著に多いとされます。

　知的障害の原因に関しては，これまでとられてきた主な整理法として，「原因が生じた時期による整理」「原因の特定の有無による整理」などがあります。

前者は，出生以前に原因が生じたと考えられる「先天性」と，出生ないし出生後の早期において脳に何らかの障害を受けて生じたと考えられる「後天性」とに分けて整理する考え方です。

後者は，「病理型」と「生理型」とに分けて整理します。「病理型」は一定の疾患が明確であり，その結果としての障害が生じたことが特定できる原因のはっきりわかっているものを指します。ダウン症は代表的な原因疾患であり，ダウン症により知的障害という状態を引き起こすと解釈されます。「生理型」は，知能を形成する遺伝子の組み合わせの欠陥が原因ではないかと推測されています。この整理法によると，知的障害の多くは，原因の特定できない「生理型」に当てはまるとされます。

(4) 知的発達障害の定義

国際的には，世界保健機関（WHO），アメリカ知的・発達障害学会（AAIDD），APAが，それぞれ示しています。このうちAAIDDの定義では，「知的障害は，知的機能および適応行動（概念的，社会的および実用的な適応スキルによって表される）の双方の明らかな制約によって特徴づけられる能力障害である。この能力障害は，18歳までに生じる」とされており，知的機能と適応行動の両面から知的障害を捉えています。

(5) 自閉スペクトラム症との関係

DSM-5によると，知的障害と自閉スペクトラム症（自閉症スペクトラム障害）はしばしば同時に起こることが示されています。しかしながら，自閉スペクトラム症は知的障害または全般的発達遅延ではうまく説明されないとされています（詳しくは10章参照）。

2. 知的障害の分類

> 🔑 **キーワード**
> **知能指数（IQ: Intelligence Quotient）**：「知能指数（IQ）＝精神年齢（MA）÷生活年齢（CA）× 100」で求められ，知能の高低や遅速を示す尺度。

知的障害を分類する方法はいくつかあげられます。大別すると，原因による分類，行動特性による分類，障害の程度による分類などとなります。障害の程度による分類のうち，知的機能の水準に応じた分類方法は，長年使われ続けてきました。知能指数（IQ）の程度により知的障害を軽度，中等度，重度，最重度の4段階に分類しています。軽度知的障害よりも高いIQの場合は境界（ボーダー）領域知能とされています（表9-1）。実際には軽度知的障害が占める割合が80％程度といわれています。

しかし，知的機能に基づく分類では，適応機能などが考慮されていません。加えて，障害を環境との関係から捉えるという観点は盛り込まれておらず，現在の障害観を十分に反

表9－1　知的機能の水準に応じた分類

境界（ボーダー）領域知能	IQ85～71
軽度知的障害	IQ70～51
中等度知的障害	IQ50～36
重度知的障害	IQ35～21
最重度知的障害	IQ20未満

映しているとは言いがたいといえます。そこで，現在では知能検査の結果のほかに，他のアセスメント結果等と合わせた解釈や，日常生活場面での適応行動の観察，その後の継続的で定期的なフォローにより総合的に判断されるのが一般的になっています。

（1）知的機能に関するアセスメント

　知的機能の状態の把握については，標準化された個別式の知能検査や発達検査の結果を用いることが必要です。検査はそれらの実施に習熟した心理判定員が行い，そのアセスメント報告書をもとに子どもの状態を把握します。

　主な検査には，田中ビネー知能検査Ｖ，新版Ｋ式発達検査2001，WISC-Ⅳ，K-ABCⅡなどがあげられます。検査の結果として，田中ビネー知能検査Ｖでは，精神年齢（MA: Mental Age），IQなどが算出されます。

　知的機能とは，習得知識，注意・集中，推理力・思考力，空間認知，記憶，運動協応などといったさまざまな能力を包括した概念といえます。知的機能の獲得に遅れや偏りがあるということは，学校における学習活動において支障をきたす可能性が示唆されます。たとえば，覚えるのに時間がかかる，課題を達成するまでに時間を要するといったことです。そこで，学習する時間を長くとる，教示の方法や学習環境を工夫するなどの支援・指導が求められます。

（2）知的障害の程度

　前述のとおり，これまでは知能の高低によって重度分類が行われてきましたが，DSM-5において重症度評価の指標として，生活適応能力が重視され，単にIQでの分類ではなくなりました。「概念的領域」「社会的領域」「実用的領域」といった３領域（表9－2）に関して，それぞれ具体的な状況から重症度の判定を行うかたちに変更されました。

表9－2　適応機能の3領域

概念的領域	とくに記憶，言語，読字，書字，数学的思考，実用的な知識の習得，問題解決，および，新規場面における判断について
社会的領域	他者の思考，感情，および体験を認識すること，つまり，共感，対人コミュニケーション技能，友情関係を築く能力，社会的な判断などについて
実用的領域	セルフケア，仕事の責任，金銭感覚，娯楽，行動の自己管理，および学校と仕事の課題の調整といった実生活での学習および自己管理について

（3）適応行動に関するアセスメント

適応行動の状態の把握については，標準化された検査を用いることが適当ですが，学校・学級や教師独自に開発された調査項目を設定して，行動観察を行うことも有効です。また，個人情報に十分に配慮しながら，家庭での様子について聞き取ることも必要となります。主な，検査としては，S-M社会生活能力検査，ASIST学校適応スキルプロフィール，Vineland-II適応行動尺度，ASA旭出式社会適応スキル検査などがあげられます。

3. 知的障害の特性

（1）発達特性

さまざまな発達領域で広く獲得が遅れ，ゆっくり発達していきます。とくに，抽象的概念の獲得や記憶力に制限が大きく，その習得に時間がかかります。表9－3に，具体例を示します。

表9－3　発達特性

	知的（認知）スキル	適応スキル
軽度	運動発達や言語の理解や表出に軽度の遅れがあります。言語を用いた抽象的な概念の操作である思考や推理などの学習課題場面では遅れが目立ち，本人も苦手意識をもつことが多いです。	問題行動が少ない場合，集団参加は必ずしも悪くはありません。
中等度	乳幼児期には精神発達だけでなく身体的にも遅れが見られます。多くの事例で，就学までには簡単な応答が可能になります。	集団のルールや社会的・対人的な技能の習得に困難を示し，同年齢の仲間関係は発達に困難を示します。
重度	乳幼児期から運動発達や言語発達の遅滞が顕著です。発語はあっても1語から2語レベルで，発音も不明瞭な場面が多いです。限られた事柄の習得は可能です。	環境の変化に適応する能力は乏しいです。多くの場合，身辺の事柄を処理するにも他人の助けを必要とします。
最重度	運動発達の遅れがとくに著しく，言語もほとんどなく，周囲にも無関心で，人や玩具に自ら興味・関心を示すことも少ないです。	幼児期，学齢期になっても意志の交換や環境への適応にかなりの困難があり，常に支援と保護を必要とします。

（2）行動特性

知的障害の一般的な心理・行動特性としては，受動性，依存性，低い自己評価，欲求不満に対する耐性の低さ，攻撃性，衝動性，衝動制御力の乏しさ，常同的な自己刺激的行動，自傷行為などがあげられます。

（3）特性における学習上のつまずきや授業中の配慮

文部科学省学習指導要領解説をもとに，知的障害がある児童・生徒に対する学習上の特性（つまずき）やその教育的対応について表9－4にまとめます。

表9－4　学習上のつまずきと教育的対応

学習上の特性	対　応
・学習によって得た知識が断片的になりやすく，実際の生活の場面の中で活かすことが難しい ・成功経験が少ないことなどにより主体的に活動に取り組む意欲が十分に育っていないことが多い ・抽象的な内容による指導の効果が薄い	・実際の生活の場面に即しながら，繰り返して学習することにより，必要な知識や技能等を身につけられるようにする継続的・段階的な指導 ・学習の過程では児童・生徒が頑張っているところを細かく褒めたり，称賛したりすることで児童・生徒の自信や主体的に取り組む意欲を育む ・実際的な生活場面の中で，具体的に思考や判断，表現できるようにする指導が効果的

4. 知的障害児者への教育支援

(1) 幼児期の支援機関

　乳幼児の知的障害児への療育支援では，障害の早期発見から療育へとスムーズにつなげていくことが大切です。地域の社会的資源に違いはあるものの，子どもや保護者のニーズに応じた継続的で効果的な療育サービスを受けることが望まれます。知的障害の多くは1歳6ヶ月検診や3歳児検診において，言葉や全般的な知的発達の遅れとして気づかれ，多くの場合，保健所などでは親子教室などのフォローアップが行われます。幼児期の支援の場はさまざまです。特別支援学校の幼稚部，知的障害児通園施設，保育園や幼稚園や子ども園等に所属しながらの療育機関の利用などがあげられます。

　就学については，知的障害がある子どもの学ぶ場所として大きく分けて3つあります。通常学級・特別支援教室（通級指導教室），特別支援学級，特別支援学校がそれにあたります。学校を選択する際には，入学前年に市区町村の教育委員会で就学相談が実施されます。選択基準は，障害の程度に加え，教育的ニーズ，学校や地域の状況，保護者や専門家の意見等を総合的に勘案して，障害のある児童・生徒の就学先を個別に判断・決定する（2013〈平成25〉年の学校教育法施行令の改正）とされています。

(2) 通常学級

　児童・生徒の場合，学校での適応行動の中で，学習活動が中心となります。軽度知的障害，境界域知能，学習障害（詳しくは11章参照）は，いずれも知能検査のIQや学習達成などから見ると連続体であり，「学習に困難さを示す」という状態はきわめて類似しています。全般的な獲得の困難さ，獲得スピードがゆっくりであるという様相，特定の教科・活動における学習の困難さ，といった側面において支援レベルと支援内容が異なります。個人の適応スキルの実態を把握し，環境調整や直接的な援助によって，活動に参加できる状況をつくり出す工夫が求められます。

(3) 特別支援学級

　知的障害特別支援学級の対象となる知的障害者の障害の程度は以下のように示されてい

図9－1　特別支援学級の学習風景，教育環境

ます（2013〈平成25〉年10月4日付25文科初第756号初等中等教育局長通知）。

　　知的発達の遅延があり，他人との意思疎通に軽度の困難があり日常生活を営むのに一部援助が必要で，社会生活への適応が困難である程度のもの

　「知的発達の遅延」があるというのは，同年齢の子どもと比較して平均的な水準より，認知や言語などにかかわる知的機能の発達に明らかな遅れがあるということです。また，「他人との意思疎通に軽度の困難」があるとは，知的機能の発達遅滞により，相手から発信された情報が理解できず，的確な対応ができないために，人とのコミュニケーションが十分に図れないことを意味します。「社会生活への適応が困難」な状態とは，社会的なルールに沿った行動をしたり，他人と適切にかかわりながら生活をしたり，自己の役割を知り責任をもって取り組んだりすることが難しいことが考えられます。

　知的障害特別支援学級においては，特別の教育課程を編成したうえで，小集団により学習環境を整備し，通常学級に在籍する児童・生徒との交流および共同学習を適切に進めたり，個別対応による指導を徹底したりしています。こうして，児童・生徒に教育上必要な指導内容を提供し，学校生活が充実するようにしています（図9－1）。

　知的障害特別支援学級においては，特別の教育課程を編成することが認められています。すなわち，原則として小学校および中学校の学習指導要領に基づく諸規定が適用されますが，児童・生徒の障害の状態などから，特別支援学校（知的障害）の学習指導要領を参考とし，その内容を取り入れることができるのです。

（4）特別支援学校

　知的障害の特別支援学校の対象である子どもの障害の程度は以下のように示されています（学校教育法施行令第22条の3）。

1. 知的発達の遅滞があり，他人との意思疎通が困難で日常生活を営むのに頻繁に援助を必要とする程度のもの

2. 知的発達の遅滞の程度が前号に掲げる程度に達しないもののうち，社会生活への適応が著しく困難なもの

特別支援学校（知的障害）には幼稚部，小学部，中学部，高等部等が設けられています。高等部には普通科のほかに「家政」「農業」「工業」「流通サービス」「福祉」の職業教育を主とする学科が設けられていることがあります。

(5) 教育課程

　教育課程とは「学校教育の目的や目標を達成するために，教育の内容を児童・生徒の心身の発達の状態に応じ，授業時間との関連において総合的に組織した学校の教育計画」とされています（学習指導要領解説・総則編）。授業だけではなく，順序立てて総合的に組織した教育計画なのです。小・中・高等学校や特別支援学校の教育課程は，学習指導要領を基準として，学校ごとに作成されます。

　しかし，この中で各学校が編成する教育課程において，知的障害特別支援学校は特有の特徴があります。児童・生徒の発達段階や経験などを踏まえ，実生活に結びついた内容を中心に構成していることです。各教科の目標と内容は，児童・生徒の障害の状態などを考慮して，各教科等を設定しています。

(6) 指導内容と指導の形態

> 🔑 **キーワード**
>
> **領域・教科を合わせた指導**：指導内容を教科別または領域別に分けずに指導すること。「日常生活の指導」「遊びの指導」「生活単元学習」「作業学習」などが実践されています。

　教育課程の教育内容の分類は，各教科，道徳，特別活動，自立活動，総合的な学習の時間（小学部を除く）となっています。実際の指導を計画し，展開する段階（指導形態）では，学校教育法施行規則第130条に基づき，「領域・教科を合わせた指導」も取り入れられています（図9-2）。知的障害の各教科や各領域は，内容による分類と，実際に指導する際の指導の形態が異なる場合があります（教育内容と指導の形態の「二重構造」）。

(7) 自立活動

　教育課程の編成上，特別支援学校に特徴的に設けられ，「領域」に位置づけられています。知的障害の特別支援学校に在籍する児童・生徒には，知的発達の段階から見て，言語・運動・情緒・行動などの面で顕著な発達の遅れや，とくに配慮を必要とするさまざまな状態が，知的障害に随伴して見られます。このような場合，知的発達の遅れに応じた各教科の指導等のほかに，随伴して見られる顕著な発達の遅れや，とくに配慮を必要とするさまざまな状態についての特別な指導が必要となります。これらを自立活動で指導します。

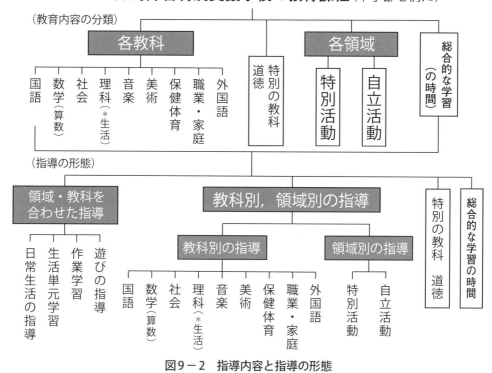

知的障害特別支援学校の教育課程（中学部を例に）

（教育内容の分類）

各教科
国語 / 数学（算数）/ 社会 / 理科（＊生活）/ 音楽 / 美術 / 保健体育 / 職業・家庭 / 外国語

特別の教科 道徳

各領域
特別活動 / 自立活動

総合的な学習（の時間）

（指導の形態）

領域・教科を合わせた指導
日常生活の指導 / 生活単元学習 / 作業学習 / 遊びの指導

教科別，領域別の指導

教科別の指導
国語 / 数学（算数）/ 社会 / 理科（＊生活）/ 音楽 / 美術 / 保健体育 / 職業・家庭 / 外国語

領域別の指導
特別活動 / 自立活動

特別の教科 道徳

総合的な学習の時間

図9－2　指導内容と指導の形態

出典：橋本他（2019）から引用

（7）卒業後の自立に向けた教育

　学校教育終了後，知的障害児が就労する場所はさまざまです。知的障害関係施設で働く福祉的就労や，企業で働く一般就労などがあります。特別支援学校高等部では，自立に向けて1人ひとりのニーズに沿って進路指導が行われ，知的障害者の働く場は広がりつつあります。一方で，離職するケースも見られることから，就労後も必要な支援を受けながら働けるような就労支援が取り組まれています。

（8）支援のワンポイント

　多様性と個人差を考慮して，知的発達段階と適応スキルの獲得に着眼したアセスメントに基づき，基本的には個別支援において，1人ひとりに応じた工夫を展開することが求められます。また，青年期以降は，弱さや遅滞ばかりに目を向けず，歴年齢や長所，個性（好みや価値観等），生活する環境などを重視した支援と手立ての立案が求められます。

事例

ダウン症のある生徒のダンス

　Aさんは，特別支援学級中学部2年の女子生徒です。その学校では，毎年，通常学級と支援学級が合同でダンスを披露しています。ダンスが得意な通常学級の生徒が考え

たダンスを学年全体で踊ります。楽しんでダンスの練習を取り組んでいるＡさんの姿が印象的でした。難しいところは友だちに何度も教えてもらいながら毎日練習を重ね，本番は学年の生徒たちと楽しく踊ることができました。

《引用・参考文献》

American Psychiatric Association (2013). *Diagnostic and Statistical Manual of Mental Disorders, 5th ed. (DSM-5)*, Washington, D.C.: American Psychiatric Association.［日本精神神経学会（日本語版用語監修），髙橋三郎・大野裕（監訳）(2014). DSM-5 精神疾患の診断・統計マニュアル　医学書院］

橋本創一・熊谷亮・大伴潔他（編著）(2014). ASIST学校適応スキルプロフィール──適応スキル・支援ニーズのアセスメントと支援計画の立案 特別支援教育・教育相談・障害者支援のために──　福村出版.

橋本創一・菅野敦・林安紀子他（編著）(2012). 改訂新版 障害児者の理解と教育・支援──特別支援教育／障害者支援のガイド──　金子書房.

橋本創一・安永啓司・大伴潔他（編著）(2019). 特別支援教育の新しいステージ 5つのＩ（アイ）で始まる知的障害児教育の実践・研究──新学習指導要領から読む新たな授業つくり──　福村出版.

熊谷亮・橋本創一・三浦巧也他（2016）. 特別支援学級の教師は支援の重点を障害特性と個の実態のどちらにおいているのか？　発達障害研究, *38*(1), 122-130.

文部科学省（2018）. 特別支援学校学習指導要領解説各教科等編（小学部・中学部）.

日本発達障害連盟（2012）. 知的障害──定義，分類および支援体系── 第11版 AAIDD（米国知的・発達障害協会）.

太田俊己・藤原義博（編著）(2015) 新訂 知的障害教育総論　放送大学教育振興会.

10章
自閉スペクトラム症（ASD）児の理解と支援

霜田浩信

1. 自閉スペクトラム症の概念・定義

（1）自閉症の概念と定義・歴史

　1943（昭和18）年にアメリカのカナー（Kanner, L.）が11例の知的障害を伴う自閉症の症例報告をし（Kanner, 1943），翌年2例の症例を追加して「早期幼児自閉症（early infantile autism）」と呼称しました（Kanner, 1944）。1944（昭和19）年にはオーストリアのアスペルガー（Asperger, H.）によって言語能力が高い症例が報告されました。当時，自閉症の原因論は不適切な養育環境に求める考えが主となっていましたが，その後，認知・言語発達との関連が示され（Rutter et al., 1967），脳の生物的な異常が原因として想定されるようになりました。そして，1970年代から1980年代にかけてウィング（Wing, L.）の研究によって自閉症の概念そのものが広がり，自閉症とアスペルガー症候群の2つを核としたうえで連続した症状を示す連続体としてのスペクトラム概念が提唱されるに至りました（Wing, 1996）。有病率に関しては，調査対象の年齢や用いる診断基準によって異なりますが，Baron-Cohen et al.（2009）によるICD-10を診断基準とした5～9歳に対する調査研究では，1万人あたり157人の自閉スペクトラム症（自閉症スペクトラム障害）を推定しています。また，神尾（2015）による研究では，4～5歳児の対象集団において自閉スペクトラム症の有病率は3.5%（調査対象人数が少ないため参考値）と推定しています。

（2）診断基準・定義，知的障害との関連

　ICD-10（World Health Organization, 1992）やDSM-IVにおいては「小児自閉症／自閉性障害」や「アスペルガー症候群／障害」などを下位分類として診断グループを「広汎性発達障害（Pervasive Developmental Disorders）」と定義しました。2003（平成15）年における文部科学省による高機能自閉症やアスペルガー症候群の定義（表10 - 1，表10 - 2）はDSM-IV（American Psychiatric Association, 1994）によるものです。DSM-IVの診断基準に基づく自閉性障害では約75%から80%の人が知的障害を伴っているといわれています。一般的には自閉症の，①対人的相互反応における質的な障害，②コミュニケーションと想像的活動の質的な障害，③行動，興味および活動の限定，反復的で常同的な様式といった3つの行動特性をもっていながら，知的には障害がない場合，高機能自閉症と呼ばれます。一方でアスペルガー症候群は，高機能自閉症と同様に知的障害を伴わず，自閉症の診断基

高機能自閉症とは，3歳位までに現れ，他人との社会的関係の形成の困難さ，言葉の発達の遅れ，興味や関心が狭く特定のものにこだわることを特徴とする行動の障害である自閉症のうち，知的発達の遅れを伴わないものをいう。また，中枢神経系に何らかの要因による機能不全があると推定される。

出典：文部科学省：「今後の特別支援教育の在り方について（最終報告）」（2003年3月）

表10－2　文部科学省によるアスペルガー症候群の定義

アスペルガー症候群とは，知的発達の遅れを伴わず，かつ，自閉症の特徴のうち言葉の発達の遅れを伴わないものである（DSM-IVを参照）。なお，高機能自閉症やアスペルガー症候群は，広汎性発達障害（Pervasive Developmental Disorders・・・PDDと略称）に分類されるものである。

出典：文部科学省：「今後の特別支援教育の在り方について（最終報告）」（2003年3月）

広汎性発達障害から自閉症スペクトラム障害へ

DSM-IV　1994
広汎性発達障害　　　Pervasive Developmental Disorders

1. 自閉性障害　Autistic Disorder
2. レット障害　Rett's Disorder
3. 小児期崩壊性障害　Childhood Disintegrative Disorder
4. アスペルガー障害　Asperger's Disorder
5. 特定不能の広汎性発達障害（非定型自閉症を含む）
Pervasive Developmental Disorders Not Otherwise Specified

DSM-5　2013
Autism Spectrum Disorder
自閉スペクトラム症／自閉症スペクトラム障害
「社会性の障害」「こだわり・常同性」の両方を満たす

図10－1　DSMにおける自閉症診断の変化

準上である「言葉によるコミュニケーション」には問題がないとされます。つまり，自閉症の行動特性の「対人関係の結びにくさ」「強いこだわり」が行動特性としてあげられます。しかし，アスペルガー症候群は実際の生活場面では，相手の感情や気持ち，さらには状況を理解することが困難であるため，勘違いなどを含めて言葉によるコミュニケーションが困難になります。

　2013年に公開されたDSM-5では連続体としてのスペクトラムの概念が取り入れられ，下位分類の整理と統合によって「自閉スペクトラム症／自閉症スペクトラム障害：ASD」へ変更されました（図10‐1）。そして，診断基準がDSM-IVの①対人的相互反応における質的な障害，②コミュニケーションと想像的活動の質的な障害，③行動，興味および活動の限定，反復的で常同的な様式といった3軸から，DSM-5では①社会的コミュニケーションと社会的相互の持続的な欠陥，②制限された反復される行動や興味や活動の様式の2軸

A．複数の状況で社会的コミュニケーションおよび対人的相互反応における持続的な欠陥があり，現時点または病歴によって，以下により明らかになる（以下の例は一例であり，網羅したものではない）。

(1) 相互の対人的－情緒的関係の欠落で，例えば，対人的に異常な近づき方や通常の会話のやりとりのできないことといったものから，興味，情動，または感情を共有することの少なさ，社会的相互反応を開始したり応じたりすることができないことに及ぶ。

(2) 対人的相互反応で非言語コミュニケーション行動を用いることの欠陥，例えば，まとまりのわるい言語的，非言語的コミュニケーションから，アイコンタクトと身振りの異常，または身振りの理解やその使用の欠陥，顔の表情や非言語的コミュニケーションの完全な欠陥に及ぶ。

(3) 人間関係を発展させ，維持し，それを理解することの欠陥で，例えば，さまざまな社会的状況に合った行動に調整することの困難さから，想像上の遊びを他人と一緒にしたり友人を作ることの困難さ，または仲間に対する興味の欠如に及ぶ。

B．行動，興味，または活動の限定された反復的な様式で，現在または病歴によって，以下の少なくとも2つにより明らかになる（以下の例は一例であり，網羅したものではない）。

(1) 常同的または反復的な身体の運動，物の使用，または会話（例：おもちゃを一列に並べたり物を叩いたりするなどの単調な常同運動，反響言語，独特な言い回し）。

(2) 同一性への固執，習慣への頑なこだわり，または言語的，非言語的な儀式的行動様式（例：小さな変化に対する極度の苦痛，移行することの困難さ，柔軟性に欠ける思考様式，儀式のようなあいさつの習慣，毎日同じ道順をたどったり，同じ食物を食べたりすることへの要求）。

(3) 強度または対象において異常なほど，きわめて限定され執着する興味（例：一般的ではない対象への強い愛着または没頭，過度に限局したまたは固執した興味）。

(4) 感覚刺激に対する過敏さまたは鈍感さ，または環境の感覚的側面に対する並外れた興味（例：痛みや体温に無関心のように見える，特定の音または触感に逆の反応をする，対象を過度に嗅いだり触れたりする，光または動きを見ることに熱中する）。

C．症状は発達早期に存在していなければならない（しかし社会的要求が能力の限界を超えるまで症状は完全に明らかにならないかもしれないし，その後の生活で学んだ対応の仕方によって隠されている場合もある）。

D．その症状は，社会的，職業的，または他の重要な領域における現在の機能に臨床的に意味のある障害を引き起こしている。

E．これらの障害は，知的能力障害（知的発達症）または全般的発達遅延ではうまく説明されない。知的能力障害と自閉スペクトラム症はしばしば同時に起こり，自閉スペクトラム症と知的能力障害の併存の診断を下すためには，社会的コミュニケーションが全般的な発達の水準から期待されるものより下回っていなければならない。

出典：日本精神神経学会（日本語版用語監修），髙橋三郎・大野裕（監訳）(2014). DSM-5 精神疾患の診断・統計マニュアル　医学書院，pp.49-50

へ整理されました（表10－3）。なお，このDSM-5では，ASDの抱えやすい感覚の過敏や鈍麻が診断基準に加えられています。そして，治療や支援の方向性を明確化するために自閉症に関する重症度，知的障害，言語障害，カタトニア症状などの併存有無を記述することが推奨されています。

　一方，2019年にWHOにて採択されたICD-11では，ASDにおける概説（Description）として次のように記述されています。つまり，「①ASDは，社会的相互作用および社会的コミュニケーションを開始および維持する能力の永続的な不全，ならびに一連の制限された反復的で柔軟性のない行動および関心のパターンによって特徴づけられる。②障害は発達期に発症し，通常，幼児期に起こる。抱える不全は，個人，家族，社会，教育，職業，またはその他の重要な機能分野に障害を引き起こすのに十分なほど深刻である。③ASD

表10−4 ICD-11自閉スペクトラム症における知的障害と機能的言語障害の関係

カテゴリー	自閉スペクトラム症	知的障害 disorder of intellectual development	機能的言語 functional language
6A02.0	あり	without 伴わない	with mild or no impairment of 不全がない，または軽度の不全を伴う
6A02.1	あり	with 伴う	with mild or no impairment of 不全がない，または軽度の不全を伴う
6A02.2	あり	without 伴わない	with impaired 不全を伴う
6A02.3	あり	without 伴わない	with impaired 不全を伴う
6A02.4	あり	without 伴わない	with absence of 機能的言語が見られない
6A02.5	あり	with 伴う	with absence of 機能的言語が見られない

では知的機能と言語能力について全範囲を示す」などと記述されています。このICD-11はDSM-5に沿ったもので，ASDを2軸診断する基準が定められています。しかし，ICD-11とDSM-5にはいくつかの相違点があり，とくに知的障害の併発について，DSM-5では，診断にあたってはその併発の有無を記述することにとどまりますが，ICD-11では，知的障害のある自閉症と知的障害のない自閉症を区別するための詳細なガイドラインが示されています（表10−4）。

（3）自閉スペクトラム症の症状を測定するアセスメント

　乳幼児健康診断などの一般母集団を対象として，何かしらの問題を抱える児を特定する「一次スクリーニング」としては，M-CHAT（Modified Checklist for Autism in Toddlers：乳幼児期自閉症チェックリスト修正版）が用いられます。16〜30ヶ月の児を対象として，共同注意，社会的参照などの非言語コミュニケーション，感覚過敏，常同行動など独特の行動様式を尋ねる項目となっています。一次スクリーニングで発達障害等の疑いがあると判断されたケースに対する「二次スクリーニング」としては，SCQ（Social Communication Questionnaire：対人コミュニケーション質問紙），PARS-TR（Parent-interview ASD Rating Scale-Text Revision：親面接式自閉スペクトラム症評定尺度テキスト改訂版），新装版 CARS-小児自閉症評定尺度（Childhood Autism Rating Scale），自閉症スペクトラム指数（Autism-Spectrum Quotient: AQ）などが用いられます。療育や支援の方向性を定めることを目的とする「診断的アセスメント」としては，ADI-R（Autism Diagnostic Interview Revised：自閉症診断面接改訂版）やADOS-2（Autism Diagnostic Observation Schedule Second Edition：自閉症診断観察検査第2版）が用いられます。いずれも診断や療育・支援に必要となる情報を系統的かつ効率的に収集するアセスメントです。

2. 自閉スペクトラム症における認知・発達・行動特性

(1) 自閉スペクトラム症における認知機能

　ASD児者は，中枢性統合機能の弱さが指摘されていており，いわゆる「木を見て森を見ず」の状況を抱え，複数の情報を関連づけて捉え，思考や行動することに困難を示します。ゆえに事物の細かな部分には注目し，一部の情報のみを捉え，全体としての捉えが苦手となり，その結果，コミュニケーション，対人関係，学習面での困難さにつながりやすくなります。

(2) 自閉スペクトラム症における発達特性（社会性の発達）

　社会的コミュニケーションの困難さとしては，他者の心情を理解し，状況を捉えて，他者と適切にかかわることが苦手です。その結果，言語コミュニケーションのみならず，身振りや表情などの非言語コミュニケーションを含めて苦手となります。それは，たとえ言葉による会話ができても，他者の感情や意図を捉えないまま字義通りに相手の言葉を捉えてしまい，勘違いに基づくかかわり方になるためです。その結果，社会的なルールやソーシャルスキルの獲得と使用が困難になることがあります。

　このようなASDの特徴から，ASDの本質的な障害は対人認知にあるという「心の理論（の障害）」仮説が1980年代から出てきました（Baron-Cohen, 1995）。心の理論とは，人の行為の背景にはその人の気持ちや考えがあることを理解し，他者の心を類推し理解する能力です。定型発達の子どもは4歳半〜5歳にかけて獲得されるようになりますが，ASD児者の場合には困難を示すことがあります。この心の理論の獲得状況を確認する課題として「誤信念（false belief）課題」があり，代表的な課題がサリー・アン課題です。ASD児においてはこの課題を通過しにくいとの指摘があります。

(3) 自閉スペクトラム症における行動特性（同一性保持，固執）

> **🔑 キーワード**
>
> **同一性保持・固執**：ある特定のものや状況・習慣等に対して異常な固執を示し，その状態を一定に保とうとする行動様式。ASDにおける行動特性の1つです。

　状況の認識が苦手であったり，周囲からの情報を適切に捉えることが苦手であったりすると，状況に応じてルールや手順を自分で組み立てたり，修正したりすることに困難さが生じやすくなり，その結果，状況に応じた行動ができなくなり，それを回避するか，自分が思い描けるこれまでの決められたルールや手順に頼らざるをえなくなります。それが同一性保持・固執，いわゆる「こだわりの強さ」となります。

3. 自閉スペクトラム症への支援

(1) 幼児期の支援機関，特別支援学級・通級による指導・特別支援学校

　ASD児は多様であり，知的障害の有無のみならず，年齢や発達段階によっても症状が異なることがあります。また個人の能力間においても得意不得意の差が大きくなることがあります。そのため，幼児期においては，療育機関や一般の幼稚園・保育園を固定的でなく組み合わせて利用したり，学齢期における学ぶ場も，通常学級，通級指導教室，特別支援学級，特別支援学校など多様となります。

(2) コミュニケーションへの配慮

　コミュニケーションへの配慮として，1人ひとりの言語理解・表出の状態を踏まえながら，音声言語，サイン言語，絵・写真カード等，本人の理解と表出が可能なコミュニケーション手段を用いることが大切です。そして，情報提示，指示や説明においては，具体的にコンパクトに伝えることが大切です。とくに，こちらの心情や状況を踏まえないと捉えられない指示・依頼ではなく，本人が行う行動そのものを言語化した伝え方が必要です。

(3) 社会的ルールやソーシャルスキル獲得への配慮

　状況認識や他者の心情理解に困難さを抱えるため，社会的なルールをはじめとしてソーシャルスキルを計画的に指導していくことが必要です。①定義：「○○する」とは，②理由：なぜそのルールが必要か，③具体的なルールと守る手順，④状況に応じたルールを伝えます。

(4) 薬物療法，応用行動分析による支援，TEACCHプログラム

　ASD児者が睡眠障害，不注意，多動・衝動性，自傷行為，攻撃性，さらに不安，うつ，興奮，緊張など精神症状が顕著で生活に支障をきたしている場合には，医師の診断に基づいて薬物治療が検討されることがあります。子どもが服薬を行っている場合，教員の立場としては，薬の正しい情報を保護者から得て，服薬前と後の変化が捉えられるように同一の活動での様子を観察し，子どもの様子を保護者等に正しく伝えるようにします。

　応用行動分析（Appleid Behavior Analysis: ABA）とは，ASD児をはじめとして障害のある子どもの必要なスキルを獲得したり，問題行動を改善したりするために用いる支援方法です。先行刺激（きっかけ）―行動―後続刺激（結果）」の三項随伴性という枠組みに当てはめて行動を分析し，具体的で評価可能な目標設定を行ったのちに，目標とする行動が生じやすい先行刺激を提示する，または問題行動が生じる先行刺激を取り除くといった先行条件の操作をします。また，目標とする行動が生じた際には強化刺激（好子）を提示して行動を強め，減少させたい行動が生じた際には後続刺激の操作をして行動を弱めるなどの対応をとります。

🔑 **キーワード**

TEACCHプログラム（Treatment and Education of Autistic and related Communication handicapped Children）：「自閉症および関連するコミュニケーション障害のある子どもたちのための治療と教育」で，アメリカ・ノースカロライナ州立大学を基盤に実践されている包括的なプログラム。

　TEACCHプログラムでは，環境を整理し，状況理解を容易にします（図10－2）。①エリアと期待される行動を対応させる，エリアを明確な仕切りで分けるといった「物理的構造化」，②見通しをもたせるための「個別のスケジュール化」，③「ワークシステム」として，(a)どんな活動をするのか，(b)どのくらいの時間・量を活動するのか，(c)活動はいつ終わるのか，(d)終わった後は何をするのかを視覚的に明確に伝える，などを行います。その他，TEACCHプログラムにかぎらず，音声言語だけではなく，絵・写真・実物・文

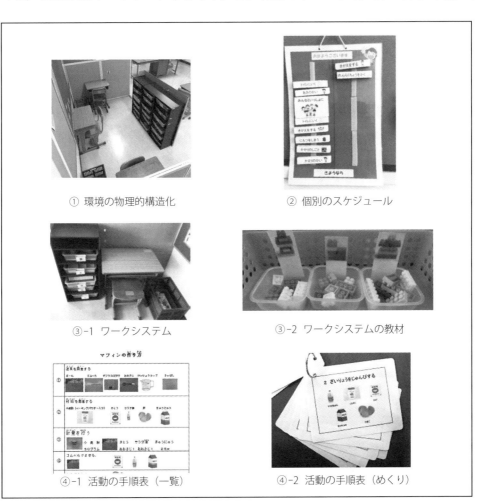

① 環境の物理的構造化　　　　　　② 個別のスケジュール

③-1 ワークシステム　　　　　　③-2 ワークシステムの教材

④-1 活動の手順表（一覧）　　　　④-2 活動の手順表（めくり）

図10－2　ASD児への支援ツール
出典：埼玉県立行田特別支援学校（①〜③），群馬大学教育学部附属特別支援学校（④）

字などの視覚支援として，手順を伝えたりコミュニケーションをとったりします。

(5) 青年期の姿，二次障害と予防

> **🔑 キーワード**
> **二次障害**：障害特性による一次的な問題に対して，適切な対応・環境調整がなされない，良好でない対人関係が生じるなどが要因となって生じる行動・精神面の問題。

　ウィング（1996）は，ASD児の人間関係のもち方のパターンとして，「孤立型」「受動型」「積極奇異型」の3つをあげており，その経過・予後について，早期療育が適切に行われたケースでは孤立型から受動型へ促進され，知的障害があっても受動型であれば簡易な作業や職業への適応の可能性があり，積極奇異型も療育によって青年期に向けて受動型に近づきやすくなると述べています。それゆえにASD児の実態に応じた適切な支援が望まれます。近年はASD本人による手記が出版されています（例：ウィリアムズ，2000; グランディン他，2014）。ASDにおける二次障害の予防のためにも，できるだけ早く子どもの特性に気づき，本人の思いを理解し，適切な支援を行うことで，ストレスを感じにくい生活習慣や環境を整えて，二次的な問題を最小限にとどめることが望まれます。

> **事例**
>
> **自閉スペクトラム症のある生徒の余暇活動**
>
> 　高等特別支援学校の1年生になったT君は，幼児期は新幹線のDVDの同じシーンを繰り返し見て過ごし，外出時でもお気に入りの新幹線のおもちゃを手放すことなく握りしめていました。今では，お小遣いを計画的に貯めて鉄道博物館の新幹線ラウンジに出かけ，同じく新幹線を見にきた仲間たちと，「まもなく～東北新幹線・はやぶさ号 新青森行が通過しま～す」と，次に通過する電車をアナウンスし合って楽しんでいます。

《引用・参考文献》

American Psychiatric Association (1994). *Diagnostic and Statistical Manual of Mental Disorders, 4th ed. (DSM-IV)*. Washington, D.C.: American Psychiatric Association.

American Psychiatric Association (2013). *Diagnostic and Statistical Manual of Mental Disorders, 5th ed. (DSM-5)*. Washington, D.C.: American Psychiatric Association. ［日本精神神経学会（日本語版用語監修），髙橋三郎・大野裕（監訳）（2014）．DSM-5 精神疾患の診断・統計マニュアル　医学書院］

Baron-Cohen, S. (1995). *Mindblindness: An Essay on Autism and Theory of Mind*. Cambridge, MA: MIT Press. ［長野敬・今野義孝・長畑正道（2002）．自閉症とマインド・ブラインドネス　青土社］

Baron-Cohen, S., Scott, F. J., Allison, C., et al. (2009). Prevalence of autism-spectrum conditions: UK school-based population study. *British Journal of Psychiatry, 194*(6), 500-509.

グランディン，T & パネク，R（著），中尾ゆかり（訳）（2014）．自閉症の脳を読み解く——どのように考え，感じているのか——　NHK 出版.

神尾陽子（2015）．就学前後の児童における発達障害の有病率とその発達的変化——地域ベースの横断的および縦断的研究——　厚生労働科学研究費補助金 疾病・障害対策研究分野 障害者対策総合研究（平成23 〜 25年）．https://mhlw-grants.niph.go.jp/niph/search/NIDD00.do?resrchNum=201317044B（2020年3月1日閲覧）

Kanner, L. (1943). Autistic Disturbances of Affective Contact. *Nervous Child, 2,* 217-250.［カナー，L（著），十亀史郎・斉藤聡明・岩本憲（訳）（2001）．情緒的交流の自閉的障害. 精神医学選書〈第2巻〉幼児自閉症の研究（pp. 10-55）　黎明書房］

Kanner, L. (1944). Early infantile autism. *Journal of Pediatrics, 25,* 211–217.

Rutter, M. & Lockyer, L. (1967). A five to fifteen year follow-up study of infantile psychosis. I. Description of sample, *The British Journal of Psychiatry*, *113*(504), 1169-1182.

ウィリアムズ，D（著），河野万里子（訳）（2000）．自閉症だったわたしへ　新潮文庫.

ウィング，L（著），久保紘章・清水康夫・佐々木正美（訳）（1998）．自閉症スペクトル——親と専門家のためのガイドブック——　東京書籍.

Wing, L. & Gould, J. (1979), Severe impairments of social interaction and associated abnormalities in children: Epidemiology and classification, *Journal of Autism and Developmental Disorders*, *9*, 11-29.

World Health Organization (1992). *The ICD-10 Classification of Mental and Behavioural Dsorders: Clinical Dscriptions and Dagnostic Gidelines*, World Health Organization.［融道男・中根允文・小見山実他（監訳）（2005）．ICD-10 精神および行動の障害——臨床記述と診断ガイドライン——（新訂版）　医学書院］

World Health Organization (2019). The ICD-11 International Statistical Classification of Diseases and Related Health Problems. World Health Organization. https://icd.who.int/en/（2020年3月1日閲覧）

熊谷　亮

1. 学習障害 (LD) とは

　学習障害（Learning Disabilities: LD）とは，全般的な知的発達に遅れがなく，視覚や聴覚に大きな困難がなく，養育環境や教育環境が十分であったにもかかわらず，読む，書く，計算する，推論するなどの特定の能力の習得と使用に著しい困難を示し，学習活動が著しく困難な状態を指します。LDの直接の原因は中枢神経系の何らかの機能障害と推定され，情報の入力，整理・処理，出力の過程のいずれかが十分機能していないことが原因と考えられています。しかし，中枢神経系のどの部分に，どのような機能障害があるかについて医学的に十分には解明されていません。他の発達障害との併存では自閉スペクトラム症（自閉症スペクトラム障害）やADHD（注意欠如・多動症〈注意欠如・多動性障害〉）との併存率の高さが指摘されており，また，極低出生体重児の約3割にLDの疑いがあることが報告されています。さらにLD児の中には手先の不器用さをあわせ有することも多くあります。しかし，それが粗大運動や微細運動の不器用さを中心障害とする発達性協調運動障害（Developmental Coordination Disorder: DCD）の併存症状なのか二次的な問題なのかは明らかにされていません。

　文部科学省（2012）の「通常の学級に在籍する発達障害の可能性のある特別な教育的支援を必要とする児童生徒に関する調査」によると，学習面で著しい困難を示す児童・生徒は4.5％にのぼることが報告されており，通常学級においてLD児が在籍している可能性があることを念頭に置いて教科教育や指導を行うことが求められます。

2. LDの定義

　LDの教育的定義と医学的定義は異なるものの，教育現場においてLDという用語が使用される場合には，文部科学省の定義に従うことになります（表11 – 1）。教育的定義の要点として，全般的な知的発達に遅れはありませんが，特定の能力の習得と使用に著しい困難を示すことがあげられており，聞く，話す，読む，書く，計算する，推論するといった基本的な学習能力のうち，特定の領域のつまずきによって学習の困難さや学びにくさが現れます。つまり，全領域にわたって能力の低さが認められる場合には知的障害となります。しかし，LDの症状が軽度知的障害や境界域知能，情緒障害と部分的に類似した状態

表11－1　文部科学省によるLDの定義

> 　学習障害とは，基本的には全般的な知的発達に遅れはないが，聞く，話す，読む，書く，計算する又は推論する能力のうち特定のものの習得と使用に著しい困難を示す様々な状態を指すものである。
> 　学習障害は，その原因として，中枢神経系に何らかの機能障害があると推定されるが，視覚障害，聴覚障害，知的障害，情緒障害などの障害や，環境的な要因が直接の原因となるものではない。

出典：文部省（1999）

を示す場合もあるため，適切な実態把握が求められています。

　その一方で，医学的定義は教育的定義と異なり，読み，書き，算数に限定して定義づけられています。アメリカ精神医学会のDSM-5では限局性学習症／限局性学習障害(Specific Learning Disorder) と称され，下位分類として読字の障害を伴う，書字表出の障害を伴う，算数の障害を伴うことが示されています。また，世界保健機関（WHO）のICD-11では，発達性学習症（Developmental Learning Disorder）がLDに関連する診断であり，読字不全を伴う，書字表出不全を伴う，算数不全を伴う，他の特定される学習不全が伴う，特定不能が下位分類となっています。

3. LDの特性・症状について

　LDの医学的定義に基づく困難は，読字，書字表出，算数の3点で，その特徴は以下のとおりです。

①読字の障害を伴う

　読んでいる文字や単語の理解が困難で，文章を読むのが遅く，不正確な障害です。文章を読むのがたどたどしく，文章の内容を把握することも困難となります。

②書字表出の障害を伴う

　文字のつづりを間違えたり，文法や句読点を理解することや段落のまとめ方が困難であったり，バランスのとれた文字を書くことが困難な障害です。板書など書き写しの速度が著しく遅かったり，考えた内容を書いて表現することが困難です。

③算数の障害を伴う

　数字を読んだり適切に操作したりすることが困難で，数概念の習得が難しい。足し算や引き算，九九といった基礎的な計算を習得することも難しく，いつまでも指を折って計算するような場合もあります。また，簡単な計算や文章の理解はできるものの，文章題になると式を立てることができず，解くことが難しい場合もあります。

　その一方で，教育的な定義では，話す，聞くなどの話し言葉までを包括しており，学習上の困難さをより広く捉えています。話す，聞く領域も含めて，学校現場で見られるLD児の特徴を表11－2にまとめました。このような特性の背景として，認知の偏りがあげられます。つまり，視覚情報・聴覚情報などの情報を適切に入力したり，その情報を適切に処理・統合したり，処理・統合された情報をもとに行動する，表現するなど，適切に出力

表11－2　LD児が示す特徴の例

聞く
聞き違いが多い 　聞き漏らしがある 　個別に言われると分かるが，集団場面では聞き取れない 　複数人で話すと，話の流れが理解できない

話す
たどたどしく話す，早口で話すなど，適切な速さで話すことが難しい 　言葉に詰まる 　単語を羅列したり，短い文で内容的に乏しい話をする 　思いつくままに話すなど，筋道立てた話をすることが難しい 　内容を分かりやすく伝えることが難しい

読む
初めて出てきた語や使い慣れていない語などを読み間違える 　文中の語句や行を抜かしたり，同じ行を繰り返し読んだりする 　音読が遅い 　文章の要点を正しく読み取ることが難しい

書く
字の形や大きさが整っていない，あるいはまっすぐになど，読みにくい字を書く 　独特の筆順で書く 　漢字の細部を書き間違える 　句読点が抜けたり，正しく打つことができない 　限られた量の作文や決まったパターンの文章しか書けない

計算する
学年相応の数の意味や表し方についての理解が難しい 　簡単な計算の暗算ができない 　2つの立式を必要とする計算など，答えを得るのにいくつかの手続きを要する問題を解くのが難しい 　学年相応の文章題を解くのが難しい

推論する
学年相応の量を比較することや，量を表す単位を理解することが難しい 　丸やひし形など，学年相応の図形を描くことが難しい

出典：文部科学省（2012）より作成

するという情報処理のいずれかの過程でつまずきが生じていることが考えられます。どの段階・感覚様式でつまずきが生じているかについては個人差が大きいため，1人ひとりの認知特性を適切に把握したうえで支援を行う必要があります（表11－3）。

4．LD児の教育形態と支援方法

　LDは，読み，書き，計算などの学習面でのつまずきを示す障害です。認知の偏りがある一方，知的発達は正常範囲内となるため，就学前には学習上の困難を見つけることが難しくなります。多くの場合，小学校に入学して学習活動の量が増えることで，その困難が顕在化し始めます。そのため，LD児の多くは通常学級に在籍して教育を受けており，通常の学級における指導を基本に対応していくこととなります。その際，支援の前提として，LD児だけでなく，すべての児童・生徒にとってわかりやすく，学びやすい教育環境を設定するユニバーサルデザインの視点に立った実践を行うことが求められます。ユニ

表11－3　LDの実態把握に用いられる検査の例

検査名	調査領域
LDI-R LD判断のための調査票	聞く，話す，読む，書く，計算する，推論する，英語，数学，行動，社会性
単音連続読み検査	流暢性と正確性（ひらがな50文字を連続音読するのにかかった時間と誤り数を測定）
単語速読検査	流暢性と正確性（有意味語30語と無意味語30語を連続音読するのにかかった時間と誤り数を測定）
単文音読検査	流暢性と正確性（3つの文を音読するのにかかった時間と誤り数を測定）
改訂版読み書きスクリーニング検査　STRAW-R	音読の流暢性，音読の書取と正確性，RAN，計算
WAVES　見る力を育てるビジョン・アセスメント	10の下位検査から8種類の視覚関連スキルをアセスメントし，視知覚上の発達課題を把握する
WISC-IV知能検査	15の下位検査（10つの基本検査と5つの補助検査）からなり，全検査IQ（FSIQ），言語理解指標（VCI），知覚処理指標（PRI），ワーキングメモリー指標（WMI），処理速度指標（PSI）の5つの合成得点で評価される。そこから子どもの知的発達を多面的に把握する
K-ABC II	知的活動を認知処理過程と語彙・読み・計算などの習得度から評価する。継次処理能力，同時処理能力，計画能力，学習能力，流動性推理，結晶性能力など幅広い能力を測定
DN-CAS	認知処理過程の特徴を評価する。プランニング，注意，同時処理，継次処理の4つの認知機能の側面から子どもの発達の様相を捉える

バーサルデザインによる教育とは，教室内の環境設定，時間の構造化，ルールの明確化などの環境のユニバーサルデザインと，学習のねらいや活動を絞り込む「焦点化」，授業の進め方をパターン化する「授業展開の構造化」，子どもの実態に応じて課題の難易度の調整を図る「授業内容のスモールステップ化」，視覚的な情報によって情報をわかりやすく見えるようにする「視覚化」などの授業のユニバーサルデザインがあげられます。このようなユニバーサルデザインの視点に立って学習環境を整えたうえで，個別の声かけ，個別教材の使用などの担任による学級での支援，ティームティーチングを活用した支援などの教育支援を考える必要があります。また，特別の指導の場として，通級指導教室による指導があげられます。2006（平成18）年4月に，学校教育法施行規則第73条の21に規定されている通級の対象者に「学習障害者」「注意欠陥多動性障害者」が加わりました。LDおよびADHDについては，月1時間程度でも通級による指導が認められるようになったため，大半の授業を通常学級で受けながら，個々の課題に応じた支援を通級指導教室で受けることが可能となりました。通級による指導では，1人ひとりの困難さに応じて聞くこと，話すこと，読むこと，書くこと，計算すること，推論することに対する指導のほかに，対人関係に課題のある児童・生徒に対して，小集団でソーシャルスキルやコミュニケーションスキルを高める指導を行っています。また，LDの要因として，眼球運動がうまくできなかったり形や空間の知覚が悪かったりすることがあるため，その場合には視知覚認知トレーニングが実施されることもあります。

また，近年ではデジタル教科書が導入されるなど，タブレット端末などのICTを活用した支援が広がりを見せています。たとえば，読字障害のある子どもがICTを利用すると，音声読み上げ機能を活用して，耳で聞いて内容を理解することができます。また，文字サイズやフォントの種類，文字の色や背景色，行間の広さなどのレイアウトを本人の見やすいように変更することが可能となります。書字表出障害のある子どもでは，書き写す代わりに板書の内容を撮影したり，キーボード入力や音声入力機能を活用したりすることで，書くことの困難さを軽減することが可能となります。このように1人ひとりの困難さに応じてICT機器を活用すると同時に，そのような機器の使用方法について指導していくことが，今後はより重要になると考えられます。

　LDはその症状が学習場面で認められることが多いですが，全般的な知的能力に遅れは認められず，特定の科目・領域におけるつまずきとなります。そのため，障害があることに気づかれにくく，教師や保護者からは本人の「努力不足」として捉えられてしまうことも多いでしょう。また，本人もつまずきの原因がわからないまま悩み続け，自身の努力不足に原因を帰属させてしまう場合も多くあります。さらに，話す，聞くことがうまくいかないことから，コミュニケーションに困難が生じて対人関係の問題が生じることもあります。障害の理解や対応が遅れると，より問題が深刻化し，学習意欲の低下や自信喪失などの二次的な問題に発展することも少なくないことから，障害の理解を図り，得手不得手を本人が自覚し，自身の困難さに対してうまく対処しつつ，自身の長所をより伸ばしていけるように指導することが求められます。

🔑 キーワード

WISC-IV：ウェクスラー（Wechsler, D.）によって開発された個別式の児童用知能検査。全体的な認知能力を表す全検査IQと4つの指標得点を算出します。

視覚認知トレーニング：視覚認知とは，見た情報を取り入れて，それを理解することをいいます。眼球運動や空間認知の弱さによって他者と同様に視覚認知をすることが難しい場合に行われる指導方法です。

事例

読み書きに困難のある小学4年生のKさんの姿

　Kさんは読み書きに困難があるため，授業中はタブレット端末を活用して授業を受けています。タブレット端末の読み上げ機能を使用し，教科書の内容は音声で理解しています。また，黒板の板書はカメラ機能や音声入力機能を活用しています。タブレット端末を活用する前は，先生の話の内容は理解できるのに書き表すことができないためにもどかしさを抱えていましたが，タブレット端末を使用し始めてからは学校の勉強にも意欲的に取り組めるようになりました。

《引用・参考文献》

American Psychiatric Association (2013). *Diagnostic and Statistical Manual of Mental Disorders, 5th ed. (DSM-5)*. Washington, D.C.: American Psychiatric Association.［日本精神神経学会（日本語版用語監修），髙橋三郎・大野裕（監訳）（2014）．DSM-5 精神疾患の診断・統計マニュアル　医学書院］

文部科学省（2012）．「通常の学級に在籍する発達障害の可能性のある特別な教育的支援を必要とする児童生徒に関する調査」調査結果．http://www.mext.go.jp/a_menu/shotou/tokubetu/material/__icsFiles/afieldfile/2012/12/10/1328729_01.pdf（2019年9月23日閲覧）

文部省（1999）．学習障害児に対する指導について（報告）．http://www.mext.go.jp/a_menu/shotou/tokubetu/material/002.htm（2019年9月23日閲覧）

World Health Organization (2019). The ICD-11 International Statistical Classification of Diseases and Related Health Problems. World Health Organization. https://icd.who.int/en/（2019年9月23日閲覧）

1. ADHDとは

　注意欠如・多動症（注意欠如・多動性障害）（Attention Deficit/Hyperactivity Disorder: ADHD）は，発達障害の1つであり，不注意，多動性，衝動性などの行動面における症状を特徴とします。不注意とは，集中力が続かない，気が散りやすい，忘れっぽいなどの注意を持続することの困難，多動性とは，じっとしていることが苦手で，落ち着きがない，離席をするなどの運動を調整することの困難，衝動性とは，思いついた行動について行ってもよいか考える前に実行してしまう，順番を待てないなどの行動を抑制することの困難です。

　ADHDの発生因子として，遺伝的要因と環境要因の2つが指摘されていますが，確定因子は解明されていません。遺伝的因子と環境因子の両者の組み合わせ，その他の要因との複合的な多因子性の病因が疑われています。また，発症にかかわる病態仮説として，脳の複数の経路での脳機能障害が想定され，①物事を実行する際の調整・修正を行うシステムの障害（実行機能障害），②後のことを考えて今のことを処理する系の障害（報酬系システムの障害），③時間的な順序を考えて処理することに関する障害（時間処理障害）によって，不注意や多動・衝動性をきたすとする考え方が提案されています。ADHDの併発症として，自閉スペクトラム症（自閉症スペクトラム障害）や学習障害，知的障害，トゥレット症などが指摘されていまする。

　文部科学省（2012）の「通常の学級に在籍する発達障害の可能性のある特別な教育的支援を必要とする児童生徒に関する調査」によると，知的発達に遅れはないものの「不注意」または「多動性―衝動性」の問題を著しく示す児童・生徒は3.1％の割合で通常学級に在籍していることが報告されています。学年別の割合では，小学校1学年では3.5％であるものの，学年が上がるにつれてその割合は減っていき，小学校6学年では2.7％でした。また，中学校では第1学年が2.9％であるものの，第2学年が2.7％，第3学年が1.8％と，小学校と同様，学年が上がるにつれてその割合は少なくなることが報告されています。男女比では男子が5.2％，女子が1.0％であり，この他の多くの研究においても統計値に幅があるものの，男女比は4：1で男子が多いといわれています。しかし，不注意症状のみを示す不注意優勢型ADHDにおいては男女差が認められないという指摘もあります。

2．ADHDの診断基準

　ADHDは，DSM-5（精神障害の診断・統計マニュアル第5版）において神経発達障害の1つとして明確に位置づけられました。診断基準は，不注意症状が9項目中6項目以上該当することや，多動性・衝動性も同様に9項目中6項目以上該当し，6ヶ月以上持続して，さまざまな場面に不適応な状態に至ることと定められました（表12－1）。DSM-5に改訂される前までは発症年齢が7歳未満とされていましたが，DSM-5では発症年齢が12歳までに変更されました。また，17歳以上では必要な項目数が5項目となり，青年期での診断がしやすくなりました。診断の際には3段階で重症度を特定することとし，自閉スペクトラム症との併存が認められるようになりました。ADHDの診断のための検査では行動評価尺度が一般的に用いられますが，わが国で使用できるものとしてADHD-RSやConners3，Connersの成人期版であるCAARSがあげられます。

　診断基準ではないものの，文部科学省ではADHDを以下のように定義づけています。「年齢あるいは発達に不釣り合いな注意力，及び／又は衝動性，多動性を特徴とする行動の障害で，社会的な活動や学業の機能に支障をきたすものである。また，7歳以前に現れ，その状態が継続し，中枢神経系に何らかの要因による機能不全があると推定される」（文

表12－1　ADHDの診断基準

不注意：6つ以上が少なくとも6ヵ月以上持続したことがあり，その程度は発達の水準に不相応で，社会的および学業的／職業的活動に直接，悪影響を及ぼすほどである。 17歳以上では少なくとも5つ以上の症状が必要。
⒜学業，仕事，または他の活動中に，細部にまで注意することができなかったり，不注意な間違いをしたりする。 ⒝課題または遊びの活動中に，注意を持続することが難しい。 ⒞直接話しかけられているときに，聞いていないように見える。 ⒟指示に従えず，学業，用事，職場での義務をやり遂げることができない。 ⒠課題や活動を順序立てて行うことが難しい。 ⒡宿題や報告書の作成など，精神的努力の持続を要する課題に従事することを避けたり，嫌ったり，いやいや行ったりする。 ⒢学校教材や道具，財布，鍵，携帯電話など，課題や活動に必要なものをなくしてしまう。 ⒣外的な刺激によってすぐ気が散ってしまう。 ⒤用事を済ませる，お使いをする，待ち合わせの約束を守るなど，日々の活動で忘れっぽい。
多動性および衝動性：6つ以上が少なくとも6ヵ月持続したことがあり，その程度は発達の水準に不相応で，社会的および学業的／職業的活動に直接，悪影響を及ぼすほどである。 17歳以上では少なくとも5つ以上の症状が必要。
⒜手足をそわそわ動かしたりトントン叩いたり，いすの上でもじもじしたりする。 ⒝席についていることが求められる場面で席を離れる。 ⒞不適切な状況で走り回ったり高い所へ登ったりする。 ⒟静かに遊んだり余暇活動につくことができない。 ⒠じっとしていなかったり，または何かに駆り立てられるように行動する。落ち着きがない。 ⒡しゃべりすぎる。 ⒢質問が終わる前に出し抜けに答えてしまう。 ⒣順番を待つことが難しい。 ⒤他人を妨害し，邪魔をする。

出典：DSM-5をもとに作成

部科学省, 2003)。ただ，文部科学省による定義はDSM-IVを参考に作成されたものであり，DSM-5への改訂や世界保健機関（WHO）による診断基準であるICD-11（国際疾病分類第11版）の公表を受けて，再定義することが望まれます。

3. ADHDの特性と支援方法

ADHDの基本症状は不注意，多動性，衝動性の3つです。しかし，その特性は年齢の上昇とともに大きく変化していく傾向があります。ここからは年代ごとの特徴的な症状や特性，支援方法について取り上げます。

(1) 幼児期

> **🔑 キーワード**
>
> **SST**：ソーシャルスキルトレーニング（Social Skills Training）の略称で，社会的な適応力を高めるようなスキル獲得・修正を意図的に効率よく行うことを目的として体系化された専門的指導技法。
>
> **ペアレントトレーニング**：子育てに取り組む親の養育行動を変化させることで，クライエントである子どもを支援しようとするプログラムです。

幼児期には不注意に関する症状が注目されることはほとんどありません。その一方で，ハイハイや歩行といった移動手段が獲得されるにつれて，多動性が目立つようになり，じっとしていることが苦手で過剰に動きまわる等の特徴を示します。また，衝動性の高さも顕著に認められ，歩道を歩いているときに突然走り出す，順番を待てない，他児をたたく等の行動を示します。その一方で，他者に積極的に話しかけるなど人なつっこさも見られます。しかし，注意の持続の困難さや多動性・衝動性の強さによって養育困難や集団参加の困難さをきたし，叱責や失敗体験が積み重なってしまうことも多いでしょう。そのため，早期からの支援が求められます。

幼児期のADHD児の多くは幼稚園や保育園で教育・保育を受けながら，児童発達支援センターや児童発達支援事業所においてSSTや個別指導などの専門的指導を受ける場合も多いでしょう。また，幼児期は保護者とのかかわりが生活の中心になるため，保護者を対象として，子ども理解を目指した心理教育や子どもの行動に対する親の対応方法の改善を図るペアレントトレーニングを実施することもよくあります。

(2) 小学校期

知的発達の著しい遅れを伴わないADHD児は通常学級で教育を受けることになります。小学校に入学して学校生活が始まると，幼児期とは異なり不注意症状が目立つようになります。不注意症状として，忘れ物が多い，自分の机のまわりやロッカーの整理整頓ができ

ない，授業中に注意が散漫になってすぐに他のことに注意がそれる，ケアレスミスが多い，約束を忘れる等があげられます。多動性症状としては，授業中に離席をする，常に身体を動かして落ち着きがない，多弁で口論になる，カッとなって手が出たり物を投げたりする等があげられます。衝動性症状は，教師からの発問に対して出し抜けに答える，他児にちょっかいを出す，クラスのルールを守れない，順番を待てないなどとして現れます。多動性は，とくに小学校の低学年で顕著に見られ，学年が進むにつれて症状が軽減し，行動問題が改善するケースもよくあります。しかし，多弁さや落ち着きのなさ，あるいは注意集中の困難さなど，表面化しにくいかたちの症状に変化することも多いでしょう。また，この時期のADHD児は幼児期以上に注意をされたり叱責されたりする機会が増えます。そのような経験を重ねることで，激しい反抗や他者への攻撃などの外在化問題を主とする学校不適応に至るケースも多くあります。

　小学校には多くの刺激が存在するため，それが注意集中を妨げる要因となります。そのため，ユニバーサルデザインによる教育を行うなどして，子どもの状況に合った環境を設定することが重要になります。学校における教育の場として通常学級のほかに，必要に応じて通級指導教室による個別指導や小集団指導による授業を行うことがあります。通級では，通常学級の授業だけでは不十分な教科学習の補充やコミュニケーション能力・社会性の育成を目指した指導が行われます。また，幼児期同様に学校や家庭，療育機関等が連携して支援を行うことが求められます。小学生期には薬物療法等の治療も積極的に行われており，医療機関との綿密な相談のもとに治療を進めることもあります。

(3) 中高生期以降

　中高生期以降の不注意症状は，テストや仕事でケアレスミスが多い，財布や定期券，携帯電話などの大切な物を失くす，授業中や会議中に他者の話を聞かずにボーッとしているように見える，時間管理が苦手で大切な課題や仕事も後回しにするなどとして現れます。多動性症状としては，授業中などの離席は少なくなるものの体をそわそわ動かして落ち着きがない，じっとしていることを求められる場を避けるなどがあげられます。衝動性症状としては，軽はずみな行動やルールの逸脱が生じる，相手の話の途中で発言してしまう，他者との議論の場で感情的になってトラブルになるなどがあげられます。

　この時期は，小学生期と比較して自己理解が進み，自分の特性をある程度自覚できるようになります。そのため，困難が生じそうな状況を回避しようとする傾向が出てきます。その一方で，ケアレスミスを犯しやすい，他者とトラブルを起こしやすい等の失敗体験が多いという点も自覚できるようになるため，自身の特性に違和感をもち，自信を失い，その結果不登校や引きこもり，非行などの二次障害につながるケースもよくあります。

　この時期の支援方法として，小学校期の支援を継続しつつ本人による特性の理解や自己実現を目指した，本人に対する心理社会的支援や薬物療法があげられます。心理社会的支援としては，SSTや認知行動療法等を行うことによって，自身の特性理解を促したり自

表12－2　ADHD児が示す年代ごとの特徴の例

	不注意	多動性	衝動性	その他
幼児期	あまり目立たず。	じっとしていることが苦手で，常に動き回る。	突然走り出す。友だちと遊んでいてすぐに手が出てしまう。	養育の困難さによって虐待などの不適切な養育につながることも多い。
小学生期	忘れ物が多い。すぐに他のことに注意が逸れる。	授業中に離席をする。常に身体を動かして落ち着きがない。	出し抜けに答える。順番が待てない。	反抗や他者への攻撃などの外在化問題や不登校などの内在化問題も多い。
中高生期以降	ケアレスミスが多い。大切な物をなくす。整理整頓ができない。	身体をそわそわと動かして落ち着きがない。	よく考えずに行動する。すぐに感情的になってトラブルになる。	反抗的になりやすい。自己肯定感が低く，抑うつ的になりやすい。

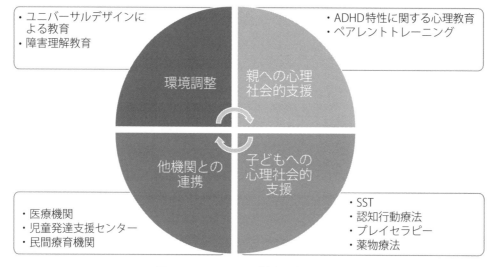

図12－1　ADHDに対する支援方法

尊感情を高めたりする方法があげられます。薬物療法では，この時期に大きな問題が目立たなくなり薬物療法を終了するケースが多い一方，この時期から薬物療法を開始するケースや不安や抑うつ等の二次障害の治療を目的とした薬物療法を実施するケースも多くなります。この時期には学校適応だけでなく，進学やその先の就労に向けてさまざまな機関と連携をし，本人が学校や職場，社会の中でその人らしさや，もてる力を十分に発揮できるよう，長所を伸ばしていけるよう支援していくことが重要となります。

> 🔑 **キーワード**
> **チック・トゥレット症**：チックは，突発的，急速，反復性，非律動性の運動あるいは発声のことです。チック症の中でも運動チックと音声チックの両方が一定期間持続する慢性チック症がトゥレット症です。

事例

不注意優勢型のADHDのある女子大学生Lさんの姿

　Lさんは不注意の傾向が強く，頻繁に忘れ物や失くし物をしてしまい，また大事な予定を忘れたり遅刻をしたりすることがよくあります。Lさんは，現在在学している大学の障害学生支援室を利用して持ち物やスケジュール管理のスキルを学びながら，小学校教員になるという目標に向かって日々勉強をしています。

《引用・参考文献》

American Psychiatric Association (2013). *Diagnostic and Statistical Manual of Mental Disorders, 5th ed. (DSM-5)*. Washington, D.C.: American Psychiatric Association. ［日本精神神経学会（日本語版用語監修），髙橋三郎・大野裕（監訳）(2014)．DSM-5 精神疾患の診断・統計マニュアル　医学書院］

文部科学省（2003）．今後の特別支援教育の在り方について（最終報告）．https://www.mext.go.jp/b_menu/shingi/chousa/shotou/054/shiryo/attach/1361204.htm（2019年9月23日閲覧）

文部科学省（2012）．「通常の学級に在籍する発達障害の可能性のある特別な教育的支援を必要とする児童生徒に関する調査」調査結果．http://www.mext.go.jp/a_menu/shotou/tokubetu/material/__icsFiles/afieldfile/2012/12/10/1328729_01.pdf（2019年9月23日閲覧）

World Health Organization (2019). The ICD-11 International Statistical Classification of Diseases and Related Health Problems. World Health Organization. https://icd.who.int/en/（2019年9月23日閲覧）

1. 外国人児童・生徒の現況と支援

　日本の公立学校に通う外国人の子どもは急増しており，学校現場では日本語がまったくわからない外国人児童・生徒への対応方法が大きな問題となっています。文部科学省の調査によると，日本語指導が必要な日本国籍の児童・生徒はこの10年間で2.5倍に増えました（図13 – 1）。また2018（平成30）年度の文部科学省の調査によると，日本語指導が必要な外国籍の児童・生徒は4万485人で前回調査（2016〈平成28〉年度）の3万4335人より6150人（17.9%）増加しました。学校種別では，小学校で3936人（17.8%），中学校で1421人（16.2%），高等学校で762人（26.1%），特別支援学校で16人（6.1%）増加し，中等教育学校で12人減少（-23.1%）しました（図13 – 2）。

(1) 抱えるリスクと学校教育における支援

　日本国籍と外国籍の児童・生徒では，義務教育において大きな違いがあります。外国籍の人々にとって，日本の小・中学校への就学は義務ではなく，その結果，外国籍の子どもたちは，親の都合やその他の事情によって不就学状態に陥るリスクがあります。

　外国人児童・生徒の来日の経緯や，言語や宗教，生活などの文化的な背景はさまざまです。また保護者には，外国人就業者（日系人を含む）や留学生，中国残留邦人，国際結婚をした者，海外からの帰国者などもあります。外国人児童・生徒が直面する課題では，①学校への適応・居場所の確保，②「学習するための言語能力」の習得，③学力の向上，④かけがえのない自分（周囲との違いの中にあっての自尊感情）をつくり上げていくこと，⑤新たな課題（不就学，母語・母文化の保持，進路の問題）があります。外国人児童・生徒を受け入れる学校側の課題では，①学校全体の児童・生徒の指導，②学校の受け入れ体制づくり，③「特別の教育課程」の編成・実施，④地域との関係（外部からの支援の活用とその組織化）があります。

(2)「特別の教育課程」の編成と日本語指導担当教師

　「特別の教育課程」とは，2014（平成26）年の制度改正により，外国人児童・生徒が日本語で学校生活を営み学習に取り組めるように，日本語や各教科の指導等について児童・生徒1人ひとりに応じた，よりきめ細かい指導（取り出し指導や授業中のサポートなどさまざ

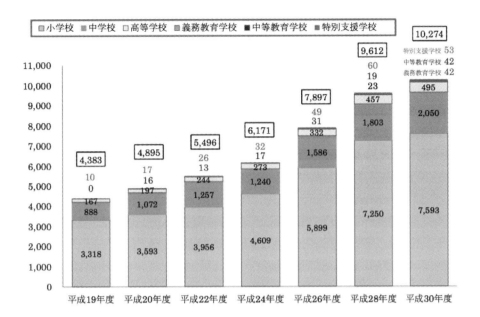

図13-1　日本語指導が必要な日本国籍の児童・生徒数

出典：文部科学省（2019b）

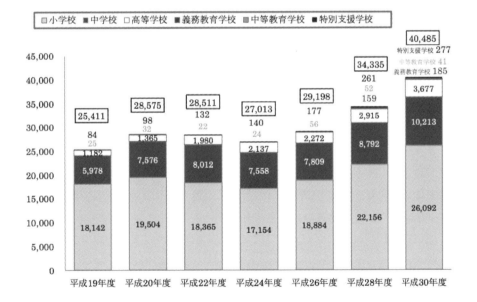

図13-2　日本語指導が必要な外国籍の児童・生徒数

出典：文部科学省（2019b）

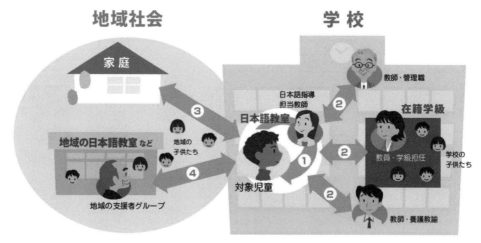

図13-3　日本語指導担当教師の役割
出典：文部科学省（2019a）

まな指導形態）の実施が可能になりました。日本語指導担当教師と呼ばれる教員が，外国人児童・生徒に直接かかわり，日本語指導を中心的に行います。日本語指導担当教師は専任の教師が配置される場合や，支援者（日本語指導の支援を担う職員）の派遣や学級担任の教師が特別の時間を設けてその役割を果たす場合があります。日本語指導担当教師に期待される役割は，①児童・生徒への教育活動，②校内の連携・共通理解，③家庭との連携・共通理解，④外部機関・地域との連携・共通理解が求められます。

　日本語指導を行う際の基本となる考え方として，①児童・生徒の多角的な把握，②学校内外の生活場面すべてが学びの場，③学ぶことの意味と楽しさを得るためのスパイラルな体験，④在籍学級の学習と日々の生活との関連づけ，⑤児童・生徒の「言葉の力」とその把握方法の工夫，⑥日本語指導における児童・生徒の評価が重要となります。具体的には，外国人児童・生徒の日本語の力を測るために，「外国人児童生徒のためのJSL（Japanese as a Second Language）対話型アセスメントDLA」が開発・活用されています。しかし，評価対象は，文法力や語彙力，文法表記の力，読解力，短い文を書く力の一部に限られます。現在，日本語指導を実践する学校では，児童・生徒が学習した内容（項目）に関して，到達度による評価を行っている事例が多く見られます。たとえば，教科学習の通知表とは別に「日本語学習の歩み」といった評価の連絡カードを作成し，定期的に児童・生徒や保護者に渡すことにより，児童・生徒自身の日本語学習の振り返りを促し，保護者に日本語学習の様子を詳しく伝えて成長の喜びを共有していきます。日本語指導の目標はさまざまであり，「来日直後」「日常会話ができるまで」「在籍学級の授業に参加できるまで」などの段階を踏まえつつ，1人ひとりに合った学習内容を適切に選ぶことが重要です。児童・生徒の滞在期間や日本語習得状況，生活への適応状況を考慮し，個別の指導計画を作成するなど，状況に応じた最適な実践が求められます。基本的な指導プログラムも種々あり，たとえば，来日直後の児童・生徒に対する「サバイバル日本語」プログラム，日本語の基

礎的な知識や技能を学ぶための「日本語基礎」プログラム，必要な教科等の内容と日本語の表現と状況を組み合わせて授業で学ばせる「日本語と教科の統合学習」プログラムなどがあります。

(3) 国際理解教育

国際理解教育は，総合的な学習の時間の中で，国際理解，情報，環境，福祉・健康など横断的・総合的な課題，児童の興味・関心に基づく課題，地域や学校の特色に応じた課題などについて，学校の実態に応じた学習活動を行うことをねらいとします。また，国際理解教育は単に知識・理解にとどめることなく，体験的な学習や課題学習などをふんだんに取り入れて，実践的な態度や資質，能力を育成していく必要があります（1996〈平成8〉年『21世紀を展望した我が国の教育の在り方について』中央教育審議会）。

> 🔑 **キーワード**
>
> **日本語指導教室**：児童・生徒の生活・学習・適応状況と日本語能力等の把握を行い，日本語指導について特別の配慮が必要であると判断した場合，「特別の教育課程」を編成し，取り出し指導により日本語指導を行います。日本語指導の目的は，①日本語能力の向上，②在籍学級において日本語で各教科等の学習活動に参加できる能力の養成です。このとき，個々の児童・生徒の日本語能力等に応じた具体的な目標や内容等を含む指導計画を作成します。主たる指導者である日本語指導担当教員は教員や講師（常勤・非常勤を問わない）であり，指導補助者には日本語指導の補助を行う支援者，教科学習指導の補助を行う支援者，子どもの母語がわかる支援者がいます。

2. 貧困の問題と子どもの現況

2013（平成25）年に子どもの貧困対策の推進に関する法律が成立し，子どもの将来がその生まれ育った環境によって大きく影響されることのないよう，貧困の状況にある子どもが健やかに育成される環境を整備するとともに，教育の機会均等を図るため，子どもの貧困対策を総合的に推進することを目的としました。その背景には，子どもの貧困率の上昇（図13-4），ひとり親世帯での貧困率が58.5%，生活保護世帯の子どもの高等学校等進学率が89.9%（全体98.4%），などの貧困による現状があります。「子どもの貧困率（％）」とは，子ども全体に占める，貧困線（全世帯の所得中央値の50%）に満たない世帯にいる子どもの割合です。子どもの大学等への進学率は，子ども全体が73.2%であるのに比べ，生活保護世帯の子どもは33.1%，ひとり親家庭の子どもは58.5%，児童養護施設の子どもが24%です。ひとり親世帯は母子家庭が85%，母子世帯の平均年間就労収入は200万円ほどという現状です。貧困は経済的な困窮の問題にとどまらず，生活習慣・健康管理・学習意欲・自己肯定感など，さまざまなところに影響を及ぼします。また，貧困の状態は次世代に連鎖

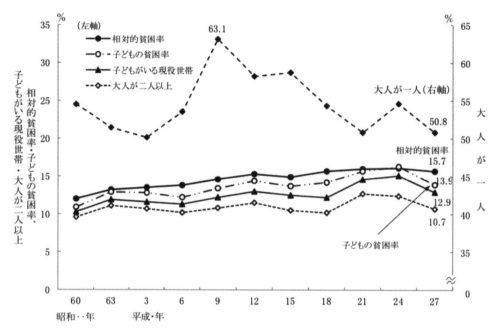

図13-4 貧困率の状況
出典：厚生労働省（2016）

しやすく，この連鎖を断つためには国の積極的な介入が必要となります。

（1）貧困対策とプラットフォームとしての学校

> 🔑 **キーワード**
>
> **スクールソーシャルワーカー**：社会福祉の専門的な知識，技術を活用し，問題を抱えた児童・生徒を取り巻く環境に働きかけ，家庭・学校・地域の関係機関をつなぎ，児童・生徒の悩みや抱えている問題の解決に向けて支援する専門家のことをいいます。児童・生徒が抱える問題には，日常生活の悩み，いじめ，暴力行為，虐待などがあります。スクールソーシャルワーカーになるためには，原則として，社会福祉士，精神保健福祉士，臨床心理士のいずれかの資格が必要になります。

　子どもの貧困対策を総合的に推進するために，国と地方公共団体が密接な連携をし，国は子どもの貧困対策会議を開き，都道府県による子どもの貧困対策計画につなげています。貧困対策には，地域を基盤としたネットワークによる，地域の実情に即した対応が有効になります。子どもの貧困問題の特徴として，貧困の自覚がなかったり，あっても表に

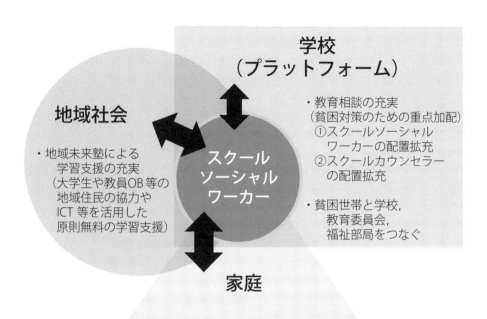

図13－5　学校をプラットフォームとした総合的な対応

出さず実態がわかりにくく，社会的に孤立して必要な支援が受けられずいっそう困難な状況に置かれてしまったり，その家庭や子どもが直面する困難やニーズが異なっていることがあります。そこで，あらゆる機会や気づきを活かし，状況を多面的に把握・共有し，教育，医療，福祉分野などの関係行政機関やNPO法人等の関係者らが連携して，各々の機関の強みを活かした実際的な取り組みが急務となっています。

　主な子どもの貧困対策としては，教育の支援，生活の支援，保護者の就労支援，経済的支援の4つが挙げられます。教育の支援では，「学校」を子どもの貧困対策のプラットフォームと位置づけて総合的に対策を推進するとともに，教育費負担の軽減を図ります（図13－5）。学校をプラットフォームとした総合的な子どもの貧困対策の推進（文部科学省，2016）では，すべての子どもが集う場である学校を，子どもの貧困対策のプラットフォームとして位置づけ，①学校教育における学力保障・進路支援，②教育相談の充実，③学習支援の充実，④家庭教育支援の充実，を行うことにより貧困の連鎖を断ち切ることを目指しています。具体的には，幼児教育の段階的無償化，奨学金制度・授業料減免除の充実，スクールソーシャルワーカーの配置増，スクールカウンセラーの配置増，地域未来塾，生活困窮世帯の子どもの学習支援などがあります。生活の支援では，貧困の状況が社会的孤立を深刻化させることのないようにします。具体的には，ひとり親家庭の子どもの生活・学習支援事業（居場所づくり），生活困窮者自立相談支援事業，社会的養護自立支援事業，「待機児童解消加速化プラン」および「子育て安心プラン」の推進があります。保護者に対する就労の支援では，家庭で家族と接する時間を確保することや，保護者が働く姿を子どもに示すことなどの教育的な意義に配慮します。経済的支援は，世帯の生活を下支えす

るものとして位置づけられており，児童扶養手当，児童養護施設退所者等に対する自立支援資金の貸付制度があります。

事例

フィリピンから家族と一緒に日本に来て3年目になるMくん

　Mくんは小学3年生の男の子です。授業中に他の子たちが大きな声で話したりすると，つい気になり，立ち歩いたり声を出したりすることで先生によく注意されています。そのことでMくんは不満がたまり，別室登校になりました。Mくんは家庭ではフィリピン語を使い，学校での日本語に不自由はありませんが，日本語と教科の統合学習のプログラムを受けています。日本語であまり感情表現をすることは少なく，つい身勝手と見られてしまう行動に出てしまいます。自分らしさを失わないように配慮しつつ，日本の学校学級の規則や生活習慣などを説明して，少しずつ理解してもらえるようにしています。

《引用・参考文献》

荒牧重人・榎井縁・江原裕美他（編）（2017）．外国人の子ども白書——権利・貧困・教育・文化・国籍と共生の視点から—— 明石書店.

中央教育審議会（1996）．21世紀を展望した我が国の教育の在り方について.

厚生労働省（2016）．平成28年 国民生活基礎調査の概況.

文部科学省（2016）．学校をプラットフォームとした総合的な子どもの貧困対策の推進.

文部科学省（2019a）．外国人児童生徒受入れの手引き.

文部科学省（2019b）．「日本語指導が必要な児童生徒の受入状況等に関する調査（平成30年度）」の結果について．https://www.mext.go.jp/content/1421569_002.pdf（2020年2月28日閲覧）

内閣府（2019）．子どもの貧困対策．https://www8.cao.go.jp/kodomonohinkon/index.html（2020年2月28日閲覧）

14章
特別支援教育の園内・校内支援体制と連携

枡　千晶

　特別支援教育や障害児保育を行っていくうえで，担任教師・保育者による支援はもちろん，システムとして組織全体で子どもを支援していくための体制が必要です。また，対象の幼児・児童・生徒の家庭や関連する外部専門家・機関と連携した支援も行われます（図14－1）。

　本章では，学校教育において実施されている支援体制や連携について学びます。

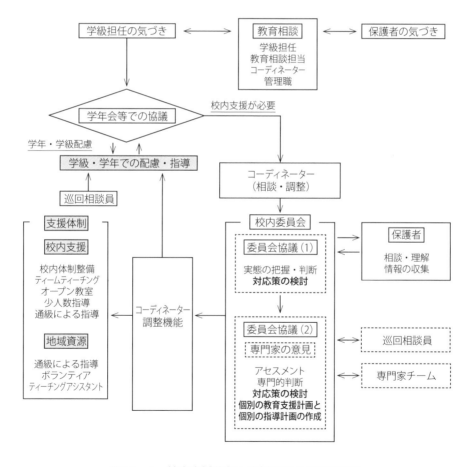

図14－1　校内支援体制と支援に至るまでの流れ
出典：文部科学省（2004）より作成

1. 園内・校内連携

(1) 校内委員会

　校内における全体的な支援体制を整備することを目的として，校長のリーダーシップのもと，管理職，特別支援教育コーディネーター，主幹教諭，指導教諭，通級担当教員，特別支援学級担任，養護教諭，対象の児童等の学級担任，学年主任等によって構成される校内委員会が設置されます。校内委員会には，以下の役割があります（文部科学省, 2017）。

・児童等の障害による学習上又は生活上の困難の状態及び教育的ニーズの把握。
・教育上特別の支援を必要とする児童等に対する支援内容の検討。（個別の教育支援計画等の作成・活用及び合理的配慮の提供を含む。）
・教育上特別の支援を必要とする児童等の状態や支援内容の評価。
・障害による困難やそれに対する支援内容に関する判断を，専門家チームに求めるかどうかの検討。
・特別支援教育に関する校内研修計画の企画・立案。
・教育上特別の支援を必要とする児童等を早期に発見するための仕組み作り。
・必要に応じて，教育上特別の支援を必要とする児童等の具体的な支援内容を検討するためのケース会議を開催。
・その他，特別支援教育の体制整備に必要な役割。

(2) 特別支援教育コーディネーター

> **🔑 キーワード**
>
> **特別支援教育コーディネーター**：保護者の相談窓口や関係機関・者間の連絡・調整，校内委員会・校内研修の企画・運営等の特別支援教育を推進する役割をもちます。
>
> **発達障害カウンセリング**：知的・発達障害の幼児・児童・生徒に関する相談（＝発達障害カウンセリング）では，発達心理学，精神医学，障害児保育・特別支援教育，子育て知識，保育所・幼稚園・学校制度や障害福祉等，多領域にわたる専門性が必要です。
>
> **個別の教育支援・指導計画**：個別の教育支援計画とは，長期的な視点に立ち，他機関との連携を図りながら一貫した教育支援を行うための計画。個別の指導計画とは，指導を行うための具体的なきめ細かい計画。
>
> **専門家による巡回相談**：巡回相談員が各保育所や幼稚園，学校等を巡回し，指導者や保護者等の相談を受け，助言等を行うもの。

　幼稚園，小学校，中学校，高等学校，特別支援学校では，特別支援教育の推進のために，特別支援教育コーディネーターの教員が指名されます。特別支援教育コーディネーターの校務分掌上の位置づけは，各学校において特別支援教育コーディネーターが担う役割や組織のつくり方によって異なります（例：校内委員会の主任として位置づける場合，既存

の生徒指導部や学習指導部等の構成員に位置づける場合等)。

　特別支援教育コーディネーターには，以下の①〜④の役割があります（文部科学省，2017より抜粋）。

①学校内の関係者や関係機関との連絡調整

　学校内における特別支援教育の推進役として，校内委員会の企画・運営や校内で教育上特別の支援を必要とする子どもの情報を収集し，必要に応じて専門スタッフ（スクールカウンセラー，スクールソーシャルワーカー，特別支援教育支援員等）につなげていく連絡調整役を担います。また，ケース会議の開催や個別の教育支援計画，個別の指導計画の作成に携わります。ケースによっては，巡回相談員や専門家チームとの連絡調整や，特別支援学校，その他の教育，医療，保健，福祉，労働等の関係機関等との連絡調整も行います。地域の関係機関やそれらが提供している支援内容等についての情報収集を行い，必要に応じて教師や保護者に伝えていくことも大切です。保護者に対する相談の窓口としての役割もあります。

②各学級担任への支援

　各学級担任からの支援を要する子どもに関する相談に応じ，助言・提案や必要なサポートを行います。必要に応じて，校内委員会等を通して学校全体で情報を共有します。また，進級時に新旧の各学級担任間で教育上特別の支援を必要とする幼児・児童・生徒に対する指導方針が異なることのないよう，校長の指示のもと，その調整を行います。進学・転校などで学校が変わる場合は，個別の教育支援計画等を活用しながら，進学・転校先の特別支援教育コーディネーターと連携し，適切に支援内容等を引き継ぐことが必要です。

③巡回相談員や専門家チームとの連携

　巡回相談員および専門家チームとの連携を図ります。それに基づいて，個別の教育支援計画等や支援の改善につなげていきます。

④学校内の児童等の実態把握と情報収集の推進

　学校内の児童等の実態を把握するための校内体制構築や，研修の実施を推進します。

(3) 支援員

　保育所，幼稚園，小・中学校，高等学校において，担任保育者・教師のみでは要支援の幼児・児童・生徒への対応が難しい場合もあります。そこで，障害のある幼児・児童・生徒に対し，日常生活動作（食事，移動，排泄等）の介助や，発達障害の児童・生徒に対する学習面，生活面のサポートをするための特別支援教育支援員（以下，支援員）が活用されています。名称は各都道府県等によって異なる場合もあります。

　支援員を効果的に活用するにあたっては，クラスに入る前に学級担任等と支援員が指導方針を共通理解するために事前の打ち合わせを行うことや，支援開始後も，機会を捉えて打ち合わせや情報交換を行い，同一歩調で支援が進められるように配慮し，連携を図ることが必要です（文部科学省，2007）。一方で，時間的な制約や担任教師・保育者の多忙さ等

によって，密な連携が難しい場合もあり，実態に応じた柔軟な体制づくりや，連携方法の工夫も求められています。

2. 家庭や外部専門家・機関との連携

(1) 家庭・外部機関との連携

特別支援学校教育要領・学習指導要領解説（文部科学省, 2018）では，保護者との密接な連携や外部機関との連携を行いながら，3節で扱う個別の教育支援計画の作成や指導を進めていく必要があることが示されています。

家庭において，教育はもちろん生活全般で障害のある子どもに幅広くかかわる保護者は，重要な支援者の1人です（特別支援教育の在り方に関する調査研究協力者会議, 2003）。保護者との連携において大切な点として，柳澤（2014）は，保護者とのコミュニケーションを深め，専門的な助言を行うことなどにより保護者との信頼関係を築くこと，障害のある子どもの保護者が一個人として成長を遂げていることや障害のある子どもの成長に伴い保護者の思いや抱える問題が変化していくことに留意して，保護者との連携を進めていくことをあげています。

また，教師や学校は，幼児・児童・生徒やその家庭の実態に応じて以下のようなさまざまな外部機関や団体と情報共有をしながら連携し，適切な指導・支援を目指します。

> 教育委員会や教育センター，民間の教育機関，児童相談所，児童発達支援センター，児童発達支援事業所，発達障害者支援センター，学童保育所，放課後等デイサービス，医療機関（精神科，神経科，小児科等），保健所・保健センター等

外部機関との連携においては，それぞれの専門領域特有の考え方やアプローチがあるため，先述した特別支援教育コーディネーター等が学校と外部機関・専門家間を適宜調整しながら，対話を進め，対象の幼児・児童・生徒へ相互支援をしていくことが求められます。

また，進級や進学，転学，卒業等において，次の機関に十分な引き継ぎを行っていくことも，幼児・児童・生徒の生涯発達を支えていくうえで重要です。

(2) 専門家による巡回相談

巡回相談では，専門家が各園や学校へ直接赴き，対象児の観察や指導者・保護者からの相談を受け，実態把握や支援・指導の方法についての助言等を行います。また，校内委員会への支援や校内研修会，理解推進等の支援などにも協力します。専門的な知識を有する教育委員会・学校等の指導主事・教員や，大学の教員，医師，地域の関係機関の専門職（心理職，PT，OT，ST等：次項参照），特別支援学校の担当者等によって実施されています。

表14－1　代表的な心理検査一覧

知能・認知検査	ウェクスラー式知能検査（WPPSI-Ⅲ, WISC-Ⅳ, WAIS-Ⅳ）
	田中ビネー知能検査Ⅴ
	K-ABC Ⅱ個別式心理教育アセスメントバッテリー
	DN-CAS認知評価システム
発達検査	新版K式発達検査2001
	デンバー式発達スクリーニング検査：改訂版
	KIDS乳幼児発達スケール
	乳幼児精神発達診断法
言語に関する検査	ITPA言語学習能力診断検査
	PVT-R絵画語い発達検査
	LCスケール（言語・コミュニケーション発達スケール）
	LCSA学齢版（言語・コミュニケーション発達スケール）
適応に関する検査	Vineland-Ⅱ適応行動尺度
	hyper-QU　よりよい学校生活と友達づくりのためのアンケート
	S-M社会生活能力検査 第3版
	ASIST学校適応スキルプロフィール
パーソナリティに関する検査	質問紙法（矢田部・ギルフォード性格検査：Y-G性格検査等）
	描画法（バウムテスト，HTP等）
	投影法（ロールシャッハテスト，主題統覚検査〈TAT〉，P-Fスタディ，文章完成検査〈SCT〉等）
	作業検査法（内田クレペリン精神検査等）

(3) 外部人材の活用による専門的指導（心理職，PT，OT，ST）

　心理職，理学療法士（PT），作業療法士（OT），言語聴覚士（ST）など，教師以外の外部専門家による専門的な視点から，アセスメント（面接，観察，心理検査等による調査）の実施や支援・指導方法の改善へ向けた助言，校内研修による専門的な指導等も行われています。代表的な心理検査については，表14－1を参照してください。

3.　個別の教育支援計画・個別の指導計画

　個別の教育支援計画は，障害のある幼児・児童・生徒を生涯にわたって支援する視点から，1人ひとりのニーズを把握して，教育，医療，福祉，労働等の関係機関の関係者，保護者との連携による適切な教育的支援を効果的に行うために策定する計画です（例：125頁の図14－2）。学校が中心となって作成しますが，作成にあたっては関係機関との連携や保護者に計画の内容について十分に意見を聴くことなどが求められます。また，個別の教育支援計画には，多くの関係者が関与するため，保護者の同意を事前に得るなど個人情報の適切な取り扱いに十分留意することが必要です。また，対象となる子どもに対する「合理的配慮」の内容については，個別の教育支援計画に明記し，引き継いでいくことが重要です（文部科学省, 2017）。

　個別の指導計画は，教育課程を具体化し，障害のある幼児・児童・生徒1人ひとりの指

導目標，指導内容および指導方法を明確にして，きめ細やかに指導するために作成されます。また，より効果的な指導を行っていくうえで，計画（Plan）―実践（Do）―評価（Check）―改善（Action）のサイクルにおいて，適宜評価を行い，指導内容や方法を改善していくことが必要です。規定の書式は定められていませんが，具体的な項目としては，主に当該幼児・児童・生徒のプロフィール・実態，指導目標（長期・短期)，指導方法，指導の評価・振り返り，次年度への引継事項や課題等があります（例：126頁の図14－3)。

《引用・参考文献》

文部科学省（2004)．小・中学校におけるLD（学習障害)，ADHD（注意欠陥／多動性障害)，高機能自閉症の児童生徒への教育支援体制の整備のためのガイドライン（試案)．

文部科学省（2007)．「特別支援教育支援員」を活用するために．

文部科学省（2017)．発達障害を含む障害のある幼児児童生徒に対する教育支援体制整備ガイドライン．

文部科学省（2018)．特別支援学校教育要領・学習指導要領解説 総則編（幼稚部・小学部・中学部） 開隆堂出版．

文部科学省．資料5 個別の指導計画の様式例 例3．http://www.mext.go.jp/a_menu/shotou/tokubetu/material/1298214.htm（2019年8月30日閲覧）

特別支援教育の在り方に関する調査研究協力者会議（2003)．今後の特別支援教育の在り方について（最終報告)．

東京都教育委員会（2016)．学校生活支援シート（個別の教育支援計画）の基本的考え方――「つながり」と「安心」保護者とともに作る個別の教育支援計画――．http://www.kyoiku.metro.tokyo.jp/school/document/special_needs_education/files/current_plan/kobetsushien_2.pdf（2019年8月30日閲覧）

柳澤亜希子（2014)．特別支援教育における教師と保護者の連携――保護者の役割と教師に求められる要件―― 国立特別支援教育総合研究所研究紀要，*41*，77-87.

学校生活支援シート
（個別の教育支援計画）

平成　年度作成

本人	フリガナ		性別	生年月日
	氏名			平成　年　月　日生
	住所		保護者氏名	
			緊急連絡先	
	障害名		愛の手帳	度　（平成 年 月交付）
			身障手帳	種　級　（平成 年 月交付）
	障害の様子			
学校			校長名	
			担任名	
備考				

1　学校生活への期待や成長への願い（こんな学校生活がしたい、こんな子供（大人）に育ってほしい、など）

本人から	
保護者から	

2　現在のお子さんの様子（得意なこと・頑張っていること、不安なことなど）

3　支援の目標

学校の指導・支援	家庭の支援

児童・生徒名：

4　支援機関の支援

在籍校	年度　年　組　担任名： 年度　年　組　担任名： 年度　年　組　担任名：
	支援機関：　担当者：　連絡先： 支援内容： 支援期間：（　　）〜（　　）
	支援機関：　担当者：　連絡先： 支援内容： 支援期間：（　　）〜（　　）
	支援機関：　担当者：　連絡先： 支援内容： 支援期間：（　　）〜（　　）
	支援機関：　担当者：　連絡先： 支援内容： 支援期間：（　　）〜（　　）

5　支援会議の記録

日時 平成　年　月　日 ：　〜　：	参加者：	協議内容・引継事項等
日時 平成　年　月　日 ：　〜　：	参加者：	協議内容・引継事項等
日時 平成　年　月　日 ：　〜　：	参加者	協議内容・引継事項等
日時 平成　年　月　日 ：　〜　：	参加者	協議内容・引継事項等
日時 平成　年　月　日 ：　〜　：	参加者	協議内容・引継事項等

6　成長の様子

7　来年度への引継ぎ

以上の内容について了解し確認しました。

平成　年　月　日　保護者氏名 ＿＿＿＿＿＿＿＿

図14－2　個別の教育支援計画の例

出典：東京都教育委員会（2016）

（　）学期　個別の指導計画　作成者（　　　・　　　・　　　）　平成　年度

氏名	性別	学年	担任	障害名

1 重点とする支援の計画

	支援体制
内容	
目あて	
期間等	月　日～　月　日

2 指導・支援の経過

日	内容	目あて	手立て	子どもの様子

3 学期を振り返って

	変化がみられたこと	課題となったこと	専門家・保護者の意見等
1学期			
2学期			
3学期			

4 1年間を振り返って

成果がみられたこと	
次年度への課題と引継事項	

図14－3　個別の指導計画の例

出典：文部科学省．資料5 個別の指導計画の様式例 例3

安永啓司

1. 環境調整について

(1) 保育と環境

　保育の現場では，子どもの主体的な活動を引き出すためには環境の設定が重要であると一般的に考えられています。遊び場の環境には，子どもの個性の多様性に合わせてなるべく自由な遊びが選べるようにと，いろいろな遊びのコーナーが設定されます。しかし，子どもたちの自由な選択の機会を担保しようとするあまり，遊び場に数多くの遊具があると，子どもによっては，あちらこちらに気が移ってしまって結局じっくりと集中して遊べなかったということにもなりかねません。乳幼児期の子どもたちには，どのような環境がどの程度あれば，それらを適切に選び，安心して飽きるまで遊ぶことができるだろうかということを考えて，保育を行う必要もあるでしょう。

　とくに，知的障害や発達障害があって気が散りやすい幼児には，はじめは2，3の選択肢に遊びを限定したほうが，選ぶ際に意志決定スキルのよい学習場面になるというメリットもあります。

(2) 発達障害と環境調整

> **🔑 キーワード**
>
> **環境調整**：不要な視覚刺激や音などの感覚刺激を適度に制限・調整して，生活や学習活動を行いやすくすること。
> **ユニバーサルデザイン**：すべての人にやさしい仕様の意。しかし，授業のユニバーサルデザインとは一斉授業を目指すものではありません。
> **構造化**：自閉症のある人などが現状の理解や行動がしやすくなるように，1人ひとりに対して一日の日程や作業のスケジュールなどを視覚化したり（視覚的構造化），活動と空間を物理的に仕切ったり（物理的構造化）してわかりやすく示す方法。

　発達障害に類するADHD（注意欠如・多動症〈注意欠如・多動性障害〉）のある子どもは，注意の集中が続かなかったり，いろいろな刺激に気が散りやすかったりして，学校の授業での学習態度のコントロールが困難になることがよくあります。自閉症のある子どもの多くは視覚優位な特徴をもち，音などに対する感覚過敏があることもあり，そのような子ど

もがいる教室では，なるべく賑やかすぎず静かな環境にするよう努めるのがよいとされます。そのために，強く注意を引きそうな教材や掲示物などには，パーテーション（衝立）やカーテンで視界を制限する方法が効果的です。カーテンは，教材を隠しておくことができ，適宜開閉して効果的に提示することにも使えて便利です。聴覚過敏のある子どもに対しては，なるべく教室内で生じる音を減じる方法を講じて静かに保つことが肝心ですが，大きな音や大勢の人の声などの出所を塞ぐことが難しい場合に，子ども自身に耳栓をしたり，両耳をヘッドフォンのように包んで音量を制限するイヤーマフという支援具で対処する方法がとられることもあります。

　また，曖昧なことや無形なものを認識することが不得手な自閉症のある子どもに対しては，一日の活動やそのスケジュールを文字や絵カードを並べて視覚化したり，多目的に使用されがちな教室を衝立などで区切り，1つの場所に1つの活動を割り当ててわかりやすくしたりします。このような援助のことを構造化といいます。

　これらのことを参考にして，発達障害のある子どもが在籍する通常の学級の授業で，発達障害のある1人の子どものために配慮した環境調整や指導の手立てが，クラス全体で授業を進めていくと，それ以外の多くの子どもたちにとっても集中しやすく，わかりやすい環境となり，また学習の方略なども学びやすいということがよくあります。障害のある子どものために用意した手立てが，実は障害のない子どもにも有効に働くことを活用した授業改善のことを授業のユニバーサルデザインと呼び，そのような取り組みが通常の教育において推奨されています。

図15－1　パーテーション（衝立）で区切られた中での個別学習

図15－2　視覚化：声のものさし

(3) 学習と環境

　学習の仕組みを環境と行動との関係で説く応用行動分析学に学ぶと，環境調整のもう1つの面に気づくことができます。それは，多くの行動が直前の環境事象がきっかけとなるだけでなく，その行動に随伴する環境事象によって強められたり弱められたりするという考え方です。子どもの行動を増やしたり減らしたりするには，その行動の直後の環境（後続刺激）の操作が重要であるということです。たとえば，子どもに歯磨きを指導する場合

に，模倣できるように模範や鏡を用意することには容易に気がつきますが，最後までできたらシールがもらえることや，そのシールを10枚ためたら好きなビデオを観ることができるというようなルールづくりなども環境調整の一環として重要であることは見逃されがちな点です。知的障害や発達障害のある子どもの行動支援のためにもわかりやすい構造化やルールづくりという観点は，大変有効な教育的環境調整といえます。

2. ICT活用について

> **🔑 キーワード**
> **ICT活用**：情報通信技術，Information Communication Technology の略で，デジタル情報や電子機器などを活用すること。

(1) 障害とテクノロジー

　近年の科学技術の進歩は目覚ましいですが，障害とテクノロジーとの関係は，よく眼鏡やコンタクトレンズなどにたとえられます。それらが発明される以前では，強度の近視の人に日常生活の多くの場面で障害が生じることを想像できるでしょう。しかし，眼鏡やコンタクトレンズの発明によって，今では近視の人はほとんど障害を感じずに生活しています。テクノロジーの進歩は，このように，それまでの障害をなくしていく可能性を有しています。

　かつての音声通話だけの電話機の時代には，聴覚障害のある人にとってはむしろ電話社会が障害の状況を大きくしていたかもしれません。しかし，その後，ファクシミリの技術が生まれると一転して，聴覚障害があっても遠隔の情報伝達手段が使えるようになりました。さらに，インターネットや電子メール，スマートフォンの普及は，聴覚障害のある人のこれまでのさまざまな困難をかなり軽減したに違いありません。

　ところが，視覚障害のある人の立場になると，また異なる困難があるだろうことに気づかされます。視覚障害のある人にとって電話機の小型化は待ち望んでいた技術だったでしょう。その後のインターネットや電子メールの普及に際しては，据え置きのパソコンなどでは文字を音声に変換するソフトが開発されて活躍しました。しかし，近年のパソコンやスマートフォンにおけるグラフィカルユーザーインターフェースという視覚化への移行は，視覚障害のある人にとっては，表示画面の情報や操作情報を音声化するテクノロジーが追いかけてはいるものの，現時点ではまだ十分とはいえず，必ずしも視覚化への移行がユニバーサルデザイン志向ということではないことがわかります。

(2) コミュニケーション支援への可能性

　障害のある人へのコミュニケーション支援の分野では，早くからAAC（Augmentative & Alternative Communication：拡大代替コミュニケーションと訳されます）という有効な考え方

と取り組みがなされてきました。

　AACは，障害のある人のコミュニケーションにかかわる残された能力を増強したり，別の機能で補ったりする方法や技術の総称であり，たとえば，声を拡大するマイクや聞こえる音を大きくする補聴器，障害のない他の感覚で補う点字や手話などもAACの概念に含まれます。

　この中に，言葉に障害のある子どもが，自身で文字やシンボルを選び，それを音声で表出することによってコミュニケーションを可能にするVOCA（Voice Output Communication Aid）という考え方があり，近年，タブレット端末の普及などもあって著しい進歩を遂げています。たとえば，構音障害と肢体不自由のある子どもが，自分に合った入力スイッチを使って選んだ文字やシンボルを音声に変えて意思を伝えることできます。あるいは，音声言語のない自閉症や知的障害の子どもが，タブレットアプリの画面の写真やイラストに触れて音声で要求を伝えることができます。この音声は発した子ども自身にもフィードバックされるので，その子どもの話し言葉への関心を高めたり，構音を明瞭にしていったりするなどの効果も見出されています。

図15－3　VOCA仕様の
タブレット端末

　かつては，目の前に表せないもののイメージの共有には言葉の力を借りるしかなく，言語の理解・表出が難しい子どもたちは，とくに子ども同士の意思や情報の共有は半ばあきらめるしかありませんでした。しかし今では，知的障害の幼児でも簡単なやりとりならば，写真や動画を自ら操作して自分の意思を表現したり，他者の意思を理解したりすることができるようになってきました。このような技術の進歩は，これまでの知的障害等の教育の流れや内容そのものを変えうる可能性をも秘めているといえるでしょう。

（3）デジタル教科書とLD

　今後もさまざまな教材がデジタル化していくと考えられますが，タブレット端末の進歩によって数年後にはかなり普及すると予想されるのは，デジタル教科書でしょう。これによってまず恩恵を受けるのが，読み書きが困難な学習障害のある子どもです。これまでの製本教科書では，読んで理解する過程でつまずく子どもにとって，文章は大変困難なハードルでした。しかし，文章を音声化して聞くことで理解することができれば，その先の思考や推論などの学年相応の学習活動への参加が期待できます。

　今後のICT環境では，障害のある子どもにとっても1人ひとりの固有のニーズに応じた支援がさらに広がり，さまざまなソフトを用いての執筆や，グラフィック，音楽などの創作活動や意思伝達，インターネットなどを用いた積極的な社会参加の可能性も広がるものと考えます。

表15－1　環境の明確化・構造化などの例

支援項目	構造化	視覚化	ICT（デジタル化）
生活・活動の場所　自他の区別	物理的構造化　パーテーション，仕切り線	機能別イラスト・シンボル，個人別マークなど	―
順序・スケジュール・見通し	時間的構造化　日課，作業ルーティンなど	文字・絵カードの日課表，手順表，係のローテーション	タイムエイド（アプリ），動画（工程・手順）
規則・操作・社会性	数値化，ポイント制など	声のものさし，トークン・チップ	アニメーション，シミュレーション（ソフト）
言語・コミュニケーション・読み	スクリプト（モデルパターン），文法	写真・絵カード，ボディサインなど	VOCA（アプリ），文字の音声化

《引用・参考文献》

中邑賢龍（2014）．AAC入門　コミュニケーションに困難を抱える人とのコミュニケーションの技法　こころリソースブック出版会．

佐々木正美・宮原一郎（2004）．自閉症児のための絵で見る構造化　学研．

安永啓司（2017）．知的障害教育における幼児期からのICT活用――特別支援学校における保護者と創る授業をとおして――　コミュニケーション障害学, *34*(2), 85-93.

尾高邦生

1. 特別支援学校におけるキャリア教育と進路指導

> ### 🔑 キーワード
>
> **キャリア教育**：1人ひとりの社会的・職業的自立に向け，必要な基盤となる能力や態度を育てることを通して，キャリア発達を促す教育。（中央教育審議会, 2011）
>
> **進路指導**：進路指導とは，生徒の個人資料，進路情報，啓発的経験および相談を通じて，生徒が自ら，将来の進路を選択・計画し，就職または進学をして，さらにその後の生活によりよく適応し，能力を伸長するように，教員が組織的・継続的に指導・援助する過程であり，どのような人間になり，どう生きていくことが望ましいのかといった長期的展望に立った人間形成を目指す教育活動である。（中央教育審議会, 2011）

　特別支援学校高等部を卒業した生徒は，さまざまな進路に進み，社会参加をしていきます。障害種により進路の割合は異なり，知的障害生徒，肢体不自由生徒は社会福祉施設等を利用する者が多いですが，近年は，企業等に就職する卒業生が増加しているのも特徴です（表16−1）。

　ここでの「キャリア発達」とは，「社会の中で自分の役割を果たしながら，自分らしい生き方を実現していく過程」（中央教育審議会, 2011）のことであり，キャリア教育は，高等部のみならず，小学部段階からさまざまな教育活動を通して，児童・生徒の「生き方」について発達的に働きかける教育的行為といえます。

表16−1　特別支援学校高等部（本科）卒業者の状況（2017〈平成29〉年3月卒業者）

区分	卒業者（人）	進学者				教育訓練機関等入学者					就職者		社会福祉施設等入所・通所者		その他	
		大学等	専攻科	計	%	専修学校	各種学校	職業能力開発	計	%	人数	%	人数	%	人数	%
視覚障害	227	33	59	92	33.2	2	1	7	10	3.6	32	11.6	119	43.0	24	8.7
聴覚障害	451	90	72	162	35.6	6	—	14	20	4.4	195	43.2	60	13.3	14	3.1
知的障害	18321	2	64	66	0.4	19	9	248	276	1.5	6029	32.9	11262	61.5	688	3.8
肢体不自由	1856	56	1	57	3.1	11	4	27	42	2.3	94	5.1	1574	84.8	89	4.8
病弱・身体虚弱	387	17	2	19	4.9	16	2	15	33	8.5	61	15.8	238	61.5	36	9.3
計	21292	198	198	396	1.9	54	16	311	381	1.8	6411	30.1	13253	62.2	851	4.0

出典：文部科学省（2018）

基盤となる能力について，中央教育審議会（2011）は，「基礎的・汎用的能力」として，「人間関係形成・社会形成能力」「自己理解・自己管理能力」「課題対応能力」「キャリアプランニング能力」の4つの能力に整理しています。

学校教育においては，これらを「育てたい力」として，この視点で教育活動全体を見直し，あわせて児童・生徒が主体的に学習活動に取り組もうとする態度の育成も重要です。

特別支援学校における進路指導について，「生徒が自己の在り方生き方を考え主体的に進路を選択することができるよう，学校の教育活動全体を通じ，組織的かつ計画的な進路指導を行うこと」とされています（文部科学省，2019）。

進路指導は学校におけるすべての教育活動を通じて行われるものですが，特別支援学校においては，「産業現場等における実習（現場実習）」を教育課程に位置づけて，実際的な職業生活を経験し，職業生活に必要な事柄を理解するとともに，望ましい勤労観や職業観を育成することを重視しています。実習に関連し，その内容や目標設定，実習日誌の作成などの事前学習や，目標に対する自己評価，仕事内容に対する適性の振り返りなどの事後学習を合わせて学習することで，職業と自分との関係を深く考え，さらに進路相談等を通して，自己理解を深め，将来の主体的な進路選択につなげることが考えられます。

このように，進路指導は進路に関する授業と，現場実習，進路相談を有機的に関連づけ，生徒自身が主体的に進路を選択し，決定できるよう系統的に計画・実施することが重要です（表16‐2）。

そのためには，学校だけでなく，福祉，労働，行政などの関係機関が連携し，進路希望を考える段階から，移行支援会議，卒業後のアフターケアまでを含めた指導や支援が必要となってきます。

2. 卒業後の就労・日中活動

(1) 福祉サービスの利用

障害者のための福祉サービスは，「障害者の日常生活及び社会生活を総合的に支援するための法律（障害者総合支援法）」に定められています。サービスは，介護の支援を受ける場合は「介護給付」，就労や自立のための訓練等の支援を受ける場合は「訓練等給付」等に分類されますが，就労系の福祉サービスには，「就労移行支援」「就労継続支援A型」「就労継続支援B型」「自立訓練」等があり，また，日常生活において常に介護を必要とする人を対象とした「生活介護」等があります（表16‐3）。

これらの利用にあたっては，利用希望者が市町村に申請し，自立支援給付の決定を受け，利用したいサービス提供事業所との契約を行って，実際の利用が開始されます。

(2) 企業就労を支える制度

近年，障害者の企業等への就労は年々増加しています（図16‐1）。わが国では，企業等

表16－2　3年間の進路指導の内容と計画（例）

学年	進路の学習（見学）	現場実習	進路相談
1年	◆**進路と進路学習** ・自分の成長 ・社会人とは ・進路とは ◆**身近な人の仕事** ・世の中の仕事 ・先輩の実習 ・作業所とは　　　　作業所見学 ◆**いろいろな仕事** ・仕事の意義 ・職種 ・職場 ・仕事の仕方 ◆**1年間のまとめと2年生に向けて** ・将来の夢 ・進級と2年時の実習希望	◆**校内実習** ○職業生活を経験する ・事前学習，実習激励会 ・事後学習，振り返り，報告会 ◆**就業体験（1〜3日）** ○職場を知る ・事前学習，実習激励会 ・事後学習，振り返り，報告会	保護者会 前期面談 ・校内実習振り返り 後期面談 ・実習の振り返りと今後の希望 進路相談 ・進路希望と2年時の実習希望
2年	◆**会社と作業所** ・会社とは？　　　　　会社見学 ◆**いろいろな仕事** ・仕事の分析 ◆**いろいろな暮らし** ・将来の暮らし ・グループホームとは？　GH見学 ◆**自分の適性と希望** ・自分の適性を考える ・短所と長所 ・就きたい仕事	◆**現場実習①** ○多様な経験をする ・事前学習，実習激励会 ・事後学習，振り返り，報告会 ◆**現場実習②** ○目標を意識した実習 ・事前学習，実習激励会 ・事後学習，振り返り，報告会	保護者会 前期面談 ・実習の振り返りと今後の希望 後期面談 ・実習の振り返りと今後の希望 進路相談 ・進路希望と3年時の実習希望
3年	◆**進路決定のプロセスと進路希望** ・進路決定のプロセス ・希望進路と志望理由 ◆**支援機関と手続き** ・ハローワーク ・地域職業センター　　支援機関 ・就労支援センター　　訪問 ・市区町村障害福祉課 ◆**進路決定に向けて** ・採用選考 ・サービス利用申請 ◆**社会人にむけて** ・社会人の生活，暮らし ・給料の使い方，年金 ・移行支援会議に向けて （自己理解，将来の夢と希望）	◆**現場実習③** ○進路選択につながる実習 ・事前学習，実習激励会 ・事後学習，振り返り，報告会 ◆**現場実習④** ○進路決定につながる実習 ・事前学習，実習激励会 ・事後学習，振り返り，報告会	保護者会 前期面談 ・実習の振り返りと今後の希望 ハローワーク求職登録 職業ガイダンス 後期面談 ・実習の振り返りと今後の希望 移行支援会議 （本人，保護者，学校，進路先，支援機関，関係機関）

表16-3　卒業生が日中活動で利用する主な障害福祉サービス

就労移行支援	一般企業等への就労を希望する人に，一定期間，就労に必要な知識および能力の向上のために必要な訓練や，求職活動に関する支援等を行う。標準利用期間は2年間。
就労継続支援A型	一般企業等での就労が困難な人に，雇用契約を結び，働く場を提供するとともに，知識および能力の向上のために必要な訓練を行う。利用期間の制限はない。
就労継続支援B型	一般企業等での就労が困難な人に，働く場を提供するとともに，知識および能力の向上のために必要な訓練を行う。利用期間の制限はない。
自立訓練	自立した日常生活または社会生活ができるよう，一定期間，身体機能または生活能力の向上のために必要な訓練を行う。機能訓練と生活訓練がある。
生活介護	常に介護を必要とする人に，昼間，入浴，排泄，食事の介護等を行うとともに，創作的活動または生産活動の機会を提供する。

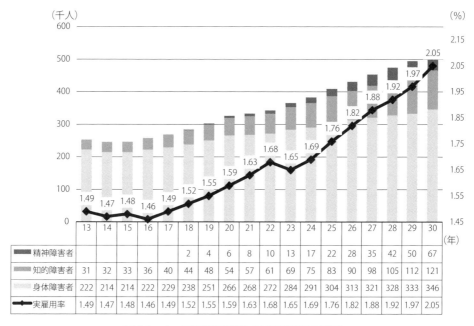

	13	14	15	16	17	18	19	20	21	22	23	24	25	26	27	28	29	30
精神障害者						2	4	6	8	10	13	17	22	28	35	42	50	67
知的障害者	31	32	33	36	40	44	48	54	57	61	69	75	83	90	98	105	112	121
身体障害者	222	214	214	222	229	238	251	266	268	272	284	291	304	313	321	328	333	346
実雇用率	1.49	1.47	1.48	1.46	1.49	1.52	1.55	1.59	1.63	1.68	1.65	1.69	1.76	1.82	1.88	1.92	1.97	2.05

図16-1　雇用障害者数と実雇用率の推移
出典：厚生労働省（2019a）

で働く障害者や働くことを希望する障害者を支援するために「障害者の雇用の促進等に関する法律（障害者雇用促進法）」が定められています。同法には，雇用を促進し，継続するためのさまざまな施策が含まれています。

①障害者雇用率制度

障害者雇用促進法において，民間企業や国などの事業主に対して，雇用しなければならない障害者の割合が定められています（法定雇用率）。

2018（平成30）年4月からは，民間企業については2.2％，国，地方公共団体等については2.5％に引き上げられました。この割合は少なくとも5年に一度は見直されることになっています。

②障害者雇用納付金制度

雇用率を達成していない企業からは納付金（1人あたり月5万円）を徴収し，この納付金をもとに，義務数より多く障害者を雇用する企業に対して調整金を支払うなど，障害者雇用施策の助成金などに充てています。

③特例子会社

障害者の雇用の促進および安定を図るため，事業主が障害者の雇用に特別の配慮をした子会社を設立し，一定の要件を満たす場合には，特例としてその子会社に雇用されている労働者を親会社に雇用されているものとみなして，実雇用率を算定できる制度です。これにより，事業主は，障害の特性に配慮した仕事の確保・職場環境の整備が容易となり，障害者の能力を十分に引き出すことができるなどメリットがあります。一方，障害者にとっては，配慮された職場環境の中で，個々人の能力を発揮する機会が確保されるといったメリットもあります。

④差別禁止と合理的配慮

障害者雇用促進法では，障害者を募集・採用にする際に，障害のない者と均等な機会を与えなければならないことや，賃金・福利厚生等の待遇について，障害者であることを理由に不当な差別的取り扱いをしてはならないことが規定されています。

また，事業主に，障害者が職場で働くにあたって，たとえば，車いす利用者に合わせて机や作業台の高さを調整することや，知的障害者に合わせて口頭だけでなくわかりやすい文書・絵図を用いて説明することなど，障害の特性に配慮した施設整備，援助者の配置などの措置を講ずることを義務づけています（合理的配慮の提供義務）。ただし，事業主に対して過重な負担を及ぼすこととなる場合は除かれています。

⑤就労に関する相談・支援機関

・ハローワーク

就職を希望する障害者の求職登録を行い，専門職員や職業相談員がケースワーク方式により障害の種類・程度に応じたきめ細かな職業相談・紹介，職場定着指導等を実施しています。

・地域障害者職業センター

障害者に対して，職業評価，職業指導，職業準備訓練，職場適応援助等の専門的な職業リハビリテーション，事業主に対する雇用管理に関する助言等を実施しています。

・障害者就業・生活支援センター

障害者の身近な地域において，雇用，保健福祉，教育等の関係機関の連携拠点として，就業面および生活面における一体的な相談支援を実施しています。

⑥就労に関する支援策

・ジョブコーチ支援事業

ジョブコーチ（職場適応援助者）は，障害者が円滑に職場適応・定着できるように，職場に出向いて，障害特性を踏まえた直接的で専門的な支援を行います。

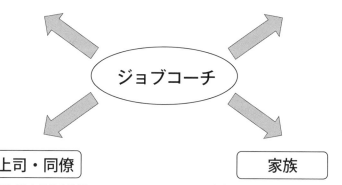

図16－2　ジョブコーチの支援内容
出典：厚生労働省（2019c）をもとに作成

　ジョブコーチには，地域障害者職業センターに配置される配置型ジョブコーチ，障害者の就労支援を行う社会福祉法人等に在籍する訪問型ジョブコーチ，障害者を雇用する企業に雇用される企業在籍型ジョブコーチがあります。

　ジョブコーチ支援は，仕事に適応するための支援や円滑にコミュニケーションをとるための支援など，具体的な目標を定め，支援計画に基づいて実施され，障害者本人のみならず，事業主や職場の上司・同僚，家族も支援の対象としています（図16－2）。

> 🔖 **調べよう・深めよう！**
>
> **調べよう：** 障害者雇用について，どのような課題があるでしょうか？
>
> **深めよう：** 障害のある人の学校卒業後の生活について，「働く」「暮らす」「楽しむ」「かかわる」という視点で考えてみよう。

《引用・参考文献》

中央教育審議会（2011）．今後の学校におけるキャリア教育・職業教育の在り方について（答申）．

橋本創一・菅野敦・林安紀子他（編著）（2012）．改訂新版 障害児者の理解と教育・支援──特別支援教育／障害者支援のガイド── 金子書房．

厚生労働省（2019a）．平成30年障害者雇用状況の集計結果．https://www.mhlw.go.jp/content/11704000/000533049.pdf（2019年8月1日閲覧）

厚生労働省（2019b）．障害者総合支援法における就労系障害福祉サービス．https://www.mhlw.go.jp/

content/12200000/000571840.pdf（2019年8月1日閲覧）

厚生労働省（2019c）．職場適応援助者（ジョブコーチ）支援事業について．https://www.mhlw.go.jp/stf/
　seisakunitsuite/bunya/koyou_roudou/koyou/shougaishakoyou/06a.html（2019年8月1日閲覧）

文部科学省（2018）．特別支援教育資料（平成29年度）．

文部科学省（2019）．特別支援学校高等部学習指導要領（平成31年告示）．

Ⅱ

教育相談・生徒指導・キャリア教育

1.「生徒指導」の意義

> 🔑 **キーワード**
>
> **生徒指導**：子ども一人ひとりのよさや違いを大切にしながら，彼らの発達に伴う学習面，心理・社会面，進路面，健康面などの悩みの解決と夢や希望の実現をめざす総合的な個別発達援助である。（八並他，2008）

　生徒指導は学校の教育目標を達成するうえで重要な機能を果たすものであり，「学習指導」とならんで学校教育において重要な意義をもちます。また，児童・生徒の人格の形成を図るうえで大きな役割を担っています（文部科学省，2010）。

　生徒指導提要第3章第1節では，生徒指導の意義は「生徒自ら現在及び将来における自己実現を図っていくための自己指導能力の育成を目指す」こととされています。「自己指導能力」を育てるために，教育活動の場で，生徒指導がもつ以下の3つの機能を活かすことが重要となります。①子どもに自己決定の場を与える（自分で考え，判断して実行する場面の設定），②子どもに自己存在感を与える（自分はかけがえのない存在なんだということを実感できるよう，個別性や独自性を大切にする），③共感的人間関係を育成する（自分と相手とがお互いに無条件に尊重し合う人間関係を築く）（図1－1）。

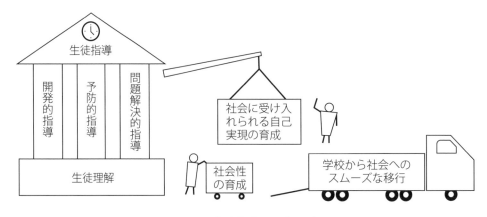

図1－1　生徒指導の理念モデル

2. 生徒指導は何をするのか：問題行動への対応から専門的援助サービスへ

> ✎ **キーワード**
>
> **専門的援助サービス**：子どもの問題解決や，夢や希望の達成にかかわる専門的な援助を，教職員や多職種の専門家が協力・連携して提供すること。子どもの状況・状態のアセスメントやカウンセリングなどさまざまなサービスが含まれます。

　生徒指導というと，一般的には服装違反や携行品などに関する校則違反，授業中の態度，暴力，飲酒・喫煙などの非行問題など，ルールやマナーに反する行為を指導するイメージが強いのではないでしょうか。しかし近年，社会の変化に伴い，児童・生徒や保護者の置かれた状況，考え方，取り巻く問題は多様で複雑になり，教職員が対応する問題は幅広くなっています。これまでの，注意や説論，反省を促す指導中心では解決が難しく，さまざまな手法と工夫，スクールカウンセラーやスクールソーシャルワーカーといった他の専門職との連携・協働など，新しいアプローチが必要とされているのです。

　子ども1人ひとりの個性を見出し，よさを伸ばすために有効な専門的援助サービスの具体例としては，アセスメント（生徒理解），カウンセリング（教育相談），ガイダンスカリキュラム（予防・スキル教育），コーディネーション（行動連携・照会），コンサルテーション（専門的助言），インフォメーション（情報提供・管理），アドボカシー（権利擁護），トランジッション（キャリア移行援助），アカウンタビリティ（説明責任）があります（八並他，2008）。

3. 生徒指導モデルと学校心理学モデルの関連性

　文部科学省から刊行された「生徒指導提要」（2010）によると，生徒指導は「成長を促す指導」（開発的指導），「予防的な指導」（初期段階で諸問題を解決する指導），「問題解決的指導」（課題解決に焦点を置いた個別指導・援助）の3つの指導が重要としています。児童・生徒理解を基盤とした生徒指導モデルは，学習面・心理面・社会面・健康面・家庭状況など多面的・総合的に児童・生徒の状態を理解しようとする心理教育的アセスメントを基盤とした学校心理学モデルと対応させて捉えることができます（図1-2参照）。

　学校心理学における心理教育的援助サービスは「一次的」「二次的」「三次的」の3段階から構成されます。対象児童・生徒は，「一次的」ではすべての子ども，「二次的」では登校を渋る・学習意欲をなくすなど配慮を必要とする一部の子ども，「三次的」では特別な重大な援助ニーズをもつ特定の子どもであり，アセスメントの目的と内容が違ってくることに留意する必要があります。

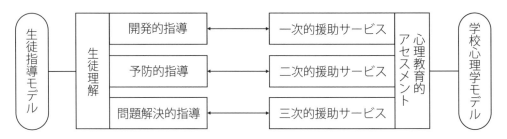

図1-2　生徒指導モデルと学校心理学モデルの対応関係

4. 自己実現を促す生徒指導のあり方

　生徒指導の目標は，児童・生徒が社会の中で自分らしく生きていける大人へと育つように，資質や能力を伸ばして自己を成長させていくプロセスを支え，発達を促すことです。具体的には，学校生活の中で，挨拶をしたりルールを守るなど生活態度をよりよいものにできるよう導き，他者の発言を積極的に聴き，自らも考えを深めて発表する機会をたくさん設けます。友だちや先輩・後輩，先生・地域の人など異なる世代の人との交流などを通して社会性を育みます。また，児童・生徒が自身の生き方や職業など将来について思いをめぐらせ，夢をかなえるために今，何をすべきなのか考えるよう働きかけます。キャリア教育の観点ももち，生徒の自己実現に向けた人生計画（パーソナルプラン）づくりの支援を，意図的・計画的に行うことが重要になります。生徒指導には，生徒に10年後，20年後の「こうなっていたい姿」を想像・意識させて，仲間同士のふれあいが刺激となって，どんな人生を生きていきたいか「自分らしさ」の模索を温かく応援する視点とかかわりが求められます。

《引用・参考文献》

市川千秋（監修）（2012）．臨床生徒指導 応用編　ナカニシヤ出版.

石隈利紀（1999）．学校心理学──教師・スクールカウンセラー・保護者のチームによる心理教育的援助
　　サービス──　誠信書房.

国立教育政策研究所 生徒指導・進路指導研究センター（2010）．生徒指導リーフ 生徒指導って，何？

文部科学省（2010）．生徒指導提要　教育図書.

八並光俊・國分康孝（2008）．新生徒指導ガイド──開発・予防・解決的な教育モデルによる発達援助──
　　図書文化.

2章
生徒指導の進め方／校内体制・チーム学校・危機管理

荒木史代

1. 生徒指導の校務分掌と生徒指導主事の役割

> 🔑 **キーワード**
>
> **生徒指導主事**：生徒指導主事は，学校教育法施行規則に，学校での設置，その身分や業務内容が規定されています。生徒指導主事は，児童・生徒の問題行動等に対し主導的な立場で指導援助を行うだけではなく，学校経営のスタッフの1人として，その学校の生徒指導全般にわたる業務の企画・立案・処理を行うことが職務です。(文部科学省, 2010)

　生徒指導は，校務分掌において，児童・生徒の指導に直接かかわる内容を多く含んでいるので，「教務」とならび重要な校務として位置づけられています（文部科学省, 2010）。生徒指導と関連が強い教育相談，進路指導，保健・安全指導および学年・学校経営等の学校教育活動が適切に効果的に機能することで，児童・生徒が心身ともに安定した学校生活を送るとともに，児童・生徒の問題行動の未然防止にもつながると考えられています。

　生徒指導体制を充実させるためには，教職員が一貫した方針・基準に基づいて生徒指導を行うことができるように，全校指導体制を構築したうえで児童・生徒に対応することが重要です。そのためには，校長をはじめとした学校管理職の指導のもとに，学級担任や学年主任，養護教諭，事務職員，特別支援教育コーディネーター，スクールカウンセラー，スクールソーシャルワーカーなどの教職員が，各役割・分野において，児童・生徒1人ひとりへの指導ができるように，生徒指導主事がコーディネーターとしての機能を果たすことが不可欠です。

　生徒指導提要（文部科学省, 2010）では，生徒指導主事の役割として，以下の4点があげられています。

①校務分掌上の生徒指導の組織の中心として位置づけられ，学校における生徒指導を組織的計画的に運営していく責任をもつこと。教科指導全般にわたるカリキュラム開発をリードし，推進していくこと。

②生徒指導を計画的・組織的に推進するために，校務の連絡・調整を図ること。

③生徒指導に関する専門的事項の担当者になるとともに，生徒指導部の構成員や学級担任・ホームルーム担任その他の関係組織の教員に対して指導・助言を行うこと。

④必要に応じて児童・生徒や家庭，関係機関に働きかけ，問題解決にあたること。

2.「チーム学校」とチーム援助

🔑 キーワード

チーム学校：チーム学校は，2015年の中央教育審議会答申「チームとしての学校の在り方と今後の改善方策について」で提唱されました。この答申では，「チームとしての学校」像を，「校長のリーダーシップの下，カリキュラム，日々の教育活動，学校の資源が一体的にマネジメントされ，教職員や学校内の多様な人材が，それぞれの専門性を生かして能力を発揮し，子供たちに必要な資質・能力を確実に身に付けさせることができる学校」としています。(図2－1)

いじめ，不登校だけではなく，児童虐待，SNSの普及，外国籍の児童・生徒の増加など，より困難度を増し複雑化している生徒指導上の課題に学校が対応していくためには，教職員が心理や福祉等の専門家や関係機関，地域と連携し，チームとして問題解決に取り組む体制を整備することが重要です。この「チーム学校」を実現するための重要な視点として，以下の3点があげられています（中央教育審議会，2015）。

①専門性に基づくチーム体制の構築

　教員が教育に関する専門性を共通の基盤としてもちつつ，独自の得意分野を活かした教育活動をチームとして担い，児童・生徒への指導体制を充実させるとともに，スクールカウンセラーやスクールソーシャルワーカー等の心理や福祉等の専門スタッフを学校の教育活動の中に位置づけ，その専門性や経験を発揮できる環境を充実させること。

②学校マネジメント機能の強化

　教職員や専門スタッフ等の多職種で組織される学校がチームとして機能するように，校長がリーダーシップを発揮できるような体制の整備，校務分掌や委員会活動の調整等，学

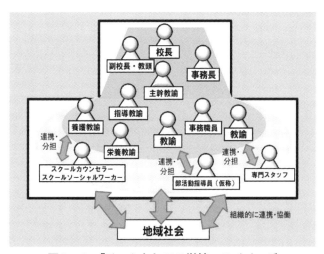

図2－1　「チームとしての学校」のイメージ
出典：中央教育審議会（2015）

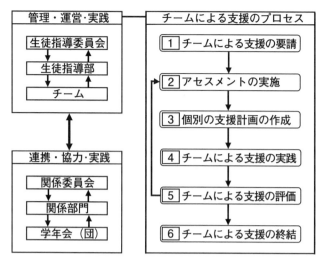

図2−2　チームによる支援のプロセス
出典：文部科学省（2010）p. 130

校の教育目標のもとに学校全体が動くことが可能となる機能の強化を進めること。

③教職員1人ひとりが力を発揮できる環境の整備

　教職員や専門スタッフ等の多職種で組織される学校で，教職員1人ひとりが力を発揮できるように，人材育成の推進，業務環境の改善，教育委員会等による学校への支援の充実を進めること。

　問題を抱える個々の児童・生徒について，複数の援助者が共通の目標をもって，役割分担しながら子どもの援助にあたることを「チーム援助」といいます（石隈他, 2003）。「チーム学校」体制の整備のもと，校内の複数の教職員やスクールカウンセラーやスクールソーシャルワーカーなどがチームを編成して，場合によっては，地域の支援機関と連携し，児童・生徒を指導援助し，家庭への支援や問題解決を行います。チームとして協働して解決に取り組むためには，教職員間で指導のあり方について共通理解を図るために，児童・生徒の生活全般に関する情報，家庭環境・生活に関する情報，生育や発達に関する情報などさまざまな側面から総合的に検討するための多くの情報共有が必要です。これらの情報を共有し，適切な対応をするための手段として，チーム全体で行うケース会議が有効であるとされています（文部科学省, 2010）。

　生徒指導提要（文部科学省, 2010）では，チームによる支援のプロセスが紹介されています（図2−2）。深刻な問題行動や支援を要する児童・生徒の問題解決について，①担任や保護者等から相談や要望がありチームでの支援が必要と判断された場合，②アセスメント，③個別の支援計画の作成，④チームによる支援の実施と⑤評価が終結に至るまで繰り返されます。最終的に個別の支援計画の目標が達成され問題解決に至ったと判断された場合，⑥チーム援助を終結します。

3. 生徒指導における全体計画と年間指導計画

　生徒指導を全校体制で推進していくためには，年度当初に全体計画と年間指導計画の整備と改善が重要です。全体計画と年間指導計画を作成する目的は，さまざまな事故や問題行動の未然防止と，計画性のある発展的な生徒指導の実現です。

　全体計画とは，指導計画のうち，学校として，生徒指導の基本的なあり方を包括的・構造的に示すものです（図2-3）。学校の教育目標，学校の課題や市町村の目標を踏まえ，教職員がその学校の生徒指導の軸となる「目標」について共通認識を図るために，この「目標」を達成するための学校の重点目標や学年の基本方針を立てます。児童・生徒が入学してから卒業を迎えるまでの長期的なスパンを考え，「子どもたちにこうなってほしい」という目指す子ども像をゴールに計画的な指導方針を検討します。また，各教科や道徳や特別活動とのかかわりを具体的にし，学校全体で組織的に取り組む体制を整備するために，家庭・地域，関係機関との連携，校種間の連携も組み入れます。

　年間指導計画は，全体計画が適切に実践されるために，指導する「時期」と「内容」が具体的に示されたものです。学校行事の計画を考慮しつつ，生徒指導に関連する取り組みや生徒指導にかかわる研修の機会が適切な時期に計画されます。さらに，生徒指導の効果を高めていくためには，家庭や地域との連携を進めていくことが重要であるため，家庭と

図2-3　生徒指導全体計画（例）

地域とかかわる項目を設け，地域の行事を記載します。また，学校だよりやホームページ等を活用し，生徒指導にかかわる情報や計画の内容を積極的に発信するなど，生徒指導が計画的に行われていることを家庭や地域に示していくことも大切です。

4．学校危機管理におけるリスクマネジメントとクライシスマネジメント

🔑 キーワード

危機管理：危機管理とは，「人々の生命や心身等に危害をもたらす様々な危険や災害が防止され，万が一事故等が発生した場合，発生が差し迫った状況において，被害を最小限にするために適切かつ迅速に対処すること」です（文部科学省，2019）。学校保健安全法第29条に，危険等が発生した際に教職員が円滑かつ的確な対応を図るため，すべての学校において，危険等発生時対処要領（危機管理マニュアル）の作成が義務づけられています。

「チーム学校」をはじめとする生徒指導体制の整備や，全体計画や年間指導計画の作成は，さまざまな事故や問題行動を未然に防ぐことを目的としてなされるものですが，万が一，学校の安全を脅かす事故等が起きてしまった場合に備えて，危機管理体制を確立しておくことが重要です。学校において想定される危機として，文部科学省（2018）は，日常的な学校管理下における事故等（体育や運動部活動での事故，頭頸部外傷，熱中症，食物アレルギーなど死亡や障害を伴う重篤な事故等），犯罪被害（不審者侵入や略取誘拐など，通学中を含め，児童・生徒等の安全を脅かす犯罪被害），交通事故（通学中，校外活動中の交通事故），災害（地震，津波や風水害などによる被害），その他，危機事情（学校に対する犯罪予告，弾道ミサイルの発射等）をあげています。

学校における危機管理の目的は，児童・生徒や教職員の生命や心身等の安全を確保することです。そのため，危険を予測，発見し，事件事故の発生を防ぎ，児童・生徒や教職員の安全を確保するために行われる事前の危機管理（リスクマネジメント）と，万が一，事件・事故が発生した場合に，適切かつ迅速に対処し，被害を最小限に抑え，さらには，事件・事故の再発防止と教育の再開に向けた対策を講じるために行われる事後の危機管理（クライシスマネジメント）が重要です（図2-4）。

事前の危機管理（リスクマネジメント）では，①校長のリーダーシップのもと，危機管理マニュアルの策定，教職員の役割分担および情報収集・伝達方法などをあらかじめ決めておく「体制整備」，②学校内の施設整備・装具および通学路の安全の「点検」，③教職員の役割等の確認と児童・生徒等が安全な避難のための実践的な態度や能力を養うことを目的とした「避難訓練」，④安全に関する意識や対応能力，安全教育に関する指導力を高める「教職員研修」，⑤児童・生徒自身が，危険を予測し自ら回避することができるような「安全教育」について，危機管理マニュアルに記載することが求められています（文部科学省，

2018）。

　事後の危機管理（クライシスマネジメント）では，①事故等発生後，速やかに児童・生徒等の安全を確認するとともに，安全を確保した下校方法等を検討する「事後の対応」，②事故等発生直後から児童・生徒等や保護者に対する支援を行い，PTSD（Post Traumatic Stress Disorder：心的外傷後ストレス障害）の予防と早期発見に努める「心のケア」，③学校管理下の事故等の発生原因の究明，それまでの安全対策の検証，再発防止策の策定と実施，被害児童・生徒等の保護者への説明と継続的な支援を行うための「調査・検証・報告・再発防止等」を危機管理マニュアルに記載することが求められています（文部科学省, 2018）。

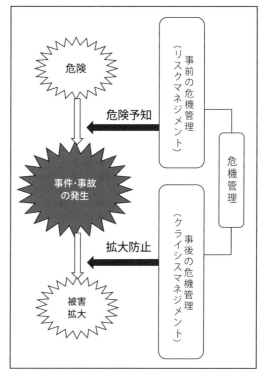

図2－4　危機管理の基本的な考え方
出典：星（2006）

🙋 **調べよう・深めよう！**

調べよう：学校危機管理においてどのようなことに気をつければよいでしょうか？

深めよう：チーム学校を円滑に進めていくために重要なこととは何でしょうか？

《引用・参考文献》

中央教育審議会（2015）．チームとしての学校の在り方と今後の改善方策について（答申）．http://www.mext.go.jp/b_menu/shingi/chukyo/chukyo0/toushin/__icsFiles/afieldfile/2016/02/05/1365657_00.pdf（2019年8月20日閲覧）

星幸広（2006）．実践 学校危機管理──現場対応マニュアル──　大修館書店.

石隈利紀・田村節子（2003）．石隈・田村式援助シートによるチーム援助入門──学校心理学・実践編──　図書文化.

文部科学省（2010）．生徒指導提要　教育図書.

文部科学省（2018）．学校の危機管理マニュアル作成の手引き．http://www.mext.go.jp/a_menu/kenko/anzen/__icsFiles/afieldfile/2019/05/07/1401870_01.pdf（2019年8月20日閲覧）

文部科学省（2019）．学校安全資料『「生きる力」をはぐくむ学校での安全教育』．http://www.mext.go.jp/component/a_menu/education/detail/__icsFiles/afieldfile/2019/05/15/1416681_01.pdf（2019年8月20日閲覧）

1. 学習指導における生徒指導

　教育課程は共通性が高く，生徒指導は個別性が高いといわれています（図3-1）。しかしながら，学習活動が成立するためには，1人ひとりの児童・生徒が安心して落ち着いた雰囲気で学習に取り組めるように，学習態度のあり方を検討することが求められます。また，1人ひとりの児童・生徒が，学習のねらいの達成に向けて意欲的に学習に取り組めるように，個々の実態に応じた指導が展開されることが期待されています。教育課程と生徒指導の特徴には違いがありますが，学習指導の際に，生徒が安心して学習に取り組むことができるように学級集団を形成することや，個々の発達段階に応じて教育方法を創意工夫するプロセスに，生徒指導が十分機能していることが重要となります。

　このように，教科指導と生徒指導は相互に深くかかわり合っているといえるでしょう。教科において生徒指導が充実することは，生徒指導上の問題を解決することにつながります。また，児童・生徒1人ひとりの学力の向上にもつながることでしょう。つまり，教科において生徒指導が充実することは，教科指導によい影響を与えることにもなります。

　では，具体的に教科においていかに生徒指導を取り入れればよいのでしょうか。生徒指導提要では，教師が児童・生徒にとって「楽しくわかる」授業を展開することをあげています。「楽しく」取り組める授業のためには，個々の児童・生徒の得意分野に目を向けて，

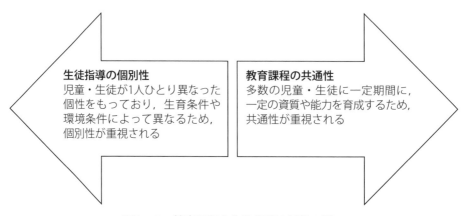

生徒指導の個別性
児童・生徒が1人ひとり異なった個性をもっており，生育条件や環境条件によって異なるため，個別性が重視される

教育課程の共通性
多数の児童・生徒に一定期間に，一定の資質や能力を育成するため，共通性が重視される

図3-1　教育課程と生徒指導の特徴の違い
出典：林（2013）p.14を参考に作成

それらが活かされ活躍できる場をつくることが大事でしょう。また，他者と協力し合いながらともに学び合う体験を導入することも効果的でしょう。他者と安心してふれあうことができる経験が教科場面で提供されることによって，子どもたちが生き生きと学習に取り組むことにつながることでしょう。「わかる」授業のためには，教材や題材を工夫すること，発問や指示の構成を工夫することがあげられます。授業内容を創意工夫するためには，日ごろから児童・生徒の興味や関心事に注意を向け，理解を深めることが重要となります。このように，「楽しくわかる」授業が達成されるためには，まさに生徒指導のエッセンスが肝要となります。

2. 道徳・総合的な学習・探究の時間・特別活動と生徒指導

　道徳教育は，豊かな心を育み，人間としての生き方の自覚を促すことをねらいとしています。また，児童・生徒の道徳的心情，判断力，実践意欲や態度などの道徳性の育成を直接的なねらいとしています。生徒指導は，児童・生徒1人ひとりの日常的な生活場面における具体的かつ実際の問題について指導する場面が多く見られます。両者の性質や機能は異なっていますが，密接な関係性があるといえます。

　道徳教育は，道徳の時間に学校の教育活動全体を通して行うものとされています。生徒指導は，教育活動のあらゆる場面において行う機能とされています。つまり，両者は相互に補完している関係だといえます（図3-2）。道徳教育によって得た価値観や知的理解が，児童・生徒の行動や言動に変化を与え，その結果，生徒指導の効果を最大限に引き出す可能性が示唆されます。同様に，生徒指導を通して得た態度や学級の雰囲気は，道徳の授業を円滑に進めていくことに役立つでしょう。

　総合的な学習・探究の時間は，既存の教科等の枠組みを超えた横断的・総合的な学習になることに加えて，体験的活動に配慮しつつ探究的な学習となることがねらいとなってい

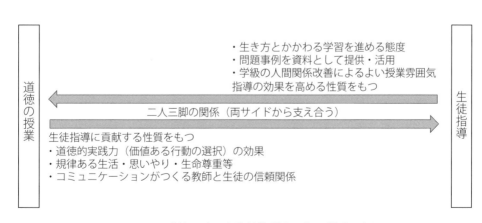

図3-2　道徳の時間と生徒指導との相互補完関係
出典：林（2013）p.35を参考に作成

ます。児童・生徒たちは，こうした学習活動において，自らが学び，自ら考え，主体的に判断し，よりよく問題を解決する資質や能力を身につけていくことが期待されます。そこで，教師は，児童・生徒1人ひとりがもつ本来の力を引き出し，伸ばすように指導することが求められます。子どもたちが主体的に活動できるように，日々の生徒指導において，児童・生徒の姿に積極的に寄り添い，共感的に受け止めることができる環境をつくることが重要となります。安心できる環境が存在することで，さまざまな課題を探究し，物事の本質を見極めようと能動的に活動できることでしょう。

　特別活動は，多様な集団活動の中で児童・生徒にそれぞれに役割をもたせ，自己の思いを実現する機会を十分に与えるとともに，集団との関係で自己のあり方を自覚することを通して，集団の一員としての連帯感や連帯意識，責任感を養うことがねらいとなっています。また，社会の一員として，生活の充実と向上のために進んで貢献していこうとする態度や行動を身につけて，さまざまな場面で自己の能力を発揮できるようにさせることも期待されています。特別活動のねらいを実現するには，生徒指導の充実が不可欠です。特別活動における集団での取り組みに際し，1人ひとりの思いや願いが尊重され，良好な関係性のもとで話し合いが繰り返され，望ましい集団活動が形成されるよう，教師は日々の生徒指導を活かして，子どもたち1人ひとりに向き合う機会を設けましょう。

3. 規範意識の醸成と校内規律に関する指導

🔑 キーワード

規範意識：規範とは，人間が行動したり判断したりするときに従うべき価値判断の基準といわれています。そして，規範意識は，規範を守り，それに基づいて行動しようとする意識，社会的な基準を守り，その基準に基づいて行動することができることを示しています。今日における規範意識の諸問題として，児童・生徒が自分の行為・行動に対して，罪悪感を抱いていない事例が増えていることがあげられています。そのため，「道徳心を育てる」「命の大切さを教える」ことで，規範意識を身につけるという発想だけでは不十分であり，「身についている・いない」という以前の問題，つまり，他者と良好な関係を築きたいという肯定的な感情を育むことが重要視されています。

規律：規律は決まりのように，直接的に守ったり，決めたりできるものではありません。集団生活の結果として生じてくる，内面的なものであるといわれています。外から示される行動の決まり・規則が，子ども集団自身に必要なものとして意味づけ直されて，自覚化されていくように働きかけることが規律の指導となります。そして，学習における規律は，学習の場において決まりを守り，集団の中で個々の学習効果に影響を与える授業成立のための基盤であるといわれています。児童・生徒のもつ社会的規範や役割期待への遵守志向性が，教室における教師と児童・生徒の関係や友人関係

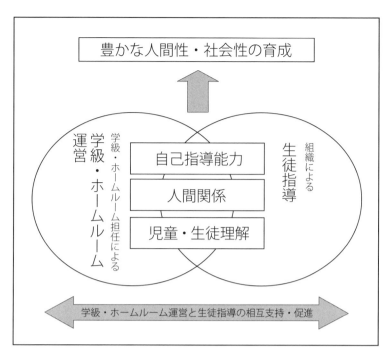

図3−3 学級・ホームルーム運営と生徒指導の関連図
出典：文部科学省（2010）p. 146より作成

の形成を促進し，学習への動機づけを高める可能性のあることが指摘されています。

　今日における生徒指導をめぐるさまざまな問題に対して，規範意識を醸成（徐々に形成していく）し，児童・生徒の実態に応じた生徒指導体制を構築することが求められています。そのためには，学級・ホームルームの運営と生徒指導が相互に補完し合って学校全体として，生徒指導の充実・強化を図っていくことが必要です（図3−3）。

　そのために教師として，児童・生徒自身に，「他者との良好な関係性を育みたい」といった動機が芽生え，互いの気持ちを大事にし合える環境を整備することが期待されています。心が脅かされず，安全が確保された環境の中で初めて，子どもたちは安心して規範意識を育み，肯定的に校内規律を遵守することにつながるでしょう。

4. 生徒指導で育むコンピテンシー

🔑 キーワード

コンピテンシー：何かを行うために十分な知識や判断，スキル，力などが備わっている状態，つまり一連の能力や手腕を意味します。社会に必要とされるコンピテンシーは主に3つあり，学業的コンピテンシー（①言語・シンボル等を対話的に使う能力，②知識と情報を対話的に使う能力，③テクノロジーを対話的に使う能力），社会的コンピテンシー

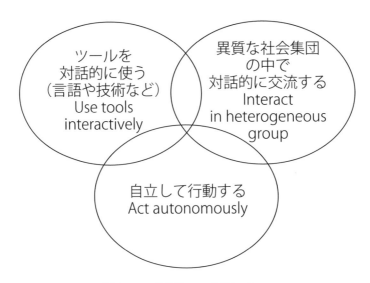

図3－4　主要なコンピテンシー
出典：八並他（2008）p. 23より作成

（①よい人間関係をつくる能力，②協力する能力，③紛争を処理し解決する能力），個人的コンピテンシー（①大きな視野で行動する能力，②生涯計画と個人事業を設計し実行する能力，③権利・利害・限界・ニーズを主張する能力）があります（図3－4）。そして，これらのコンピテンシーを横断する核心部分は，内省的（リフレクティヴネス）に思考し行動する能力と呼ばれています。

　生徒指導によって伸ばすことが期待されているコンピテンシーは，①自ら考え自主的・自律的に行動し自らの言動に責任を負う能力，②豊かな人間関係をつくる能力，③命の大切さに気づき環境の保全に努める能力，④社会の一員としての公平・公正・勤労・奉仕・公共心・公聴心・情報モラル，⑤規範意識の5つがあげられています。

　そして，これらのコンピテンシーが，生徒指導による結果として検証されることが求められています。児童・生徒の発達段階に応じた知識とスキルを，すべての子どもたちに提供することが期待されています。近年では，コンピテンシーを教える構造化された授業を，ガイダンスカリキュラムと呼びます。たとえば，ライフスキル訓練カリキュラム（WHO），カウンセリング・スタンダード（ASCAナショナルモデル）などが教育実践において効果を示しています。

🕵 調べよう・深めよう！

調べよう：児童・生徒理解に求められる姿勢とはどのようなものか？

深めよう：学習指導の際にどのような視点で生徒指導を取り入れるとよいか？

《引用・参考文献》

林尚示・服部伴文・村木晃（2013）．ワークシートで学ぶ生徒指導・進路指導の理論と方法　春風社.

文部科学省（2010）．生徒指導提要　教育図書.

真田穣人・浅川潔司・佐々木聡他（2014）．児童の学習意欲の形成に関する学校心理学的研究──学習規律と学級適応感との関連について──　兵庫教育大学　教育実践学論集, *15*, 27-38.

八木秀文（2015）．学習規律の生成過程としての授業づくりに関する考察　安田女子大学紀要, *43*, 167-175.

八並光俊・國分康孝（2008）．新生徒指導ガイド──開発・予防・解決的な教育モデルによる発達援助──　図書文化.

4章
暴力行為・非行の理解と対応

尾花真梨子

1.「暴力行為・非行」の定義と発生件数の推移

　近年，子どもの暴力行為への注目が集まっています。文部科学省（2018）によると，小・中・高等学校における暴力行為の発生件数は，過去最高の6万3325件であり，児童・生徒1000人あたりの発生件数は4.8件を数えました（図4−1）。

　このような実情を踏まえ，子どもの暴力行為やその背景にあるさまざまな要因への理解を深めることは，非常に重要であると考えられます。また，学校種によっては件数が増加傾向にあるため，問題が発生してからの対応のみならず，学級あるいは学校単位での日常的な予防的介入がますます必要となるでしょう。

　一方，非行については，それを定義することの難しさが以前から指摘されています。インパクトのある少年非行が報道されることも多く，その数は増加している印象を受けるかもしれません。2018（平成30）年版『犯罪白書』によれば，少年による刑法犯の検挙人員は，2004（平成16）年以降減少し続けており，2017年は3万5108人でした。少年の人口比についても低下傾向が見られ，2017（平成29）年は307.2であり，成人の人口比と比較すると，依然として約1.7倍と高いものの，人口比の最も高かった1981（昭和56）年の約5分の1になっています。すなわち，実際のところ，少年非行は減少傾向にあるといえます。

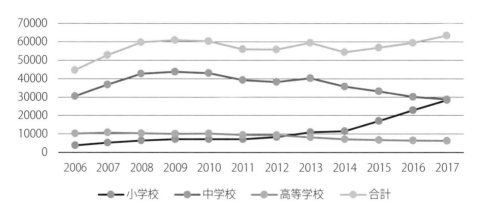

図4−1　学校の管理下・管理下以外における暴力発生件数の推移
出典：文部科学省（2018b）

2. 体罰の判断と懲戒の正当性（停学含む）

　2013（平成25）年に大阪市立桜宮高校バスケットボール部のある生徒が，顧問からの体罰を日常的に受け，結果として自殺するという事案が発生したことは記憶に新しいでしょう。この事件をきっかけに，学校における体罰問題は社会問題として大きく取り上げられるようになりました。

　そもそも，「体罰」とは何でしょうか。学校教育法第11条では，「校長及び教員は，教育上必要があると認めるときは，文部科学大臣の定めるところにより，児童，生徒及び学生に懲戒を加えることができる。ただし，体罰を加えることはできない」と定められ，体罰は法によって禁止されている行為といえます。そして，これまで多くの専門家によって，体罰は児童・生徒の心身に深刻な悪影響を与えること，教員等および学校への信頼を失墜させる行為であることが指摘されてきました。また，文部科学省（2007）の「問題行動を起こす児童生徒に対する指導について（通知）」においても，「教員等が児童生徒に対して行った懲戒の行為が体罰に当たるかどうかは，当該児童生徒の年齢，健康，心身の発達状況，当該行為が行われた場所的及び時間的環境，懲戒の態様等の諸条件を総合的に考え，個々の事案ごとに判断する必要がある。その懲戒の内容が身体的性質のもの，すなわち，身体に対する侵害を内容とする懲戒（殴る，蹴る等），被罰者に肉体的苦痛を与えるような懲戒（正座・直立等特定の姿勢を長時間にわたって保持させる等）に当たると判断された場合は，体罰に該当する」と明記されています。

　ここでいう「懲戒」とは，「児童・生徒に対して，戒めるべき言動を再び繰り返させないという，教育目的に基づく行為や制裁を行うこと」であり，懲戒には，事実行為としての注意，警告，叱責，説諭，訓戒や法的効果をもたらす訓告，停学，退学の処分が該当します。そして，その中でも，教員が，児童・生徒の身体に直接的または間接的に，肉体的苦痛を与える行為が「体罰」です。この体罰は，その態様により，傷害行為，危険な暴力行為，暴力行為に分類されています。また，暴言や行きすぎた指導は，体罰概念に含まれませんが，体罰と同様に教育上不適切な行為であり，許されないものです（東京都，2014）。

　この「懲戒」と「体罰」の区別について，文部科学省（2013）でも，「単に，懲戒行為をした教員等や，懲戒行為を受けた児童生徒・保護者の主観のみにより判断するのではなく，諸条件を客観的に考慮して判断すべきである」としたうえで，上記の2007（平成19）年の通知と同様の基準を示しています。

　では，実際にどの程度の体罰事案が発生しているのでしょうか。2017（平成29）年度の国公私立学校における体罰の状況は699校，773件となっています（図4－2）。社会問題として大きく取り上げられている現状があるにもかかわらず，依然としてなくなってはおらず，深刻な問題であることは間違いないでしょう。

　暴力行為の発生は，その多くが学校の管理下，あるいは家庭や地域などで起こります。学校で発生した暴力行為については，その初期対応を教師が担うことになります。しか

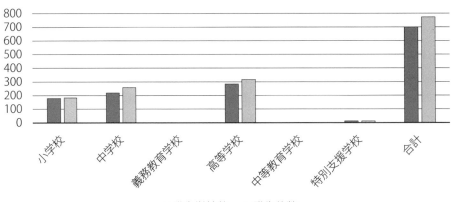

図4-2　体罰の実態把握
出典：文部科学省（2018a）

し，子どもの行為が学校内で対応することの難しいものであった場合は，どうでしょうか。もし，そのような事態が発生した場合には学校外の専門機関が介入することとなり，学校はその機関と連携することによって，当事者とかかわることになります。専門機関が介入するような事案において，暴力行為を起こした子どもは一般に「非行少年」と呼ばれます。

　「非行」を法的な観点から捉えた場合，その代表的な法律に，少年法があります。少年法では，非行を行った少年を「非行少年」とし，表4-1のように定義されています。

　こうした非行少年に対する処遇は，心身ともに発達途上であり，環境からの影響を受けやすいこと，さらに，矯正の可能性が高いことを鑑みて，刑罰を科すことは少ないのが現状です。そのため，「保護処分」となるのが原則となります。「保護処分」とは，少年院送致や保護観察処分などを指します。警察庁（2019）によると，2018（平成30）年には刑法犯少年の総数は2万3489人で，ここ数年は減少傾向にあります。しかし，われわれが見聞きする事案は年々凶悪で特異的，さらに大人の目や手が届かないようなかたちで発生することも多いのです。このことから，少年法は2001（平成13）年に大幅に改定が加えられました。そして，公職選挙法で選挙権年齢を引き下げられたことを契機に，刑事罰適用年齢の引き下げなどの厳罰化が，まさにいま議論されています。

表4-1　少年法における「非行少年」

区　分	内　容
犯罪少年	14歳以上20歳未満，犯罪行為を犯した少年
触法少年	14歳未満の少年で，触法行為（法に触れる行為をしたが，年齢的に刑事責任を問われない）を犯した少年
虞犯少年	20歳未満で，その行為自体は刑罰法令に触れないが，補導の対象となる行為を犯した少年（たとえば，家出，不良交友，不純異性交遊など）

事例

非行傾向のある生徒への支援

　Aは中学校2年生の男子。小学校のときからささいなことで腹を立て，クラスメイトへの暴力行為が目立っていました。中学1年の2学期以降，Aは校則で禁止されている染髪や教師への反発が頻発し，教師も手を焼いていました。そのころから同じような言動をする仲間とつるむようにもなりました。学校内では，授業に出席せず，喫煙などの逸脱行動も見られました。また，放課後は夜遅くまで出歩く姿が確認されていました。ある日，担任のBがAらを指導しようと呼び出したところ，Aらは腹を立て，机やいすを蹴ったり，Bにつかみかかるなど，破壊行為と暴力行為を行いました。学校側は警察署の少年センターへ連絡し，Aらを出席停止処分としました。その間，学校側と警察，保護者が一堂に会し，その後の対応等について協議しました。その結果，学校内に彼らの居場所をつくり，日々のストレスや感情を言葉で表現できるように促すこと，校内連携を図ることを確認しました。また，少年センターでは定期的に面談を行うこと，学校と家庭の情報交換をそのつど行い，それぞれの役割を認識したうえで連携しながら対応にあたることを共有しました。

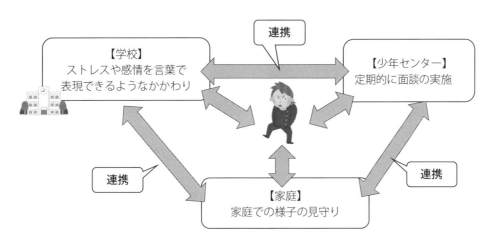

図4−3　本人への支援と関係機関の連携

《引用・参考文献》

法務省（2018）．平成30年版 犯罪白書．http://hakusyo1.moj.go.jp/jp/65/nfm/mokuji.html（2019年8月30日閲覧）

警察庁（2019）．平成30年度における少年非行，児童虐待及び子供の性被害の状況．https://www.npa.go.jp/safetylife/syonen/hikou_gyakutai_sakusyu/H30.pdf（2019年8月30日閲覧）

文部科学省（2007）．問題行動を起こす児童生徒に対する指導について（通知）．http://www.mext.go.jp/a_

menu/shotou/seitoshidou/07020609.htm（2019年8月30日閲覧）

文部科学省（2013）．体罰の禁止及び児童生徒理解に基づく指導の徹底について（通知）．https://www.mext.go.jp/a_menu/shotou/seitoshidou/1331907.htm（2019年8月30日閲覧）

文部科学省（2018a）．平成29年度公立学校教職員の人事行政状況調査について．http://www.mext.go.jp/a_menu/shotou/jinji/1411820.htm（2019年8月30日閲覧）

文部科学省（2018b）．平成29年度児童生徒の問題行動・不登校等生徒指導上の諸課題に関する調査結果について．http://www.mext.go.jp/b_menu/houdou/30/10/1410392.htm（2019年8月30日閲覧）

東京都教育委員会（2014）．体罰の定義・体罰関連行為のガイドライン．http://www.kyoiku.metro.tokyo.jp/press/press_release/2014/files/release20140123_02/shiryou1.pdf（2019年8月30日閲覧）

5章
いじめの理解と対応

齊藤英俊

1. はじめに

いじめ被害の影響は，いじめを受けたときだけでなく，いじめを受けた後にも心身に影響を及ぼすことが明らかにされてきており（坂西, 1995; 香取, 1999），「いじめ」の問題は，児童・生徒の精神的健康を考えるうえでも重要な課題といえます。

2. 「いじめ」の定義

文部科学省のいじめの定義の変遷を表5－1にまとめました。これまでに3度の改定が行われています。2006（平成18）年からの定義では，それまでの定義において批判されてきた「弱いもの」「一方的」などの表現が削除され，いじめ被害の「子ども」を主体にした構成となったことに特徴があるとされています（今津, 2007）。2013（平成25）年の定義は，「いじめ防止対策推進法」により規定されているものです。

これらの定義の特徴として，「いじめ」の行為にあたるかどうかの判断は，いじめられた児童・生徒の立場に立って行うものと捉えており，いじめを受けた被害者の視点に立っ

表5－1 文部科学省における「いじめの定義」の変遷

年度	定　義
1986	「いじめ」とは，「①自分より弱い者に対して一方的に，②身体的・心理的な攻撃を継続的に加え，③相手が深刻な苦痛を感じているものであって，学校としてその事実（関係児童生徒，いじめの内容等）を確認しているもの。なお，起こった場所は学校の内外を問わないもの」とする。
1994	「いじめ」とは，「①自分より弱い者に対して一方的に，②身体的・心理的な攻撃を継続的に加え，③相手が深刻な苦痛を感じているもの。なお，起こった場所は学校の内外を問わない」とする。 　なお，個々の行為がいじめに当たるか否かの判断を表面的・形式的に行うことなく，いじめられた児童生徒の立場に立って行うこと。
2006	「いじめ」とは，「当該児童生徒が，一定の人間関係のある者から，心理的，物理的な攻撃を受けたことにより，精神的な苦痛を感じているもの」とする。なお，起こった場所は学校の内外を問わない。
2013	「いじめ」とは，「児童生徒に対して，当該児童生徒が在籍する学校に在籍している等当該児童生徒と一定の人的関係のある他の児童生徒が行う心理的又は物理的な影響を与える行為（インターネットを通じて行われるものも含む。）であって，当該行為の対象となった児童生徒が心身の苦痛を感じているもの」とする。なお，起こった場所は学校の内外を問わない。

出典：文部科学省「いじめの定義の変遷」をもとに作成

ているといえます。

　また，森田他（1994）は，いじめられる側が苦痛を与えられたという被害感情を抱く行為の集合と，いじめる側が相手に苦痛を与える行為の集合との関係に注目し，「いじめとは，同一集団内の相互作用過程において優位にたつ一方が，意識的に，あるいは集合的に，他方に対して精神的・身体的苦痛をあたえることである」と定義しました。この定義では，いじめが起こるうえでの集団的側面，相互作用といった関係的な要素が強調されていることに特徴があるといえます。

　いじめの定義は，「いじめそのものの内容や被害の程度に大きな幅があるうえ，何を重視するかによって異なり，ひとつにまとめることは困難」（坂西，2004）であるとされています。

　しかし，いじめのさまざまな定義には共通する側面も存在するとの指摘もあり，戸田（2008）によると定義の多くは，以下の3点に言及しているとされています。1つに多様な形態（いじめには，身体的攻撃，言語的攻撃，陰で行う持ち物や名誉の毀損，仲間からの排除などの形態がある），2つに一方向性（被害者と加害者の間に人数や力などの差があり，攻撃が一方向的である），3つに意図的な繰り返し（1回だけということは少なく，意図的に繰り返される）の3つの側面です。この3側面に加えて，戸田（2008）は，いじめにおける被害者，加害者の関係の中での力の乱用といった「関係性」に注目する必要性を述べています。これらの要素がいじめの基本的な特徴を表していると考えられます。

　このようにいじめとは，ある一定の関係性がある人間関係の中で起こる精神的・身体的な苦痛を与える現象といえるでしょう。他方で，人間関係という関係性の中で起こることが，いじめという現象の捉えにくさを表しているともいえます。

> **🔑 キーワード**
>
> **いじめとけんか**：いじめとけんかの関係について，「いじめの防止等のための基本的な方針」（文部科学省，2017）では，「けんかやふざけ合い」であったとしても「児童生徒の感じる被害性に着目し，いじめに該当するか否かを判断する」として，いじめに対して幅広い観点から捉えようとしています。

3．いじめの実態と認知件数の推移

　小学生を対象に3年間6回の調査を行った結果では，「仲間はずれ，無視，陰口」の項目において，6回とも「ぜんぜんなかった」と答えた児童の人数（割合）は，被害経験では644名中の74名（11.5%），加害経験では644名中の138名（21.4%）でした（国立教育政策研究所，2016）。このことから，誰でもいじめの被害者にも加害者にもなりうる可能性があるといえます。

　文部科学省は，小学校から高等学校を対象に「児童生徒の問題行動等生徒指導上の諸問

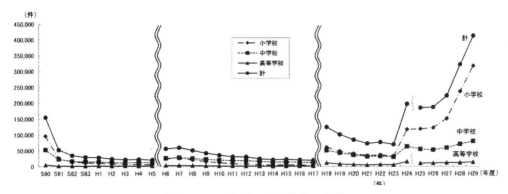

図5-1 いじめの認知件数の推移

出典：文部科学省（2018）

題に関する調査」を実施しています。その中で学校が把握しているいじめの件数について
も調査を行っています。2005（平成17）年の調査までは「いじめの発生件数」としていま
したが，実際には発生しているけれども学校として把握できていないいじめもあるかもし
れないとのことで，2006（平成18）年からは「いじめの認知件数」というように変更しま
した。

　図5-1は，文部科学省が調査した2017（平成29）年度までのいじめの認知（発生）件数
を示しています。いじめの件数が1994（平成6）年度，2006（平成18）年度に増えています
が，これはいじめの定義が変わったことが関係しています。いじめの認知件数は増加の傾
向にありますが，これはこれまでいじめとして取り上げられなかったものが把握されるよ
うになったと受け取ることができます。

4. いじめ防止対策推進法

　2011（平成23）年に起こった大津市のいじめ事件をきっかけとして「いじめ防止対策推
進法」が成立しました。第1条で，いじめを「いじめを受けた児童等の教育を受ける権利
を著しく侵害し，その心身の健全な成長及び人格の形成に重大な影響を与えるのみなら
ず，その生命又は身体に重大な危険を生じさせるおそれがある」ものであるとし，「いじ
めの防止等（いじめの防止，いじめの早期発見及びいじめへの対処）のための対策を総合的か
つ効果的に推進することを目的」としています。

　そのうえで，第22条では「学校は，当該学校におけるいじめの防止等に関する措置を
実効的に行うため，当該学校の複数の教職員，心理，福祉等に関する専門的な知識を有す
る者その他の関係者により構成されるいじめの防止等の対策のための組織を置くものと
する」とし，図5-2のように，教職員のほかに，スクールカウンセラーやスクールソー
シャルワーカーといった心理や福祉の専門家も加わった組織的な対応をすることが望まれ
ています。

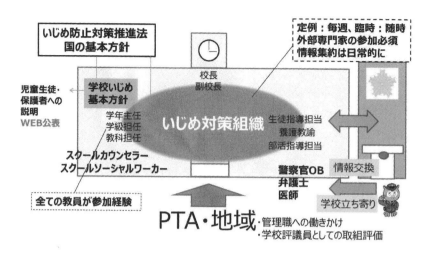

図5－2　組織的に対応する学校
出典：山本（2017）

5. いじめの構造

　いじめを考えるうえで重要な要素として，いじめの構造の問題があります。いじめの構造として提唱されている有名なものに「いじめの四層構造」（森田他，1994）があります。この理論によると，いじめはいじめられっ子である「被害者」，いじめっ子である「加害者」，見てみぬふりをしている子どもである「傍観者」，いじめをはやしたて面白がって見ている子どもの「観衆」の4層の構造からなっているというものです。そのほかにも，いじめを止めに入る「仲介者」の存在も指摘されています。このように，さまざまな立場からいじめの構造は成り立っていると考えられます。

　いじめの四層構造の考えからすると，いじめは4つの立場からなる集団があるからこそ起きると考えられます。クラスなど学級集団も1つの集団です。では，学級がなくなれば，いじめはなくなるのでしょうか。学級をなくすことだけで問題の解決になるかどうかは難しいところです。また，学級集団には児童・生徒の社会的発達を促すなどさまざまな意義があります。いじめが被害者，加害者だけでなく，観衆，傍観者といったいろいろな立場からなる集団の中で起こることを踏まえて理解することは，いじめの対応を考えるうえでも重要な観点です。

> 🔑 **キーワード**
>
> **いじめの発生する要因**：いじめる心理には，①心理的ストレス，②集団内の異質な者への嫌悪感情，③ねたみや嫉妬感情，④遊び感覚やふざけ感覚，⑤いじめの被害者となることへの回避感情といったことがあげられており（文部科学省，2010），いじめという行為をとる背景を理解することも，いじめへの対応のうえで重要になってきます。

6. いじめ防止プログラム

いじめ防止プログラムとして有名なものに，「オルヴェウス・いじめ防止プログラム」があり，世界各地で実施されています。このプログラムは，大人が役割モデルを演じること，生徒には温かく支持的であるが，いじめなど認められない行動に対しては毅然とした姿勢でかかわること，規則が守られなかったときには非身体的で，敵意のない懲罰を一貫して行うことを全体的な理念としています。プログラムの内容は，表5－2にあるように学校だけでなく，地域住民も含んだものになっており，いじめ防止対策推進法で述べられている組織的な対応の具体例の1つといえます。プログラムの効果として，いじめ被害者や加害者が減少したり，一般的な反社会行動の減少が見られたり，教室の雰囲気が改善されたことが報告されています（オルヴェウス他, 2013）。

表5－2 「オルヴェウス・いじめ防止プログラム」の内容

学校全体に向けた実施内容
・「いじめ防止協議委員会」を設置すること
・委員会の統括とスタッフをトレーニングすること
・「オルヴェウス・いじめアンケート」を実施管理すること
・スタッフ討議グループ・ミーティングを開催すること
・いじめに対する学校ルール（校則）を導入すること
・生徒見守り制度の評価と強化
・プログラムに向けて学校主催のイベントを実施すること
・保護者を巻き込むこと
クラスに向けた実施内容
・いじめに対する学校ルール（校則）を貼り出し守らせること
・定期クラスミーティング（学級会）を開くこと
・保護者とのミーティング（懇談会）を開くこと
個人に向けた実施内容
・児童・生徒の活動を見守ること
・いじめが起きたとき，即座にすべてのスタッフが確実に介入すること
・いじめにかかわりのある児童・生徒との話し合いを行うこと
・いじめにかかわりのある児童・生徒の保護者との話し合いを開くこと
・いじめにかかわりのある児童・生徒のために個別の介入プログラムをつくり上げること
地域に向けた実施内容
・「いじめ防止協議委員会」に地域住民も参加してもらうこと
・学校の「いじめ防止プログラム」をサポートしてもらうため地域住民と協力関係を強化すること
・地域で反いじめメッセージと効果的な活動を広げるために支援すること

出典：オルヴェウス他（2013）をもとに作成

7. いじめへの対応

いじめに対して，どのような対応が必要でしょうか。先ほどのいじめの構造から考えると，観衆・傍観者の役割から，仲介者（仲直りさせる，先生を巻き込んでいじめをなくすなどの役割）の人が出てくることが重要と考えられます。しかし，1人で仲介者の役割を担お

うとするのは大変です。複数の人で行うか，親や教師といった周囲の大人がかかわっていくことが大切といえます。

　また，いじめ被害者に対する周囲の社会的支援（ソーシャルサポート）も重要です（齊藤, 2017）。ソーシャルサポートがいじめ被害の苦痛を和らげたり（Malecki et al., 2008），いじめ被害者の身体的症状を少なくする効果があることが指摘されています（Gini et al., 2009）。誰からのサポートかによる違いもあり，ラテン系アメリカ人の子どもを対象にした調査では，教師からのサポートは学校不適応感を軽減させ，仲のよい友だちからのサポートは親や他の人とのよい関係，自尊心などの個人的な適応を高めることが明らかにされています（Malecki et al., 2008）。12歳から16歳を対象にした調査では，被害者において教師，クラスメイト，親からのソーシャルサポートがあると，不安や抑うつといった精神的不健康が低いことが示されており（Rigby, 2000），適度な仲間のソーシャルサポートがある被害者は不安や抑うつ感が低いことが報告されています（Holt et al., 2007）。

　このように，いじめ被害経験時に周囲からのサポートがあることは，いじめ被害者の精神的な健康の維持や悪化の予防につながると考えられ，周囲の人がかかわってくれるかどうかは重要な点です。一方で，中学生を対象にした調査では，いじめ被害経験者は，いじめ被害経験がない人よりもソーシャルサポートが低いことが示されており（菱田他, 2011），いじめ被害者に対して，周囲の人ができるだけ早期に気づき，支援をしていくことが課題といえます。

🔑 キーワード

いじめ被害の相談：森田他（1999）によれば，小・中学生にいじめられたことを親に話したかを調査したところ，男子の約7割，女子の約6割が話していないと回答しています。いじめられているときに相談しやすい，助けを求めやすいような雰囲気を周囲の大人がつくっていくことが求められています。

事例

友だちとの人間関係に悩む中学生Aさん

　中学生のAさんは，同じ部活の友だちのBさんと一緒に帰ることが多かったのですが，あるときからBさんは，他の人と帰るようになり，学校で会っても無視されるようになりました。悩んだAさんは，担任の先生に相談をしました。そのことを知った担任の先生は，BさんにAさんに対する態度について確認したところ，Bさんは親が最近離婚してしまい，家での様子が落ちつかなく，親と仲よく生活しているAさんをねたんでいる気持ちが背景になることがわかりました。

　事例の理解として，まずいじめられていることを相談したAさんの行動を支持し，支えることです。いじめについて相談することは勇気のいることであり，相談しよう

と思った気持ちを大切にしたいものです。同時に，いじめる行為をする加害者の心理を理解することが大切です。Bさんの行為が許されることではありませんが，いじめという行為をしたことの背景を理解しようと努めることは大切な点です。そのうえで，BさんがAさんをねたむことは間違っていることを伝え，Aさんに謝り，お互いの関係を回復させていくことが支援のポイントといえます。

《引用・参考文献》

Gini, G., Carli, G., & Pozzoli, T. (2009). Social support, peer victimization, and somatic complaints: A mediational analysis. *Journal of Paediatrics and Child Health*, *45*, 358-363.

菱田一哉・川端徹朗・宋昇勲他（2011）．いじめの影響とレジリエンシー，ソーシャル・サポート，ライフスキルとの関係――新潟市内の中学校における質問紙調査の結果より―― 学校保健研究, *53*, 107-126.

Holt, K., & Espelage, L. (2007). Perceived social support among bullies, victims, and bully-victims. *Journal of Youth and Adolescence*, *36*, 984-994.

今津孝次郎（2007）．増補 いじめ問題の発生・展開と今後の課題――25年を総括する―― 黎明書房.

香取早苗（1999）．過去のいじめ体験による心的影響と心の傷の回復方法に関する研究 カウンセリング研究, *32*, 1-13.

国立教育政策研究所（2016）．いじめ追跡調査2013-2015 いじめQ&A. https:// www.nier.go.jp/shido/centerhp/2806sien/tsuiseki2013-2015_3.pdf（2019年8月31日閲覧）

Malecki, K., Demaray, K., & Davidson, M. (2008). The relationship among social support, victimization, and student adjustment in a predominantly Latino sample. *Journal of School Violence*, *7*, 48-71.

文部科学省（2010）．生徒指導提要 教育図書.

文部科学省（2017）．いじめの防止等のための基本的な方針. http://www.mext.go.jp/component/a_menu/education/detail/__icsFiles/afieldfile/2019/06/26/1400030_007.pdf（2019年8月31日閲覧）

文部科学省（2018）．平成29年度「児童生徒の問題行動・不登校等生徒指導上の諸課題に関する調査結果」について. http://www.mext.go.jp/ component/a_menu/ education/detail/__icsFiles/afieldfile/2019/01/10/1412082-2901.pdf（2019年8月31日閲覧）

文部科学省. いじめの定義の変遷. http://www.mext.go.jp/component/ a_menu/ education/detail/__icsFiles/afieldfile/2019/06/26/1400030_003.pdf（2019年8月31日閲覧）

森田洋司・清永賢二（1994）．新訂版 いじめ――教室の病い―― 金子書房.

森田洋司・滝充・秦政春他（編著）（1999）．日本のいじめ――予防・対応に生かすデータ集―― 金子書房.

オルヴェウス，D，リンバー，S・P，フラークス，V・C他（著），小林公司・横田克哉（監訳）（2013）．オルヴェウス・いじめ防止プログラム――学校と教師の道しるべ―― 現代人文社

Rigby, K. (2000). Effects of peer victimization in schools and perceived social support on adolescent well-being. *Journal of Adolescence*, *23*, 57-68.

齊藤英俊（2017）．いじめ経験時の周囲の関わりといじめ経験の長期的影響との関連性の検討 北陸学院大学・北陸学院短期大学部研究紀要, *9*, 23-30.

坂西友秀（1995）．いじめが被害者に及ぼす長期的な影響および被害者の自己認知と他の被害者認知の差

　社会心理学研究, *11*, 105-115.

坂西友秀（2004）．いじめとは．坂西友秀・岡本祐子（編著），いじめ・いじめられる青少年の心――発達臨床心理学的考察――（pp. 2-6）　北大路書房．

戸田有一（2008）．人をおいつめるいじめ．加藤司・谷口弘一（編著），対人関係のダークサイド（pp. 117-131）　北大路書房．

山本悟（2017）．いじめ対策のポイントといじめ防止基本方針の改定．https://www.nits.go.jp/materials/intramural/files/008_001.pdf（2019年8月31日閲覧）

小林正幸

1.「不登校」の定義と件数の推移

🔑 **キーワード**

不登校：文部科学省の調査統計で用いられている用語。学校を年間30日以上欠席する児童・生徒を「長期欠席」と呼びます。その児童・生徒のうち，病欠や経済的理由ではなく，欠席の理由が不明確な場合を不登校としています。すなわち，明確な理由がないにもかかわらず，学校に行けない，もしくは学校に行かない状態のことを指します。

わが国の不登校が増え始めたのは1980年代ですが，急増したのは1992（平成4）年から2002（平成14）年にかけてでした。その10年間で0.47％から1.23％と2倍以上に増えました。その後，現在まで1％を超えたままで高く推移しています。

不登校が生じる要因については，1991（平成5）年度と2006（平成18）年度に中学3年生の不登校生徒を追跡した調査によれば，不登校時の欠席のきっかけを尋ねたいずれの調査でも，学校で不快な体験があったとする割合が多くなっています。とくに，「友だち関係の問題」をきっかけとする場合が多く，最近の調査では半数以上を占めます。このよう

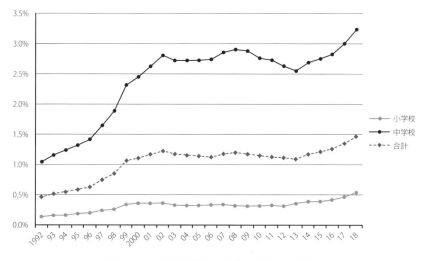

図6−1　不登校児童・生徒出現率の推移
出典：文部科学省（2017）より作成

に，不登校は子どもが学校に合わないことで生じてくるといえるでしょう。これは，学校が子どもに合わないことで生じると言い換えることもできます。

　しかし，不登校のきっかけとなった要因を取り除いても，不登校は解消しません。それゆえに長期化しやすいのです。これは不登校になった結果，新たに不登校を継続・悪化させる要因が発生することによります。欠席が続くことで，学校への不快感は増大し，学校への行きにくさが強まります。そのとき，「学校に行かねばならない」との意識が強い場合ほど，学校に向かえないことで自己概念が悪化します。このことが，不登校の期間を長期化させるのです。

2.「教育機会確保法」の解説

> 🔑 **キーワード**
>
> **教育機会確保法**：不登校児童・生徒に対する教育機会の確保，夜間等において授業を行う学校における就学機会の提供と，義務教育の段階で普通教育に相当する教育の機会の確保等を総合的に推進し，学校外での多様な学びの場を提供することを目的とした法律。

　教育機会確保法の正式名称は「義務教育の段階における普通教育に相当する教育の機会の確保等に関する法律」（2016年法律第105号）です。当初この法案には，子どもたちの居場所となるフリースクールや自宅での学習といった学校以外の学習も，義務教育として認めることが盛り込まれていました。ただ，この規定は，国会での審議の中で削られていき

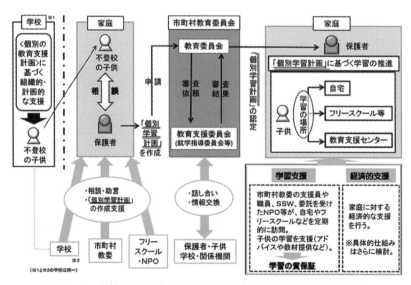

図6－2　学校以外の場で学習する子どもの教育の機会の確保
出典：フリースクール等議員連盟（2015）

ました。「学校に行かないことを安易に認めるべきではない」とか「学校に行かないことを助長する」という根強い意見があるためです。

　日本では，戦前から一貫して子どもを正規の学校に通わせることを親に義務づけてきました。学校以外の学習を義務教育として認めるとなれば，就学義務の転換となります。そのため，不登校の対策としては，「まずは学校を充実させるべき」という考えが国会では多数を占めました。そこで，この法律は，不登校に関しては，国および地方公共団体に，次の5つの措置を講じることを求めています。

①全児童・生徒に対する学校における取り組みへの支援に必要な措置。

②教職員，心理・福祉等の専門家等の関係者間での情報の共有の促進等に必要な措置。

③不登校特例校および教育支援センター（適応指導教室）の整備ならびにそれらにおける教育の充実等に必要な措置。

④学校以外の場における不登校児童・生徒の学習活動，その心身の状況等の継続的な把握に必要な措置。

⑤学校以外の場での多様で適切な学習活動の重要性に鑑み，個々の休養の必要性を踏まえ，不登校児童・生徒等に対する情報の提供等の支援に必要な措置。

　ここで示すように，③公立の教育支援センター（適応指導教室），特別な教育課程をもつ不登校特例校など，学校以外の教育機会を確保する施策を国と自治体の責務とし，必要な財政支援に努めるよう求めています。それだけではなく，④でフリースクールや補習塾などに通う不登校の児童・生徒の状況を継続的に把握し，⑤で学校以外の場にいる不登校の子どもへの支援にかかわる情報の提供などの支援を，国や地方公共団体に求めるかたちになっています。

3. 教育支援センター（適応指導教室）とフリースクールの解説と支援の実際

> **🔑 キーワード**
>
> **適応指導教室**：不登校児童・生徒を受け入れるためにつくられた教育委員会が設置する公的施設。1990（平成2）年に文部省（現・文部科学省）が学校復帰を目的に開始しました。その後，2003（平成15）年に「教育支援センター」という名称に変わりましたが，現在でも「適応指導教室」の名称がよく使われます。適応指導教室に通った日数は，在籍する学校の出席日数として扱われます。

　教育支援センター（適応指導教室）は，全国に1300近くの施設が活動し，利用している義務教育年齢の不登校児童・生徒の数は1万7800人（文部科学省）ほどとされています。これは全国不登校児童・生徒数の14％程度にあたり，公的施設として利用率はまだ低いとの印象を受けます。

表6−1　教育支援センター（適応指導教室）の活動例／1週間の時間割をオリジナルで作成

	時間割	月	火	水	木	金	土
朝	9:15〜9:25	朝の会	朝の会	朝の会	朝の会	朝の会	
1	9:30〜10:15	読書タイム・自主活動	読書タイム・自主活動	読書タイム・自主活動	読書タイム・自主活動	読書タイム・自主活動	
2	10:25〜11:10	学習活動	学習活動	学習活動	体験活動	学習活動	※保護者会（月に1度）
3	11:20〜12:05	自主活動（相談タイム）	自主活動	自主活動（相談タイム）	自主活動	自主活動（相談タイム）	※進路相談会（隔月で1度）
昼休み	12:05〜12:50	昼食・昼休み・相談タイム	昼食・昼休み・相談タイム	昼食・昼休み・相談タイム	昼食・昼休み・相談タイム	昼食・昼休み・相談タイム	
4	12:50〜13:20	表現	スポーツタイム	交流活動	学習活動	グループチャレンジタイム（集団活動）	
5	13:30〜14:10				自主活動		
帰り	14:20〜14:35	終わりの会	終わりの会	終わりの会	終わりの会	終わりの会	

　教育支援センターでは主に学校への復帰を目的としています。学校復帰を目指すので，表6−1で示すように教育的な活動を主体とする教室が多くなっています。しかし，次に述べるフリースクールのように居場所機能を中心とする教室もあります。学校への復帰率は中学1年で27％，中学2年で33％，中学3年で53％とされています。あくまで一時的な支援施設であり，ずっと学び続けるわけではありません。センターを離れたあと，中学校卒業後の進路は全日制高校が37％，定時制高校が25％，通信制高校が23％と，ほぼ85％が高校進学となっています。

　一方，不登校の児童・生徒の受け入れ先として「フリースクール」があります。これはNPOや企業など民間で運営されている団体で，全国に400から500団体が存在するといわれています。実際に利用しているのは不登校児童・生徒のうち2〜3％とされます。

　ほかに行き場のない子の居場所として開放されていますが，公的な機関ではないので，基本的には費用が発生します。規模は，1〜5人の小規模なものから20人以上の大人数のものまであります。目的もさまざまで，教育に力を入れているところもありますが，学習に関しては「カリキュラムを決めていない」のが半数ほどで，学習教材も教科書と市販のものが多く，全体としては学習支援に重きを置いていない施設のほうが多い傾向にあります。教育機会確保法が施行されてからスクールへの出席が在籍校への出席として認められるようになってきていますが，利用にあたって事前確認が必要です。

　2019（平成31）年4月には角川ドワンゴ学園N高等学校にN中等部が敷設されるなど，フリースクールでは既存の学校には合わない子どもたちも学びやすい状況が整ってきています。

4. 事例に関する理解と支援について

> **事例**
>
> **対人不安傾向の強い不登校中学生男子**
>
> 　中学2年生5月ごろに不登校傾向となり，同世代の子どもの姿を恐がるようになりました。1学期の終わりには外出も難しくなり，7月にフリースクールを併設するカウンセリングルームを訪れました。保護者と子どもの並行カウンセリングを受け，対人不安傾向が減り，外出が可能になりました。中学2年2学期に，カウンセリングのかたわら併設のフリースクールに通い始めました。2学期の後半には勉強を開始。3年生1学期の後半は授業を選んで登校を開始し，2学期には完全に再登校ができました。その後，高校に進学し，高校では元気に登校しています。

　理解：もともと真面目でおとなしく，友人関係も広いほうではありませんでしたが，小学校時代は仲のよい友人がいて，学校生活に適応していました。しかし，中学1年のクラス編成で仲のよい友人がいなくなり，中学2年になると仲間外れにされるなど，登校するのがつらくなりました。外出を嫌がり，家庭にとどまって，勉強をせずにゲーム以外のことをしなくなっていきました。

　支援：カウンセリングでは，本人の対人不安が和らぐことを目的として，自由に話せる雰囲気の中で，不快な感情が表現できるように促しつつ，それを受け止め，現状できていることを認めるなど「肯定的・存在受容」のかかわりを旨としました。一方で，保護者には，一緒に外出を試み，わずかな改善を認め，喜ぶようにお願いしました。それが奏功し，2学期のフリースクールへの参加当初には，スタッフは，本人の好きなことや得意を探り，一緒にかかわる「楽しい体験の共有」を意識してかかわりました。

　勉強を開始する前に適性検査を実施し，将来設計をさせたうえで，進路相談を丁寧に実施する「キャリア支援」を行いました。先の見通しが立ったところで，フリースクールで勉強を開始しました。フリースクールの支援者は，できないことをできないと表現させることや，自分でできるように手伝うなど，「主体性・主張性」の向上を意識してかかわりました。再登校では，学校の受け入れ体制を整えてもらうように連携しつつ，登校の様子を背後から支援しました。

　図6-3は，不登校が改善した50事例に対する支援者のかかわりを前期と後期に分けて，支援者がどのようなかかわり方をどの程度行ったのかを調べたものです。最初の段階から多く行われ，継続して多く行われる支援としては，「肯定的・存在受容」や「楽しさ共有」があり，後期に向けて付け加えられる支援として，「キャリア支援」や「登校・就労促進」があります。本事例でも，そのような支援が行われていたといえるでしょう。

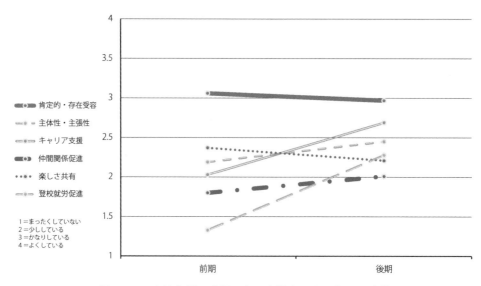

図6－3　改善事例の時期による支援者のかかわりの変化
出典：フリースクール等議員連盟（2015）

《引用・参考文献》

フリースクール等議員連盟（2015）．多様な教育機会確保法（仮称）案．http://blog.canpan.info/tayounamanabino/img/E3808CE5A49AE6A798E381AAE69599E882B2E6A99FE4BC9AE7A2BAE4BF9DE6B395(E4BBAEE7A7B0)E6A188E3808DE38090E6A682E8A681E380915BE5BAA7E995B7E8A9A6E6A1885D.pdf（2019年7月2日閲覧）

小林正幸・早川惠子・松添万里子他（2019）．学校不適応の児童生徒への効果的な支援に関する研究（2）時期による状態像および支援にどのような変化があるのか？　日本カウンセリング学会第52回大会発表論文集，p. 118.

文部科学省（2015a）．「教育支援センター（適応指導教室）に関する実態調査」結果（平成27年8月26日）．http://www.mext.go.jp/a_menu/shotou/seitoshidou/__icsFiles/afieldfile/2017/11/06/1397806_1.pdf（2019年7月2日閲覧）

文部科学省（2015b）．小・中学校に通っていない義務教育段階の子供が通う民間の団体・施設に関する調査（平成27年8月5日）．http://www.mext.go.jp/a_menu/shotou/tyousa/__icsFiles/afieldfile/2015/08/05/1360614_02.pdf（2019年7月2日閲覧）

文部科学省（2017）．平成29年度児童生徒の問題行動・不登校等生徒指導上の諸課題に関する調査結果2．http://www.mext.go.jp/b_menu/houdou/30/10/__icsFiles/afieldfile/2018/10/25/1410392_2.pdf（2019年7月2日閲覧）

7章
インターネットに関する課題と
LGBTなどの今日的課題の理解と対応

田口禎子

1. 「ゲーム障害・インターネット依存」の解説

　ゲーム障害は，以下の①，②，③のすべてを満たす場合に診断されます（ICD-11に収載予定）。

①持続的または再発性のゲーム行動パターン（オンラインまたはオフライン）で，以下のすべての特徴を示す。

・ゲームのコントロール障害がある。（たとえば，開始，頻度，熱中度，期間，終了，プレイ環境などにおいて）

・他の日常生活の関心事や日々の活動よりゲームが先に来るほどに，ゲームをますます優先する。

・問題が起きているにもかかわらず，ゲームを継続またはさらにエスカレートさせる。（問題とは，たとえば反復する対人関係問題，仕事または学業上の問題，健康問題）

②ゲーム行動パターンは，持続的または挿話的かつ反復的で，ある一定期間続く。

③ゲーム行動パターンは，明らかな苦痛や個人，家族，社会，教育，職業やほかの重要な部分において著しい障害を引き起こしている。

　インターネット依存は，はじめキンバリー・ヤング（Young, K. S.）によって「インターネット使用者のコントロール不能な状態，インターネットにハマっている時間が増大している状態，弊害が生じているにもかかわらずとめることができない状態」（ヤング, 1998）と定義されました。しかし，研究データが乏しいこと，ハマっているサービスやその状態像，引き起こしている問題がさまざまであり，心理的背景にも違いがあること，他の精神疾患との合併が多く表現型の1つにすぎないのではないかという意見もあることから，統一された明確な定義はなされていません。これらの分野の臨床と研究の発展はまだ緒に就いたばかりですが，今後はますます拡大し深刻なものとなっていくことが予測されます。わが国では2011（平成23）年から，依存症の専門病院である久里浜医療センターがインターネット依存専門治療外来を設立し，臨床・研究に携わっており，受診する患者の90％はゲーム障害の診断基準を満たすという結果を報告しています。こうしたことから，今後はまずゲーム障害がICD-11に正式に収載されることをきっかけに，アセスメントツールや有効な予防法および治療方法の開発を進めることが課題となります。

表7-1　インターネット依存のスクリーニング各項目「該当者」の割合

	渇望	耐性	制御不能	離脱症状	過剰使用	社会生活障害	否認	逃避
中学1年	46.1%	9.8%	33.2%	17.9%	36.2%	5.8%	12.2%	13.8%
中学2年	52.4%	11.9%	35.9%	20.1%	42.9%	7.7%	14.8%	18.9%
中学3年	50.6%	11.2%	41.8%	21.4%	45.8%	8.0%	16.6%	21.6%
高校1年	58.3%	12.2%	40.6%	21.5%	55.2%	9.1%	17.2%	27.0%
高校2年	56.6%	12.2%	38.1%	20.4%	56.4%	9.7%	16.4%	27.8%
高校3年	53.0%	12.2%	37.9%	19.1%	53.7%	9.0%	15.9%	29.1%

2.　ゲーム・ネット依存に関する事例と支援について

　インターネット依存専門治療外来受診者のおよそ8割が中学生，高校生，大学生であり，性別では男性が9割を占めています。依存に関連しては，欠席，留年，退学といった学業に関連する事柄，不規則な食事や昼夜逆転，家族への暴言・暴力，引きこもりといった，身体の健康や本人の将来，家族関係にかかわる深刻な問題も半数以上のケースに起きています。また，身体の症状が現れているケースも見られます。ゲーム障害やネット依存の患者の脳内ではゲーム画像を見たときに薬物依存症者と同じような強い渇望が生じていること，行動や衝動のコントロールの機能不全，報酬系の機能不全が起きていることがわかっています。つまり，使用したい衝動を抑えられず，通常なら満足する程度使用しても満足できない，使用しないと不快な気分になるので使用し続けるのであり，そのためにさまざまな問題を引き起こしている状態であることがわかっています。

　治療法としては，認知行動療法や家族療法などの介入に効果が見られたという報告があります。インターネットは依存対象を生活から完全に排除することが不可能であるため，「依存しているコンテンツだけをやめる（ハマっているゲーム等）」「利用時間を減らす」といったゴールを定めて治療を行います。具体的には，カウンセリングやデイケア，入院などの治療法があります。

> **事例**
>
> ### インターネット依存になった大学生Tさん
>
> 　Tさんは21歳の大学2年生です。大学進学と同時に一人暮らしを始め，授業やサークル，アルバイトなどをして充実した生活を送っていましたが，友人に誘われたスマホゲームにのめりこみ，大学1年の夏休みには夜通しゲームをして朝方眠る昼夜逆転生活になっていきました。それでも大学の講義がない間は大きな問題はありませんでしたが，後期に入っても昼夜逆転生活が続き，午前中の講義はほぼ欠席するような状態でした。また，アルバイト中や友人と会っている間にもゲームが気になってスマホを起動しプレイしていたため，たびたび注意を受けていました。最終的にはアルバイトはやめ，友人とも疎遠になるなど人間関係や社会生活においても問題が出始めまし

た。結局，後期に履修した単位のほとんどを取得できなかったTさんは，大学から連絡を受けた両親から叱責され，担任教員から呼び出されて指導を受けたものの，2年に上がった現在もゲームを続けており，自宅をほとんど出られない生活をしています。自分でもこのままではいけないと思っていますが，一度始めるとなかなかやめられず，ゲームをしていない時間にも気になって仕方なくなり，また再開してしまうのです。自己嫌悪や反省の気持ちはありますが，そうした不快な感情を忘れ現実逃避するためにも，またゲームをしてしまうという悪循環にはまっていると感じています。

3. 「LGBT」の解説／性同一性障害も踏まえて

LGBTとは，「Lesbian（レズビアン）」「Gay（ゲイ）」「Bisexual（バイセクシャル）」「Transgender（トランスジェンダー）」の頭文字をまとめたもので，性指向と性自認に関するセクシュアルマイノリティ（性的少数者）の総称です（現在では，これらに当てはまらない性的少数者を含めたLGBTsや，「性的指向と性自認」を指すSOGIという言葉も使われ始めています）。

LGBTを理解するにあたって，前提となるのはセクシュアリティの概念であり，それは「人間であることの中核的な特質の1つで，セックス・ジェンダー，セクシュアル・アイデンティティならびにジェンダー・アイデンティティ，性的指向，エロティシズム，情緒的愛着／愛情およびリプロダクションを含む」（WHO, 2002）と定義されます。セクシュアリティは，身体的性別（sex）と性自認（gender identity：自己の性別の認識），性指向（sexual orientation：性的魅力を感じる対象の性別が何であるか）などを主要な要素とします。近年では，個人のセクシュアリティのあり方は個人に属するものであり，社会や制度，医療や家族などから強要されたり押しつけられたりするものではないという認識が世界的に高まっています。

従来の性的問題に対する医学的処置では，少数者は異常だから正常である多数者と同じにするという方針がとられました。同性愛に対しても「生殖に結びつかない性行為は異常だ」との考えから精神疾患とみなされ治療対象とされましたが，性指向を変更させるのは困難であり，治療は失敗に終わりました。その後は，そもそも同性愛を異常とみなすことへの疑問が高まり，現在では1つの性指向のあり方として認められるようになり，治療対象とはならなくなりました。

性同一性障害は，身体的性別と性自認が一致しない状態です。これについてもかつては性自認の変更という治療が試みられましたが，現在では身体的性別を性自認に合わせるという指針に基づいた治療が行われるようになりました（また，2022〈令和4〉年より発効する世界保健機関〈WHO〉の「国際疾病分類」改定版〈ICD-11〉では精神障害の分類から除外され，名称も性別不合と改められます）。

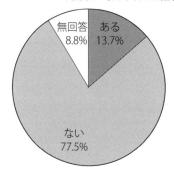

LGBTについて授業に取り入れた経験

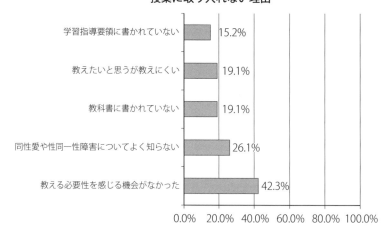

授業に取り入れない理由

図7－1　教師を対象としたLGBTに関する統計
出典：日高（2014）より作成

　しかしながら，現在のわが国の学校教育では，セクシュアルマイノリティについて学ぶ機会が少なく，ネガティブな情報がもたらされる現実があるなど，当事者が疎外感を抱き悩む機会が多くあります。また，学齢期にいじめ被害を経験するセクシュアルマイノリティは多く，自傷行為経験率も高いのですが，その存在や困難さは可視化されづらくなっています。教師を対象とした調査では，養成機関で学びの機会が不足していること，セクシュアルマイノリティの児童・生徒に対応する際の基礎的な知識が欠如している者が多いこと，授業で扱う必要性を感じている者が他の問題より少なく，実際に取り扱う機会も少ないことなどがわかっており，多くの課題が残されています。

4．LGBTに関する事例への理解と支援について

　文部科学省は2016（平成28）年に「性同一性障害や性的指向・性自認に係る，児童生徒に対するきめ細かな対応等の実施について（教職員向け）」で，性同一性障害のみならず性

的指向が同性に向かう同性愛，男女両方に向かう両性愛の生きづらさにもふれ，まずは教職員が偏見をなくし理解を深めることが必要と方向づけています。教職員が正しい情報を知り，個々のセクシュアリティを尊重すること，二次的症状や問題（孤独感や抑うつ，不安，対人関係上の問題など）に対して支援を行うことが求められます。同時に，児童・生徒全体に対して性の多様性を認める教育を行うこと，マイノリティへの否定的なメッセージを含む言動をしていないかを振り返ってみることも重要です。

事例

ゲイの高校生Oさん

　Oさんは高校2年の男子。同性に対して恋愛感情や性的欲求が起こることに中学1年のときに気がつき，それ以降，誰にも言えずに悩んでいました。友人との間で性的なジョークや異性の話が出るとついていけないと感じてしまい，なかなか心を開いて人と付き合うことができないでいます。高校1年のときにインターネット上で同性愛者が利用するSNSを知り，そこで知り合った何人かと会いました。相手とは性行為をもったこともあるが以降関係は途切れ，むなしさを感じていますが，また寂しくなったら会ってしまうのではないかと思っています。家族や友人，先生が悪気なく「オネエタレント」を見て笑ったり，同性愛に対して揶揄するような発言をしたりすることがあるので，自分がゲイであることはとても打ち明けられないと思っています。ときどきひどく落ち込んで何もする気が起きなくなり，憂うつな気分に満たされることがあります。

《引用・参考文献》

アメリカ保健機構（著），松本清一・宮原忍（日本語訳版監修）（2003）．セクシュアル・ヘルスの推進——行動のための提言—— 日本性教育協会．

針間克己（2016）．セクシュアリティとLGBT　こころの科学，*189*，8-13．

日高庸晴（2014）．子どもの"人生を変える"先生の言葉があります．https://www.soumu.metro.tokyo.lg.jp/10jinken/tobira/pdf/02-shiryou3-3.pdf（2019年8月30日閲覧）

樋口進（出演）（2019）．こころの病気 総力特集 ゲーム障害　きょうの健康，NHK教育テレビ（2月11日放送）．

三原聡子（2019）．ゲーム障害：ゲームに「ハマる」ことは依存症なのか？　こころの科学，*205*，63-67．

尾崎米厚（2017）．飲酒や喫煙等の実態調査と生活習慣病予防のための減酒の効果的な介入方法の開発に関する研究 平成29年度報告書 分担研究報告書．https://mhlw-grants.niph.go.jp/niph/search/NIDD00.do?resrchNum=201709021A（2019年8月30日閲覧）

WHO (2002). http://www.who.int/reproductive-health/gender/sexual-health.html（2019年8月30閲覧）

ヤング，K・S（著），小田嶋由美子（訳）（1998）．インターネット中毒——まじめな警告です—— 毎日出版社．

8章
児童虐待の理解と支援

相馬花恵

1.「児童虐待」と子どもの発達

🔑 キーワード

児童虐待：児童虐待防止法（2節のキーワード参照）では，保護者[1] が児童（18歳未満）に対して行う次に掲げる行為と定義されています。

1. 身体的虐待：児童の身体に外傷が生じ，または生じるおそれのある暴行
2. 性的虐待：児童へのわいせつな行為の強要や示唆，等
3. ネグレクト：児童の心身の正常な発達を妨げるような著しい減食や長時間の放置，等[2]
4. 心理的虐待：児童に対する著しい暴言や拒絶的な対応，児童が同居する家庭における配偶者に対する暴力[3]，等

　児童相談所の虐待対応件数は，年々増加の一途をたどっています。2018（平成30）年度には約16万件にまで達しました。とくに，心理的虐待にかかわる相談件数の増加が際

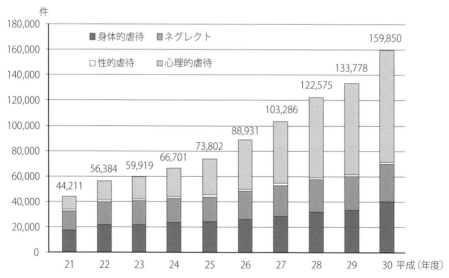

※　平成22年度は東日本大震災の影響により福島県を除いて集計。
　　平成30年度は速報値。グラフ上部の数値は各年度の総件数

図8-1　児童相談所での児童虐待相談対応件とその推移
出典：厚生労働省（2019）をもとに作成

表8－1　虐待が子どもの発達に及ぼす影響

身体面への影響	✓ 打撲，切創，熱傷や，骨折，頭蓋内出血等の外傷
	✓ 栄養障害や体重増加不良，低身長（愛情不足により成長ホルモンが抑えられ，成長不全を呈することもある）
感情面への影響	✓ 安心感・信頼感の喪失
	✓ 感情コントロール（感情抑制能力）の問題
	✓ 感情のまひと解離（記憶が失われる，自分が自分でないように感じられる〈離人感〉，等）
認知面への影響	✓ 自己否定的な考え方（「自分が悪いからこんなことになった」等）
	✓ 自己評価，自己肯定感の低下
	✓ 無力感の増大と意欲の低下
行動面への影響	✓ 多動・注意集中困難・衝動性
	✓ 反抗的・攻撃的な行動
	✓ 自傷行為・薬物やアルコールの乱用・反社会的行動

出典：厚生労働省雇用均等・児童家庭局総務課（2013），国立成育医療研究センター（2011）をもとに作成

立っています。心理的虐待が増加した要因の1つとして，家庭内での配偶者に対する暴力（DV）がある事案に対する警察からの通告が増加したことが指摘されています（厚生労働省，2019）。

　虐待は，子どもの心身の発達，そして生活にさまざまな影響をもたらします（表8－1）。たとえば「意欲の低下」や「注意集中困難」といった影響により，学校での勉強が手につかず，結果として学力が低下してしまう可能性も考えられます。

　表8－1の中には，学校において「気がかりな子・困った子」として扱われやすい子どもの特徴が含まれていることがわかると思います。こうした子どもの「気がかり・困った」（と，まわりから思われやすい）言動には，子どものSOSのメッセージが込められている可能性もあることを忘れてはいけません。

　なお，児童虐待が子どもの発達に及ぼす影響の現れ方は，虐待を受けていた期間，虐待の態様，子どもの年齢等によりさまざまです。また，児童虐待のような心的外傷体験を受けた後，適切な治療・支援を受けないまま放置されることにより，より重篤な影響が将来にわたって残ることが指摘されています[4]。

　児童虐待に関する問題は，1990年代以降，マスメディアでも大きく取り上げられるようになり，今日でも，深刻な社会問題の1つとして注目が集まっています。子どもやその保護者とかかわる機会の多い学校の教職員は，児童虐待の問題に対して適切な対応がとれるよう[5]，理解を深めておくことが求められています。

2.「児童虐待防止法」の解説

🔑 キーワード

児童虐待防止法：正式名称を「児童虐待の防止等に関する法律」といい，2000（平成

12）年11月に施行されました。この法律によって，「児童虐待」が初めて定義され，また，児童虐待の防止や，児童虐待を発見した場合の保護等についても定められました。

　児童虐待防止法において，すべての人は，「児童虐待を受けたと思われる児童」を発見したときは，児童相談所等へ通告しなければならないことが定められています（児童虐待防止法第25条）[6]。確実な裏づけがなかったとしても，児童虐待があったと思われるような事態（たとえば，いつも汚れた服を着ている，何日もお風呂に入っていないようだ，等）があれば，通告義務が生じるのです。この虐待通告に関する事項が法律で明記されたことにより，児童虐待を受けている可能性のある子どもを広く捕捉できるようになりました（久保，2018）。

　また，学校，病院，児童福祉施設等，子どもの福祉に業務上，職務上関係のある団体や個人は，児童虐待の早期発見・早期対応に努めなければならないことが規定されています（児童虐待防止法第5条）。とくに学校の教職員は，子どもと接する機会が多く，日々の子どもの心身の状況を観察しやすい立場にあります。すべての教職員が，児童虐待の早期発見と早期対応の重要性を十分に理解し，対応の流れについて校内で共通認識をもっておく必要があります。

　児童虐待の早期発見・早期対応において各学校が留意すべき点を，京都府教育委員会は次のようにまとめています（図8－2）。

　なお，児童虐待防止法をはじめとする法律は，児童虐待に関する事件の深刻化や，児童

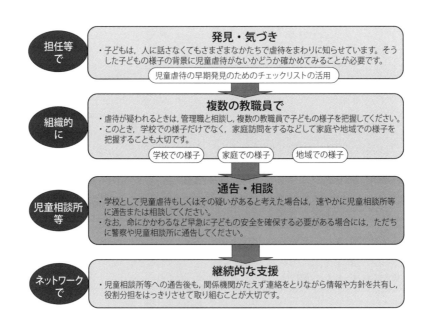

図8－2　児童虐待の早期発見のために
出典：京都府教育委員会『児童虐待の早期発見のために』をもとに作成[7]

福祉の保護を求める社会の声とともに，その内容が改正されてきました。2019（令和元）年6月には，「親がしつけに際して体罰を加えることを禁止する」ことが盛り込まれた改正児童虐待防止法と改正児童福祉法[8] が成立しています。本改正により，学校や教育委員会，児童福祉施設に対しても，「正当な理由なく，その職務上知り得た児童に関する秘密を漏らしてはならない」という守秘義務が課せられるようになりました。すべての子どもが安心して暮らすことができるように，そして万が一の際は，臆せずにまわりにSOSを出し，適切な支援が受けられるように，教職員をはじめとする子どもとかかわる専門職者は，法律の改正内容にも常に目を向けておくことが重要です。

3. 児童相談所の役割と，児童虐待に対する支援の実際

🔑 キーワード

児童相談所：児童福祉法に基づいて設置された，児童福祉の専門機関です。養育困難や虐待，非行等，子ども（18歳未満）やその家庭が抱えるさまざまな問題に対する相談・援助を実施します。子どもに関する相談であれば，本人・家族はもちろん，学校の教員や地域住民等からの相談にも対応します。

先述のとおり，児童相談所が対応する児童虐待の件数は年々増加しています。児童虐待を引き起こす要因として，「①親の要因（親の育児不安や心身の不調・病気，親自身の虐待された経験，等）」や，「②子どもの要因（子どもの発達の遅れや先天異常の疾患，育てにくい気質，等）」，そして，「③家庭をとりまく要因（経済的な不安，地域からの孤立，不安定な夫婦・家族関係，等）」が取り上げられることが多いです。実際には，それ以外にもさまざまな要因があり，これら複数の要因が複雑にからみ合い，児童虐待が引き起こされる危険性が大きくなると考えられています。

これらの複雑な問題がからんでいる児童虐待に対して効果的な援助を実施するために，児童相談所は，市町村をはじめとする他の関係機関と連携をしながら，表8−2の機能を果たすことが求められています。

このほか，児童相談所は，市町村における要保護児童対策地域協議会（図8−3）[9] の設

表8−2　児童相談所の基本的機能

市町村支援機能	✓ 市町村相互間の連絡調整，市町村に対する情報の提供その他必要な援助を行う機能（例：市町村職員への研修の実施，助言等）
相談機能	✓ 子どもに関する家庭その他からの相談のうち，専門的な知識および技術を必要とするものについて，関係機関等を活用しながら相談援助を行う機能
一時保護機能	✓ 必要に応じて子どもを家庭から離して一時保護する機能
措置機能	✓ 子どもまたはその保護者を児童福祉司等に指導させたり，子どもを児童福祉施設や指定医療機関に入所させたり，里親に委託したりする等の措置（行政処分）を行う機能

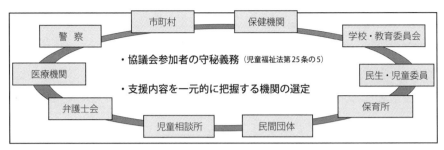

図8-3　要保護児童対策地域協議会：子どもを守る地域ネットワーク
出典：厚生労働省（2007）をもとに作成

置や運営を支援する等，関係機関等の連携に基づいた継続的な子どもとその家庭への支援の実現に向けて，市町村とともに中心的な役割を果たします（厚生労働省雇用均等・児童家庭局総務課, 2013）。

4. 事例に関する理解と支援について

> **事例**
>
> **虐待が疑われる児童・生徒への支援**[10]
>
> 　小学生のAくん は，入学当初から表情が乏しく，朝から顔色が悪かったり，服が汚れていても何日も着続けていたりすることがありました。2年生になると欠席が増え，ゴールデンウィーク明けからはまったく学校に来なくなりました。
>
> 　担任は，校長等の管理職に報告・相談をし，養護教諭，スクールソーシャルワーカー等とも情報共有をしながら対応を進めました。電話連絡や家庭訪問等を試みましたが，保護者は学校関係者と接触することを拒否し，Aくんや保護者と会うことはできませんでした。学校はネグレクトの可能性があるとして，児童相談所に通告することにしました。

　先述のとおり，学校における教職員は，虐待の確信がもてない場合であっても早期に関係機関に相談または通告を行うことが求められています。本事例において，学校はAくんの家庭での様子（食事は十分にとれているか，等）や，子どもを登校させることに対する保護者の姿勢等を把握する必要がありました。しかし，保護者が学校との接触を拒んでいたこともあり，家庭におけるAくんの安否も確認することが困難な状況でした。そこで，児童相談所に相談・通告をするに至っています。

　通告後の学校側の対応として，子どもや保護者の様子を把握するとともに，子どもの出席状況等について関係機関に情報提供をしていきます。また，先述した要保護児童対策地域協議会に参画する等，学校として必要な支援・対応を行っていくことになります。

　学校における児童虐待への対応は，組織（チーム）で行っていくことが重要です（図8-

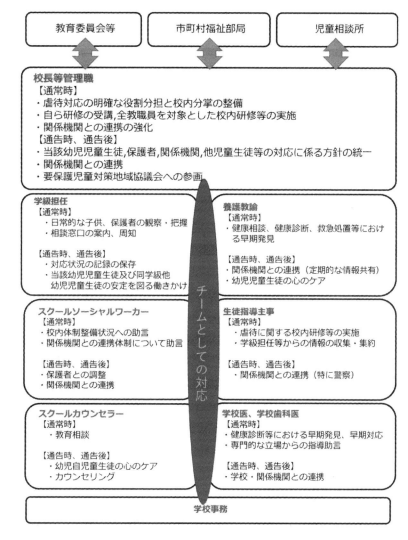

図8-4 児童虐待への対応における役割

出典：文部科学省（2019）

4）。教職員1人ひとりが，互いの役割を理解しながら自らの役割を全うし，子どもが不安や緊張を感じることなく学校生活を送ることができるよう，安心感・安全感が感じられる学校・教室づくりに努めることが求められます[11]。

《注記》

(1) 親権を有する者，未成年後見人その他の者で，児童を現に監護する者を指します。この中には，児童福祉施設の職員や里親等も含まれます。

(2) 重大な病気になっても病院に連れていかない，保護者以外の同居人が児童に虐待をしていることを知りながら放置する，といった場合も，ネグレクトに含まれます。また，子どもを学校に通学（園）

させない，いわゆる教育ネグレクトという形態もあります（文部科学省, 2019）。

(3) ドメスティック・バイオレンス（DV）の問題がある家庭で子どもが育つということは，それを目撃しているか否かにかかわらず，子どもに著しい心的外傷（トラウマ）を与えるとして，心理的虐待と捉えられるようになりました。

(4) 児童虐待を体験した人の心的外傷後ストレス障害（Post Traumatic Stress Disorder: PTSD）の生涯有病率は，37.5％という報告があります（国立成育医療研究センター, 2011）。

(5) 児童虐待に対する支援を考える際，被害に遭った子どもの支援はもちろんですが，「子どもを育てる保護者の支援」にもしっかりと目を向けることが大切です。

(6) 虐待の通告先として，児童相談所や市町村（虐待対応担当課）があります。このほか，子どもの生命・身体に対する危険性や緊急性が高いと考えられる場合は，警察に通告する必要がある場合もあります。なお，2015（平成27）年7月からは，児童相談所全国共通ダイヤル「189（いちはやく）」が設定されました。

(7) 京都府教育委員会HPのほか，文部科学省（2019）にも，児童虐待の早期発見に活用できるチェックリストが掲載されています。いずれも，インターネットから入手可能です。

(8) すべての子どもの健全な育成および福祉の保証を理念とし，子どもがもつべき権利や支援を定めた法律です。

(9) 虐待を受けた子どもをはじめとする要保護児童等に関する情報の交換や支援内容の協議を行うことを目的に，地方公共団体が設置・運営する組織を指します（「地域協議会」「要対協」等と略されます）。構成員は，児童相談所をはじめとする児童福祉機関のほか，保健医療機関，警察・司法機関等，多岐にわたります。もちろん，教育機関として教育委員会や学校も含まれます。これらの構成員には守秘義務が課せられており，そこで共有された情報が，構成員（機関）以外の外部に伝わることはありません。このように，各関係機関が積極的に連携をしながら，子どもや家庭を支援できるような体制がとられています。

(10) 本事例は架空のものであり，実在の人物や団体等とは関係ありません。

(11) 虐待の早期発見や通告，関係機関への情報提供等の協力のほか，「虐待防止のための子ども等への教育に努めること」も学校に求められる役割の1つです。この中には，子どもや保護者への相談窓口の周知も含まれます。これらの詳細に関しては，文部科学省（2019）に紹介されています。

《引用・参考文献》

国立成育医療研究センター（2011）．子どものトラウマ診療ガイドライン．https://www.ncchd.go.jp/kokoro/disaster/to_torauma.pdf（2019年8月20日閲覧）

厚生労働省（2007）．「要保護児童対策地域協議会（子どもを守る地域ネットワーク）スタートアップマニュアル」の公表について．http://www.mhlw.go.jp/bunya/kodomo/dv14/（2019年8月20日閲覧）

厚生労働省（2019）．平成30年度 児童相談所での児童虐待相談対応件数〈速報値〉．https://www.mhlw.go.jp/content/11901000/000533886.pdf（2019年8月20日閲覧）

厚生労働省雇用均等・児童家庭局総務課（2013）．子ども虐待対応の手引き（平成25年8月改正版）．https://www.mhlw.go.jp/seisakunitsuite/bunya/kodomo/kodomo_kosodate/dv/dl/120502_11.pdf（2019年8月20日閲覧）

久保健二（2018）．改訂 児童相談所における子ども虐待事案への法的対応──常勤弁護士の視点から──日本加除出版．

京都府教育委員会．児童虐待の早期発見のために．http://www1.kyoto-be.ne.jp/gakkyou/gyakutai/gyakutai.htm（2019年8月20日閲覧）

文部科学省（2006）．学校等における児童虐待防止に向けた取組について（報告書）．http://www.mext.go.jp/a_menu/shotou/seitoshidou/06060513/__icsFiles/afieldfile/2016/04/08/1235293_001.pdf（2019年8月20日閲覧）

文部科学省（2019）．学校・教育委員会等向け虐待対応の手引き．http://www.mext.go.jp/a_menu/shotou/seitoshidou/1416474.htm（2019年8月20日閲覧）

三浦巧也・杉岡千宏

1.「進路指導・キャリア教育」の意義／進路指導からキャリア教育へ

🔑 キーワード

キャリア：キャリアとは，生涯にわたって遂行するさまざまな立場や役割の連鎖およびその過程における，自己と働くこととの関係づけや価値づけの累積といわれています。また，個人と働くこととの関係の上に成立する概念でもあります。個人が学校生活，職業生活，家庭生活，市民生活等のすべての生活の中で経験するさまざまな立場や役割を遂行する活動として幅広く捉える必要があるでしょう。

キャリア教育：キャリア教育とは，児童・生徒1人ひとりのキャリア発達を支援し，それぞれにふさわしいキャリアを形成していくために必要な，意欲・態度や能力を育てる教育といわれます。また，望ましい職業観，勤労観および職業に関する知識や技能を身につけさせるとともに，自己の個性を理解し，主体的に進路を選択する能力・態度を育てる教育ともいわれています。さまざまな課題を解決していくためには，児童・生徒1人ひとりが自らの責任でキャリアを選択・決定していくことができるよう，必要な能力・態度を身につけていく教育が求められています。

　従来，進路指導を中心とする学校教育の取り組みにおいては，発達課題の達成を支援する系統的な指導・援助といった意識や観点が希薄でした。児童・生徒の内面の変容や能力・態度の向上等に十分結びついていかないことが多くありました。そこで，キャリア教育として，子どもたちが生きる力を身につけ，社会の激しい変化に流されることなく，それぞれが直面するであろうさまざまな課題に柔軟かつたくましく対応し，社会人，職業人として自立していくことができるようにする教育の推進が期待されています（図9−1）。

2. 各教科とキャリア教育の位置づけ

　キャリア教育は，学校のすべての教育活動を通して推進されることが求められます（図9−2）。学校教育で養う生きる力や深い学びは，将来，自立した大人として社会で働くために必要不可欠な知識・能力といえます。児童・生徒のキャリア形成には，各教科等の学習内容が大きくかかわっています。たとえば，自分の意見を書いたり話したりすること

学校から社会への移行をめぐる課題	子どもたちの生活・意識の変容
① 就職・就業をめぐる環境の激変 ・新規学卒者に対する求人状況の変動 ・求職希望と求人希望との不適合の拡大 ・雇用システムの変化 ② 若者自身の資質等をめぐる課題 ・勤労観、職業観の未熟さ ・社会人・職業人としての基礎的資質・能力が未成熟 ・社会の一員としての意識の希薄さ	① 子どもたちの成長・発達上の課題 ・身体的な早熟傾向に比して、精神的・社会的自立が遅れる傾向 ・働くことや生きることへの関心、意欲の低下 ② 高学歴社会におけるモラトリアム傾向 ・職業について考えることや、職業の選択・決定を先送りにするモラトリアム傾向の高まり ・進路意識や目的意識が希薄なまま、進学・就職する者の増加

学校教育に求められている課題

「生きる力」の育成
―確かな学力、豊かな人間性、健康・体力―

社会人・職業人として自立した社会の形成者の育成の観点から
・学校の学習と社会とを関連付けた教育
・生涯にわたって学び続ける意欲
・社会人・職業人としての基礎的な資質・能力
・自然体験、社会体験等の充実
・発達に応じた指導の継続性
・家庭・地域と連携した教育

キャリア教育の推進

・望ましい勤労観、職業観の育成
・小・中・高を通じた組織的・系統的な取組
・一人一人の発達に応じた指導
・職場体験・インターンシップ等の充実

図9-1 キャリア教育の推進
出典：文部科学省（2006）p. 4

各教科・科目	道徳・特別活動 総合的な学習の時間
普通教育　専門教育（職業教育）	

キャリア教育

図9-2 各教科等とキャリア教育との関係性
出典：文部科学省（2006）p. 11より作成

や，課題を仲間と協力して行うことがあげられます。また，仕事をするうえでの専門的な知識も，その多くは学校教育で学ぶ各教科等の学習内容を発展させたものであり，学習の内容や体験そのものが，将来のキャリアを導く手がかりになることが示されています。

　そこで教師は，児童・生徒が各教科においてよりよいキャリアを形成するためのプロセスを意識し，授業内容を見直したり，指導方法を工夫したりすることによって，キャリア教育の視点から学校での教科における学習を充実させることが可能となるでしょう。キャリア教育に関連した各教科の授業内容例について，以下に示します。

　　「国語」……適切に表現し正確に理解すること，討論や議論をすること

　　「算数・数学」……学習内容を活用し思考したり判断したりすること

　　「外国語」……積極的にコミュニケーションを図ること

　　「理科」……自然の原理や法則にふれて日常生活における現象を深く理解すること

　　「社会」……個人と社会との関係性を学び，現代社会の見方や考え方の基礎を得ること

　　「保健体育」……健康を適切に管理する資質・能力を獲得すること，チームにおいて互いに協力したり自己の責任を果たすこと

　　「技術・家庭」……日常生活の現象を適切に理解・評価し，学習によって得た技術を活用すること

　　「音楽」……音楽によって生活を明るく豊かなものにすること，演奏を通して他者と楽しいという気持ちを通い合わせること

　　「美術」……日常生活を美しくする美術の働きを理解すること

3. 家庭・地域・関連機関との連携によるキャリア教育

　キャリア教育を推進するにあたっては，学校が児童・生徒の生活時間の多くを占める家庭地域と積極的にかかわりをもち，ともに連携・協力をして進めることが望まれます。

　家庭は，子どもたちの成長・発達を支える重要な場です。保護者が学校の取り組みを理解し，学校と一体となって子どもたちの成長・発達を支えていくことが，強く求められています。家庭教育のあり方，働くことに対する保護者の考え方や態度は，児童・生徒の人格形成や心身の発達に大きな影響を及ぼします。児童・生徒は，家庭での人間関係や生活体験を通して，社会性を身につけ，生き方の基礎を培っていくことでしょう。

　また，キャリア教育は，生活基盤である地域や周囲の大人，社会や産業等とのかかわりなしには考えることはできません。地域は，児童・生徒がその中で，多様な人間関係を体験することができる場でもあります。生涯学習の観点からも，地域でキャリア教育を進めていくことが求められています。

　このように，学校と家庭，地域がパートナーシップを発揮して，互いにそれぞれの役割を自覚し，一体となった取り組みを進めることがますます重要となるでしょう。今後は，家庭・地域がそれぞれの役割を認識し，児童・生徒の家庭での生活，地域での活動のあり

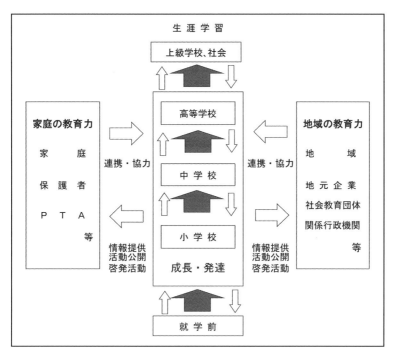

図9-3　学校の連携と家庭・地域との連携

出典：文部科学省（2006）p. 28

　方を考え，キャリア発達を育む連携システムを構築していく必要があります。学校外の教育資源を有効に活用し，児童・生徒に望ましい勤労観，職業観を育み，将来に向けての主体的な進路の選択や決定を指導したり，支援したりできるよう共通理解を図ることが大切でしょう。

4. キャリア教育の視点をもったカリキュラム・マネジメント／校内指導体制

> 🔑 **キーワード**
>
> **カリキュラム・マネジメント**：カリキュラム・マネジメントとは，教育課程に基づき組織的かつ計画的に各学校の教育活動の質の向上を図っていくことといわれています。教育課程の実施状況を評価してその改善を図っていくことや，教育課程の実施に必要な人的または物的な体制を確保するとともにその改善を図っていくことなどを通して，カリキュラム・マネジメントが果たされます。また，カリキュラム・マネジメントは，生徒や学校，地域の実態を適切に把握し，教育の目的や目標の実現に必要な教育の内容等を教科等において，横断的な視点で組み立てていくことが求められています。

　カリキュラム・マネジメントには，主に3つのアプローチがあります。1つ目は，各教科等の教育内容を相互の関係で捉え，学校の教育目標を踏まえた教科横断的な視点で，そ

の目標の達成に必要な教育の内容を組織的に配列していくことです。2つ目は，教育内容の質の向上に向けて，児童・生徒の姿や地域の現状等に関する調査や各種データ等に基づき，教育課程を編成し，実施し，評価して改善を図る一連のPDCAサイクルを確立することです。3つ目は，教育内容と，教育活動に必要な人的・物的資源等を，地域等の外部の資源も含めて活用しながら効果的に組み合わせることです。

1つ目の教科横断的な視点において，教科全体で取り組む課題として，たとえば，環境教育，情報教育，防災教育，食育，ESD（Education for Sustainable Development：持続可能な開発のための教育），プログラミング教育などがあげられます。また，その際に，児童・生徒に知識や技能が適切に獲得されること，思考力や判断力および表現力が身につくこと，学びに向かう姿勢や人間性が育まれることが期待されています。

2つ目として，まずPDCAサイクルとは，Plan：教育課程や各教科等の目標や内容，評価規準や評価方法等，評価の計画も含めた指導案の組織的な編成および作成，Do：指導計画を踏まえた教育活動の実施，Check：児童・生徒の学習状況の評価，それを踏まえた授業や指導計画等の評価，Action：評価を踏まえた授業改善や個に応じた指導の充実，指導計画のさらなる改善を示します。このPDCAサイクルを確立するためには，授業を振り返り，単元を含む年間指導計画を評価すること，年間指導計画をもとにカリキュラムを評価すること，カリキュラムの評価をもとにして学校全体を評価することを通して，教育課程を編成・実施・評価・改善を繰り返すことが望まれます。

3つ目として，すべての教職員がカリキュラム・マネジメントに参加し，人材や予算，時間，情報，教育内容といった必要な資源を再配分することによって，学校の特色をつくり上げていくことが重要となります。

カリキュラム・マネジメントが円滑に実現されることによって，過度に進行した教科等によるタテ割りの教育課程，学校や教育行政のシステムや組織運営が是正されます。また，学校の全体的なあり方が改善されることでしょう。そして，教師自らの授業や学級経営が教育課程といかなる関係にあるか，学校教育目標の実現にいかなる役割を果たすか等について，教師が自らと対話する機会が促進されることにつながります。

🔍 調べよう・深めよう！

調べよう：学校生活で育成される基礎的・汎用的能力とはどういうものでしょうか？
深めよう：キャリア教育を活かした各教科の指導実践を考えてみましょう。

《引用・参考文献》

文部科学省（2006）．小学校・中学校・高等学校キャリア教育推進の手引．https://www.nier.go.jp/shido/centerhp/20kyariasiryou/20kyariasiryou.hp/3-05.pdf#search='%E3%82%AD%E3%83%A3%E3%83%AA%E3%82%A2%E6%95%99%E8%82%B2'（2019年8月20日閲覧）

10章
教育相談の意義と実際

石津憲一郎

1. 学校教育相談の意義

> **🔑 キーワード**
>
> **教育相談：**旧中学校学習指導要領（文部科学省, 2008）では「一人一人の生徒の教育上の問題について本人又はその親などに，その望ましい在り方を助言することである」としています。小学校および中学校学習指導要領解説（特別活動編）（文部科学省, 2017a）では，「一人一人が抱える課題に個別に対応した指導を行うカウンセリング（教育相談を含む。）」の意義をあげています。そして，学校におけるカウンセリングは，「生徒（小学生版は児童）一人一人の生き方や進路（小学生版は生活や人間関係）などに関する<u>悩みや迷いなどを受け止め</u>，自己の可能性や適性についての自覚を深めさせたり，適切な情報を提供したりしながら，生徒（児童）が自らの意志と責任で選択，決定することができるようにするための<u>助言等を，個別に行う教育活動</u>」としています。

　生徒指導提要（2010〈平成22〉年3月）によれば，教育相談とは，児童・生徒それぞれの発達に即して好ましい人間関係を育て，生活によく適応させ，人格の成長への援助を図るものとされています。教育相談は生徒指導の一環として位置づけられ，生徒指導の中心的な役割を担うとされています。生徒指導がその特性を，集団に焦点を当て集団の中の個の成長を促進させるところに重きを置くとすれば，教育相談とは，個に焦点を当てながら自己理解を促し，好ましい人間関係を育てさせながら，人格の成長へと結びつけるための教育活動です。上記は対比的に書いていますが，実際には生徒指導と教育相談の理念はそれぞれ相対するものではなく，相補的な関係にあります。当たり前のことですが，児童・生徒を守り人格の成長を促すためには規則や管理といった物理的・精神的な枠組みが必要になります。それがなければ，個人は安全や安心という基本的な欲求が満たされません。規則や管理は，その場にいる人たちすべての，安心と安全を保障するための基礎的な枠組みとして，社会に受け入れられるかたちでの個性の発揮のためにも重要です。

　このように生徒指導の一環として位置づけられる学校教育相談は，「1人ひとりの人格を尊重しながら，社会的資質と個性の伸長を図る」という教育の目的を達成するための意義をもっています。学校教育相談は学校で働くすべての職員の共通理解のもと，それぞれ

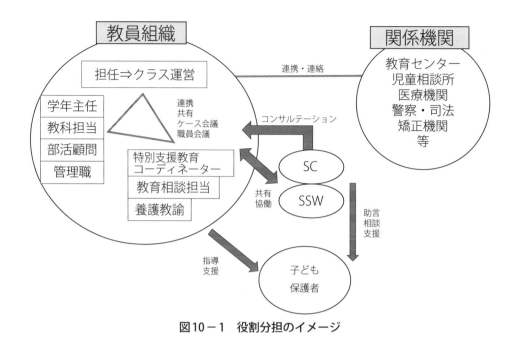

図10−1　役割分担のイメージ

の役割に基づいたチームによる取り組みである必要があります。また，教師からの働きか
けが，子ども自身の課題として受け止められ，自己理解の促進や行動の変容につながるた
めには，1人ひとりの子どもの声に耳を傾け信頼関係をつくろうとする学校全体での取り
組みが肝要です。

2. 学校心理学における教育相談

　日本学校心理学会のホームページによると，学校心理学とは，「学校教育において一人
ひとりの子どもが学習面，心理・社会面，進路面，健康面などにおける課題の取り組みの
過程で出会う問題状況の解決を援助し，子どもの成長を促進する"心理教育的援助サービ
ス"の理論と実践を支える学問体系」とされています。むろん，ここでのサービスは「一
方的な施し」という意味ではありません。英語におけるserviceにはsupportやhelpingと
いう意味合いがあり，心理学と学校教育の融合を目指す学問体系である学校心理学では，
学校教育を子供の成長を支えるヒューマンサービスとして捉え，子どもはそのサービスを
活用する権利を有する者としています（石隈，1999）。

　学校教育と心理学の知識や方法の統合を目指す学校心理学の学問体系は，以下の3つの
柱から構成されます（石隈，1999，2004）。1つ目は「子どもの学習や発達及び行動や人格に
関する心理学及び行動科学の理論と方法」であり，学習，発達，認知，人格，集団といっ
た基礎心理学の理論に関する柱です。2つ目の柱である「子ども，教師，保護者，学校組
織に対する心理教育的援助サービスの理論と技法」では，さまざまなサービスを提供する
際の根拠となる資料を収集するプロセスに加え，カウンセリングやコンサルテーションの

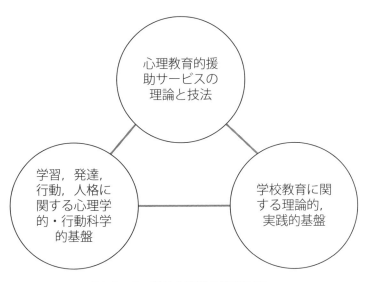

図10−2　学校心理学の学問体系

理論と方法を学びます。3つ目の「学校教育に関する理論と方法」は，教育制度や教育哲学，学校・学級運営の知識に加え，発達障害を含めたさまざまな障害を抱える子どもたちへのサービスをより充実させるための，特別支援教育に関する知識と方法に関する柱といえます。

　こうした3つの柱は，バラバラに存在してしまうリスクがあります。学校教員は教育制度や教育哲学，学校・学級運営に関する知識はより豊富で，スクールカウンセラー（SC）はカウンセリングの理論や方法をより高めていこうとするでしょう。しかし，貧困，虐待，不登校，暴力行為への対応だけではなく，さまざまな疾患や障害を抱えている子どもたちを支え，学校がその機能をより発揮するためには，教師やSC，スクールソーシャルワーカー（SSW）が個別的に活動をするだけでは，3つの柱は統合されません。中央教育審議会（文部科学省, 2015）は「チームとしての学校」の中で，多様な専門性をもつ人材との効果的な連携を示しています。多様なサービスの充実のためには，コミュニケーションに基づく連携がより期待されています。

3.　心理教育的援助サービスモデルの解説

🔑 **キーワード**

心理教育的援助サービス：図10−3に示すように，心理教育的援助サービスは3段階の支援から構成されています。学校心理学の枠組みでは，この心理教育的援助サービスは子どもがさまざまな課題に取り組む際に出会う問題を解決し，子どもの成長を保障し促進することを主眼としています。また，その取り組みの中心となる担い手は教師ですが，保護者やカウンセラーと連携して行われることが期待されています。

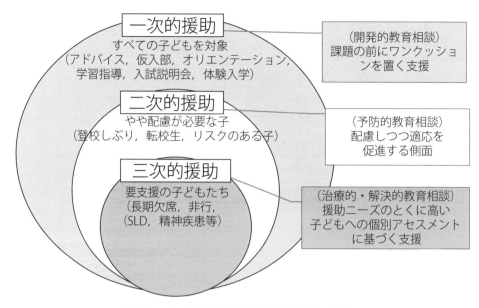

図10－3　3段階の心理教育的援助サービス

　心理教育的援助サービスは「一人ひとりの子供が学習面，心理・社会面，進路面，健康面などにおける課題の取り組み課程で出会う問題状況への対処や解決，および危機の予防や対処を援助する活動」を指します（石隈，1999）。子どもたちはこうした領域（面）に取り組む際に困難さ（援助ニーズ）を抱くことがあります。また，学校心理学では，この心理教育的援助サービスについて，「一時的援助サービス，二次的援助サービス，三次的援助サービス」という3段階のサービスモデルを提唱しています。

　第一次援助サービスでは，すべての子どもを対象とし，予防的で発達促進的な援助をねらいとしています。たとえば，学校にスムーズに適応できるように一日体験入学がありますし，学習でのつまずきを防止するために，「ノートの取り方」を学ぶこともあるでしょう。それでも一部の子どもは，学校という環境に苦戦する姿を見せることがあります。たとえば，登校しぶりを見せたり，学習意欲が低下したりすることは，子どもの苦戦の現れといえそうです。帰国子女や転校生も，新しい文化や環境に馴染むまで，時間をかけていく必要があります。このように，学校環境と個人とのマッチングに困難を見せ始めた子や，新しい環境に慣れていく必要のある子は，「援助ニーズ」をもっている子どもですので，その子の困難がより大きくならないように，二次的援助サービスとして早期に支援していきます。三次的援助サービスでは，さらに大きな援助ニーズをもつ子どもへの個別的な援助を示します。不登校やいじめ，精神疾患，障害などの困難を抱えた子どもたちは，本来受けられるはずの成長促進的なかかわりを学校の中で受けにくい状態にあります。ここでは，子どもの強い能力（自助資源）と環境の資源（援助資源）を活用しながら，子どもの発達や適応および，子どもと環境との適合の援助を目指します（石隈, 1999, 2004）。二次的援助サービスや三次的援助サービスでは，さまざまな資源を活用しながら問題に対応す

る必要があります。誰か特定の人だけによる援助ではなく，チームによる援助の重要性が再確認されます。

4. 教育相談コーディネーター

> **🔑 キーワード**
>
> **教育相談コーディネーター**：児童・生徒への組織的な生徒指導と教育相談活動を行うための体制を構築する際に，中心的な役割を担う教職員のこと。教育相談コーディネーターは，教職員，SC，SSW，保護者，外部機関について，それぞれの特色や担うことができる役割を十分に理解し，被支援者である子どもや保護者の状況とこれまでの支援状況を把握したうえで，適切なチームによる支援が行われるよう連絡調整等を行います。

　文部科学省は2018（平成29）年1月に「児童生徒の教育相談の充実について～学校の教育力を高める組織的な教育相談体制づくり～」の中で，教育相談の「体制づくり」に言及しながら，学校の教職員を教育相談コーディネーターとして配置・指名し，教育相談コーディネーターを中心とした教育相談体制構築の必要性をあげています。

　学校内の教育相談機能を高めるために1996（平成7）年度からSCが試験的に学校に配置されました。現在，SCと教員との協働は広く認知されるようになってきています。SSWも2009（平成20）年度から展開されてきました。一方でSCに関していえば，学校内に教員以外の専門家が入ることは当時の日本では珍しく，どのように活用すればよいのか手探

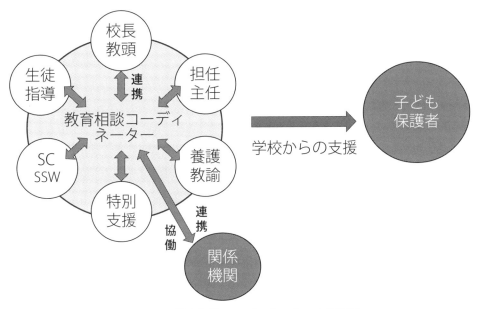

図10−4　教育相談コーディネーターの役割等

りのまま導入された部分もあり，SCと学校とが互いの専門性を認めながら子どもの支援を協働するまでには，時間がかかった現実がありました。

　教育相談コーディネーターはより組織的な連携・支援体制を維持するために，教員，SC，SSWの役割を十分に理解し，学校内および関係機関等との連絡調整，ケース会議の開催等の調整が求められています。また，その職務を遂行するうえで，一定の役割を与えること，学校の実情に応じ授業のもち時間の考慮をすること，学級担任をもたないこと等の配慮の必要性が先の報告書で指摘されています。

　こうした指摘を踏まえ，各自治体では取り組みを開始しています。たとえば，富山県の公立中学校の一部では「カウンセリング指導員」と呼ばれる教育相談専任の教員が配置されています。このカウンセリング指導員は，原則的に授業や部活動を担当せず，担任をもたないという特徴があります。担任や授業等を担当せず，上記の職務に専門的にあたるという「教育相談専門」に関する制度は，全国的に見ても非常に珍しい取り組みです。カウンセリング指導員は現在のところ中学校の一部にしか配置されていませんが，教育相談専任の教員として，教師とSC，SSW，外部機関とがより協働するための教育相談体制を構築するうえで，非常に重要な役割を果たしています（池田他, 2017）。

《引用・参考文献》

池田宗介・石津憲一郎（2017）．カウンセリング指導員の成立とその職務（1）富山県における教育相談専任教員の発展　富山大学人間発達科学研究実践総合センター紀要, *12*, 41-51.

石隈利紀（1996）．日本の学校教育におけるスクールカウンセラーの現状と課題――学校心理学の視点からスクールカウンセラーの事例を検討する――　こころの健康, *11*, 36-48.

石隈利紀（1999）．学校心理学――教師・スクールカウンセラー・保護者のチームによる心理教育的援助サービス――　誠信書房.

石隈利紀（2004）．学校心理学とその動向――心理教育的援助サービスの実践と理論の体系をめざして――　心理学評論, *47*, 332-347.

文部科学省（2008）．中学校学習指導要領解説特別活動編.

文部科学省（2010）．生徒指導提要　教育図書.

文部科学省（2015）．チームとしての学校の在り方と今後の改善方策について（中央教育審議会答申）. http://www.mext.go.jp/b_menu/shingi/chukyo/chukyo0/toushin/__icsFiles/afieldfile/2016/02/05/1365657_00.pdf（2019年7月20日閲覧）

文部科学省（2017a）．中学校学習指導要領解説特別活動編（平成29年度告知）.

文部科学省（2017b）．児童生徒の教育相談の充実について――学校の教育力を高める組織的な教育相談体制づくり――（報告）. https://www.pref.shimane.lg.jp/izumo_kyoiku/index.data/jidouseitonokyouikusoudannjyuujitu.pdf（2019年7月20日閲覧）

11章
児童・生徒を理解する

野元明日香

1. 学校不適応とは

> ### 🔑 キーワード
>
> **不適応**：社会的環境に合わせて行動を変えることができず，環境との調和が乱れ，心理的に不安定な状態。

　“学校”という社会的環境で，子どもたちに不適応が起きていることを総称して，「学校不適応」と呼ばれています。

　その数の多さから，「不登校」が大きく取り上げられますが，学校不適応は不登校だけにかぎりません。たとえば，「いじめ」問題では，いじめられる側の苦痛は大いに学校不適応の原因になります。いじめる側についても，その背景には何らかの問題があると推測され，彼らにとってはいじめることが適応のためのすべなのかもしれませんが，社会的観点からすると，適応的なふるまいであるとはいえません。所属するグループの友人とは良好な関係を築けていても，教師の指示を聞かないなど，社会的な規範に反する行動をとる「非行」も，学校不適応に含まれます。見落とされがちではありますが，知能から期待されるよりも学力が低い「アンダー・アチーバー」や，その反対の「オーバー・アチーバー」でも不適応となるケースがあります。また，さまざまな議論がなされていますが，友人や学校という場に過度に同調してしまう「過剰適応」も，一見すると適応的ですが，学校不適応に含まれるという見方もあります（岡田, 2015）。その他，家庭では普通に話をすることができるのに，特定の場面（学校など）や特定の人（先生や級友など）に対して選択的・持続的に話をしない「選択性かん黙」などもあります。最近では「HSC（Highly Sensitive Child：ひといちばい過敏な子ども）」という概念も日本でも取り上げられるようになり，子どもの気質や発達特性によっても，そのSOSの現れ方は千差万別です。

　では，“子どもが学校に適応している状態”とはどのような状態でしょうか。岡田（2015）は著書の中で，適応の側面を「空間的側面」と「時間的側面」の2つで捉えています。第一の「空間的側面」の中には，「主体（内的環境）」と「外的環境」があるといわれ，松尾（2014）も，「不適応とは，個人の特徴と環境の要求との不一致で生じる」と述べています。第二の「時間的側面」では，適応の過程を時間軸で捉える必要があるとしています。さらに，岡田（2015）は，「心理的適応と社会的適応を区分して捉えることが重要」と述べ，

表11－1　学校適応の理解の例

子どもの状態	心理的適応		社会的適応	
	欲求充足	要請対処	孤立傾向	反社会的傾向
過剰適応	－	＋	－	－
非行	＋	－	－	＋
1人が好き	±	－	＋	－

出典：岡田（2015）を参考に作成

心理的適応は「欲求充足：他から求められることと自分のやりたいことにズレがない状態」と「要請対処：他から求められることと自分の行動にズレがない状態」，社会的適応は「孤立傾向：周囲からの孤立という非社会的な状態」と「反社会的傾向：周囲に被害を与える反社会的な状態」に分け，問題を捉えることを勧めています（表11－1）。

　近年の子どもをめぐる環境の変化は著しく，学校という環境にも，その影響が及んでいます。とくにSNSを媒介とした対人関係の問題は数多く見られ，表に見える子どもたちの世界（学校などの現実世界）と，表に見えない世界（インターネットなどの非現実世界）という複雑さが生じており，以前と比べると，学校という現実世界では，ますます適応が難しい時代になっているともいえます。学齢期の子どもにとって，その大半の時間を過ごすのは学校です。そこでの安定した生活（適応）が，その後の豊かな人生の土台を築くことにつながっていくことを考えると，学校生活の質（Quality of School Life）を保ち続けることがいかに重要か，想像に難くないでしょう。

2．カウンセリングマインドとは

　心理の専門家以外ももつとよいとされているものに「カウンセリングマインド」があります。「カウンセリング」は，心理の専門家が行う，問題解決のための相談支援です。その"マインド"を教師ももつことが教育にとってよいとされ，「学校における教育相談を育てようとする活動の中から生み出されたことば」（原田，2013）がカウンセリングマインドです。ただ，大野（2004）も指摘しているように，「その意味するところは論者によって開きがあり，一義的に定義し得ない」のが現状です。

　金原（2015）は，日本においてこの言葉が生まれ，広まった経緯をまとめています。それによれば，第二次世界大戦後，日本で「クライエント中心療法」を提唱したロジャーズ（Rogers, C. R.）の学派が台頭し，そのころ（1955〜1982年）に，和製英語である「カウンセリングマインド」という言葉が生まれたといいます。土台となっている思想は，ロジャーズの「カウンセラーの態度条件」のうちの3条件，「受容（無条件の積極的関心）」「共感的理解」「自己一致」で，教師が子どもたちを尊重しながら接することにより，信頼関係が構築され，教育活動が展開されるといわれています。

　一方で，金原（2015）が指摘しているように，曖昧な概念であるカウンセリングマイン

表11-2　カウンセリングマインドの育み方

体験	意識的に相手の気持ちに意識を向け，体験する場を設ける。コミュニケーションのプロセスを意識的に対応することが，カウンセリングマインドの態度を学ぶ練習となる。
「聴く」スキルの獲得	①作業を止めて，相手に体を向ける。 ②相手が話しているときに適度に相手の目を見る。 ③あいづちや，うなずきをする。 ④最後まで話を聴き，内容について質問や確認をする。
自分を知る	人生観，人間観，教育観，子ども観を知り，それらを振り返る中で沸き起こる自分の気持ちに向き合う。感情の変化のプロセスを繰り返し体験し，自分の気持ちに寄り添えるようになると，子どもの気持ちにも寄り添えるようになる。

出典：原田（2013）を参考に作成

ドにより，かえって事態を悪化させることがあるという懸念もあります。そこで注目したいのは，「カウンセリングマインドにおいて，受容とは甘えを認めること，その行動を容認することではない。むしろ，カウンセリングマインドは甘やかすのではなく，子どもの自立を促すものにほかならない」（原田，2013）という言葉です。この点を念頭に置いて支援にあたることが肝要です。また，教師は教育のプロフェッショナルであるという観点から，自分には対応が困難と感じられる場合や，たとえば，十分に熟知していない検査を実施する場合などは，スクールカウンセラー[1]や他機関にゆだねることも方法の1つです。自分にどこまでできて，どこからは他機関と手を携えて子どもを支えていく必要があるのか。自分を客観的に見つめ，自分を知り，他者支援や他者理解につなげることも，カウンセリングマインドの新しいかたちといえるかもしれません。原田（2013）も，カウンセリングマインドの育み方として「自分を知る」ことをあげています（表11-2）。子どもたちの小さな変化やSOSに目を向け，耳を傾け，こころを寄せ，"この人ならわかってくれる"と子どもたちに感じてもらえる大人の1人になりたいものです。

3. 心理教育的アセスメント・コンサルテーションについて

では，子どもに学校不適応の兆候が見られたとき（登校しぶり，腹痛，無気力，怒りっぽくなる，不眠，過眠など），学校現場でできることはどんなことでしょうか[2]。ここでは，代表的な2つの支援について紹介します。

（1）心理教育的アセスメント

🔑 **キーワード**

心理教育的アセスメント：「援助の対象となる子どもが課題に取り組むうえで出会う問題状況や危機の状況についての情報の収集と分析を通して，心理教育的援助サービスに関わる意思決定（例：援助案の作成）のための資料を提供するプロセス」（石隈，2004a）。

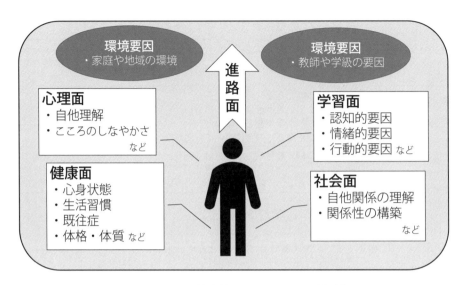

図11-1　心理教育的アセスメントの諸領域

　心理教育的アセスメントは，「情報収集→分析→援助介入の意思決定」というプロセスをいいます。まずは，子どもに関する情報（内的環境）や学校環境（外的環境）に関する情報収集に努め，その後，現状の分析を行います。

　方法としては，「子どもおよび関係者との面接」「心理検査」「行動観察」「記録・書類の検討」があります。知能検査や学力検査などの標準化されたテストだけでなく，学校での期末テストの結果や提出物，教師のもつ印象なども，子どもを捉えるうえでの重要な材料となります。この際，忘れてはならないのが，"問題となっているところだけに焦点を当てるのではなく，子どものよい面や，今できていることにも目を向けること"です。そこに，問題解決のヒントが隠されている可能性があります。心理教育的アセスメントの各領域にアプローチし，分析してみましょう（図11-1）。

(2) コンサルテーション

> **🔑 キーワード**
>
> **コンサルテーション**：「異なる専門性をもつ複数の者が，援助の対象（例：子ども）の問題状況について検討し，よりよい援助の在り方について話し合うプロセス（作戦会議）」（石隈，2004b）。

　コンサルテーションは，心理教育的アセスメントに基づき，必要に応じて行われます。カウンセリングなど子どもに直接かかわる「直接的支援」も重要ですが，周囲の理解を深め，適切な対応や役割をそれぞれがとることで，学校適応を促す「間接的支援」も同様に重要です。その種類はさまざまで，"誰と行うか"や，"どのようなかたちで行うか"により異なります（表11-3）。

表11-3　さまざまなコンサルテーション

教師とSC	教育のプロの教師と，心理学的援助のプロであるSCが，それぞれの視点から対応を協議する
教師と保護者	学校教育の専門家である教師と，家庭教育の責任者である保護者が，子どもの問題状況について話し合う
問題解決型	異なる専門家同士の「作戦会議」（例：個別の援助チーム）
研修型	教師や保護者のための研修会で，外部講師を招いて行われることもある
システム介入型	子どもへの援助システムの改善を目的とし，学校組織が援助対象となる

出典：学校心理士資格認定委員会（2012）を参考に一部加筆し作成

　どのようなかたちにせよ，共通していることは，「守秘義務」と「報告義務」があることです。どの情報を，どの相手に，必要に応じて伝えるかについてよく話し合い，きちんとコンセンサスを得ることが大切です。

4. 児童・生徒へのアセスメント

　ここでいう「アセスメント」とは，先ほどの「心理教育的アセスメント」より狭義で，子どもの特性を測定・評価できる標準化されたテスト（心理検査）のことを指します。ここでは，心理検査の中でも学校現場で活用できる検査を表11-4に示しました（知能検査，発達検査については省略）。
　これらをうまく活用するためには，まず“何を知りたいのか”を明確にすることが必要です。そのうえで，子ども本人や保護者に対して，実施予定の検査の目的を説明し，十分

表11-4　アセスメント検査の例

人格・性格・健康状態（内的環境）		
質問紙法		Y-G性格検査
		MAS（顕在性不安検査）
		TEG（東大式エゴグラム）
投影法	絵や図の刺激に対する言語反応を捉えるもの	ロールシャッハテスト
		P-Fスタディ（絵画欲求不満テスト）
	言語刺激に対する言語反応を捉えるもの	SCT（文章完成法テスト）
	描画を解釈するもの	バウムテスト
		風景構成法
学級・学校（内的環境と外的環境の相互関係）		
ソシオメトリック・テスト	学級での人間関係を可視化	
学級風土質問紙	「関係性」「個人発達と目標指向性」「組織の維持と変化」を測定	
学級生活満足度尺度	いじめ問題の早期発見のため「承認・満足」「被侵害・不適応」を測定	
学校享受感尺度	学校に対する主観的な思いを把握	
小学生用学校不適応感尺度	「友だちとの関係」「先生との関係」「学業場面」を測定	
Q-U（Questionnaire-Utilities）	「学校生活意欲」「学級満足度」を測定	

な納得と同意が得られれば，その検査が実施可能になります。そのためには，日ごろからの本人や保護者との関係性の構築は重要です。また，前もって学校長などの所属長に許可を得ることも必要です。実施が決まれば，正確な実施法を身につけてから検査に臨みます。そして，子どもたちの時間と労力を無駄にせず，今後の支援につなげるため，実施後の分析・解釈は，細心の注意を払いながら丁寧に行っていくことはいうまでもありません。

> 📖 **調べよう・深めよう！**
> **調べよう：**学級担任等が教育相談をする意義とは何ですか？
> **深めよう：**児童・生徒の問題・課題等のサインに対して，教師はどのように気づけばよいでしょうか？

《注記》

(1) 自治体によっては，スクールカウンセラー業務の中に心理検査・知能検査等の実施が含まれていないところもあります。

(2) すでに学校不適応に陥っている場合には，医療機関や相談機関などを紹介し，専門家に診てもらうことを勧めます。

《引用・参考文献》

アーロン，E・N（著），明橋大二（訳）（2015）．ひといちばい敏感な子──子どもたちは，パレットに並んだ絵の具のように，さまざまな個性を持っている── 1万年堂出版．

学校心理士資格認定委員会（編）（2012）．学校心理学ガイドブック 第3版 風間書房．

原田恵理子（2013）．カウンセリングマインド．藤澤文（編），教職のための心理学（pp. 171-181） ナカニシヤ出版．

石隈利紀（2004a）．心理教育的アセスメント．福沢周亮・石隈利紀・小野瀬雅人（責任編集），日本学校心理学会（編），学校心理学ハンドブック──「学校の力」の発見──（pp. 68-69） 教育出版．

石隈利紀（2004b）．教師・保護者へのコンサルテーション．福沢周亮・石隈利紀・小野瀬雅人（責任編集），日本学校心理学会（編），学校心理学ハンドブック──「学校の力」の発見──（pp. 112-113） 教育出版．

金原俊輔（2015）．カウンセリング・マインドという概念および態度が日本の生徒指導や教育相談へ与えた影響──主に問題点に関して── 長崎ウエスレヤン大学地域総合研究所紀要，*13*, 1-12．

松尾直博（2007）．学校適応．堀洋道（監修），櫻井茂男・松井豊（編），心理測定尺度集Ⅳ──子どもの発達を支える〈対人関係・適応〉──（pp. 340-342） サイエンス社．

根ヶ山光一（1999）．適応．中島義明・安藤清志・子安増生他（編），心理学辞典（pp. 607-608） 有斐閣．

岡田有司（2015）．中学生の学校適応──適応の支えの理解── ナカニシヤ出版．

大野精一（1997）．学校教育相談 理論化の試み ほんの森出版．

1. 学校におけるカウンセリング体制の特徴

　学校で用いる「カウンセリング」という言葉には広い意味があり，本来の意味での問題解決や治療の目的のほかに，開発的・予防的な目的があります。開発的カウンセリングは，問題行動や不適応状態を呈していない子どもも含めたすべての子どもの個性の伸長や発達の援助を志向し，教育成果をより高く獲得できるように支援すること，子どもの能力を現在よりも高めて学校生活をより意欲的に送れるように支援することなどを目的とします（河村, 2012）。開発的カウンセリングはすべての子どもを対象とした集団対象の教育活動であり（石隈, 1999），心の健康教育として行われる予防開発的心理教育（石隈, 2016）も開発的カウンセリングの1つのかたちです。予防的カウンセリングでは，開発的カウンセリングだけでは解決されなかった一部の子ども（登校しぶり，学習意欲の低下，友人をつくりにくいなど）を対象に，問題状況が大きくなりすぎることを防ぎ，問題解決的（治療的）カウンセリングはチーム援助を中心に行われます（中井, 2017）。このような学校でのカウンセリング体制の特徴は表12 − 1のように整理されます。

表12 − 1　学校カウンセリング体制の特徴

利　点	課　題
・問題状況が生じる前の援助 　どの子どもも経験しうる困難（たとえば，小学校1年生に進学時の子どもの戸惑いや不安）を予想しやすいのみでなく，その困難を乗り越える能力を高めるための活動を実施しやすい。	・人間関係の影響 　教職員が相談を受ける子どもと同じ場で生活しているため，相談場面以外の教職員と子どもの人間関係を反映しやすい。
・早期の援助 　子どもを日ごろから観察したり家庭環境や成績等の情報を基に，問題状況が大きくなる前に気づき，必要なタイミングで援助を開始しやすい。	・指導と援助のバランスの葛藤 　学級担任が反社会的な行動（未成年の飲酒・喫煙，万引き，暴力行為等）への教育相談を行う場合に，指導的なかかわりと援助的なかかわりの両方を同時に行う難しさが生じる。
・問題状況が生じているときの援助 　学校内の連携として，複数の教職員が多様なかかわりをもつことができ，とくに子どものよいところを認め励ますことで支えていきやすい。 　学校外の医療機関や福祉機関（児童相談所等）などと連携をとりやすい。	・守秘義務の取り扱い 　学校内外の連携をするうえで，秘密の保持や個人情報の保護などについて関係者間で共通認識を徹底しつつも，必要な情報は共有しなければ子どものためのよい援助を展開できず，そのバランスが難しい。 　これらの課題解消のためには，複数の教職員による教育相談体制（援助チーム）をつくることが重要である。

出典：石隈（2016），河村（2012），文部科学省（2010），中井（2017）をもとに作成

2. 校内支援体制におけるスクールカウンセラーの位置づけと教育相談の形態

> **🔑 キーワード**
>
> **スクールカウンセラー**：スクールカウンセラーは心理の専門家として児童・生徒等へのカウンセリングや困難・ストレスへの対処方法に資する教育プログラムの実施を行うとともに，児童・生徒等への対応について教職員，保護者への専門的な助言や援助，教育のカウンセリング能力等の向上を図る研修を行っている専門職です。(中央教育審議会, 2015)

これまでの教育相談は，どちらかといえば事後の個別対応に重点が置かれていましたが，今後は不登校，いじめや暴力行為等の問題行動，子どもの貧困，児童虐待等については事案が発生してからのみではなく，未然防止，早期発見，早期支援・対応，さらには事案が発生した時点から事案の改善・回復，再発防止まで一貫した支援に重点を置いた体制づくりが重要です（文部科学省, 2017）。今後のチームとしての学校（チーム学校）を考えるうえで，スクールカウンセラーの役割はますます重要になっています。

チームとしての学校（チーム学校）とは，「校長のリーダーシップの下，カリキュラム，日々の教育活動，学校の資源が一体的にマネジメントされ，教職員や学校内の多様な人材が，それぞれの専門性を生かして能力を発揮し，子供たちに必要な資質・能力を確実に身に付けさせることができる学校」のことであり，多様な専門性をもつ職員の配置を進め，教師と多様な専門性をもつ職員が1つのチームとして，それぞれの専門性を活かして連携・分担する学校のことをいいます。スクールカウンセラーとスクールソーシャルワーカーは，チーム学校における教員以外の心理や福祉に関する専門スタッフにあげられています（中央教育審議会, 2015）。

学校では，スクールカウンセラーは，さまざまな教育相談上の課題を調整する要として活動する教育相談コーディネーター，養護教諭，スクールソーシャルワーカー等の教職員と協力して，子どもたちの課題解決にあたります。そのため，学校は校長のリーダーシップのもとで，スクールカウンセラーの専門性や役割，業務等を明確にし，全教職員が共通理解をもち，一体となって対応することができる組織的な教育相談体制を構築することが必要とされています（神奈川県教育委員会, 2016）。

スクールカウンセラーが専門的に行う仕事は，要支援者（子ども個人や学級集団，保護者等）の置かれた問題状況や心理に関する情報を集めて分析するアセスメント，要支援者への直接的な援助であるカウンセリング，要支援者の関係者（不登校の子どもの担任教師等）の相談に乗って要支援者への援助方法を考え，実施し，評価するコンサルテーション，子どもへの授業や保護者への講演会というかたちで実施される心理に関する適切な情報提供や自己理解，コミュニケーション能力の向上等を図るための予防開発的心理教育，があります。さらにこれらにとどまらず，スクールカウンセラーには事件・事故が生じた際の緊

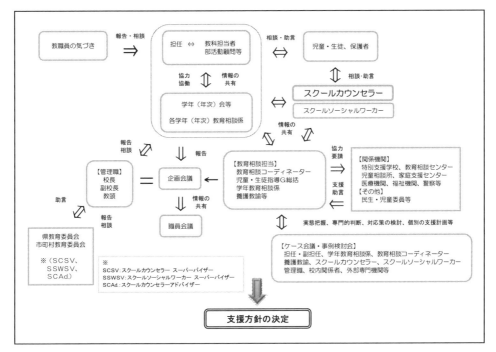

図12−1　学校におけるチームでの支援・指導
出典：神奈川県教育委員会（2016）p. 3

急支援や，災害に被災した学校での支援も求められます。また，学校の管理職に対して，相談室をよりよく利用してもらうための校内支援体制そのものに対する提案や助言を行うことも重要な役割です。

3.　スクールカウンセラーと教師との協働

> **🔑 キーワード**
>
> **協働**：異なる専門性をもつ人々や機関が目標と資源（人，時間，費用等）を共有し，それぞれの立場からの意見を出し合って継続的に対話を積み重ねながら計画を立てて実践し，その成果が双方の活動にとって利益をもたらすようなものであることをいいます。（宇留田，2003）

連携や協働にはさまざまな方法があり，代表的にはコーディネーション，コンサルテーション，チーム援助があげられます。

コーディネーションとは援助ニーズの高い子どもが学校内（養護教諭，スクールカウンセラー等），学校外（相談機関等）の援助資源からの援助を受けやすいように連携・調整することです（家近，2013）。相談に来た子どものカウンセリングを行うスクールカウンセラーが，必要に応じて養護教諭に協力を依頼したり，子どもや保護者が希望する治療を受けら

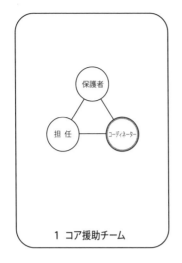

1 コア援助チーム

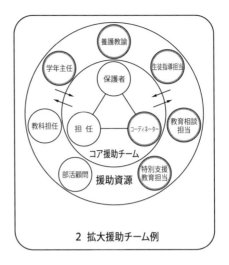

2 拡大援助チーム例

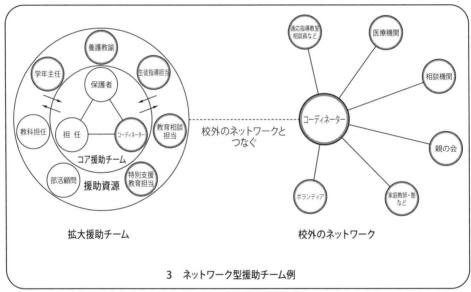

拡大援助チーム　　　　　　　　　　校外のネットワーク

3　ネットワーク型援助チーム例

※　太丸の援助者がコーディネーターになりうる

図12－2　援助チームの例
出典：石隈他（2003）より作成

　れる医療機関を紹介したりする関係は，コーディネーションといえるでしょう。コンサル
テーションとは「異なった専門性や役割をもつ者同士が子どもの問題状況について検討し
今後の援助の在り方について話し合うプロセス」です（石隈，1999）。自らの専門性に基づ
き他の専門家の子どもへのかかわりを援助する者をコンサルタント，援助を受ける者をコ
ンサルティといいます（石隈，1999）。たとえば，不登校の子どもの担任教師（コンサルティ）
がスクールカウンセラー（コンサルタント）に子どもの理解と今後の援助について相談する
という関係がコンサルテーションです。そして，コンサルタントとコンサルティが相互

に入れ替わりながら行われるコンサルテーション（相互コンサルテーション）はチーム援助と呼ばれます。チーム援助とは子どもの問題状況（学習面，心理・社会面，進路面，健康面）の解決を目指す複数の専門家と保護者のチームによる援助であり（石隈, 1999），教師とスクールカウンセラーの協働の多くはチーム援助の形態で捉えることができます。

　これらの連携や協働がうまくいくためには，教師，保護者，スクールカウンセラー等の援助要請（助けを求めたり相談したりする心理）が重要です（本田, 2015）。人は困っていてもさまざまな理由で相談をためらうことがあります。学校の中で「助けて」と言えない個人（教師）が援助を求めやすくなることと，「助けて」が届かない周囲の教師や学校が変わることの両方が重要です。

4. 守秘義務の取り扱い

> **🔑 キーワード**
> **守秘義務：**金沢（2006）は守秘義務を「強い信頼に基づく秘密保持」と表現しています。これは親や教師がスクールカウンセラーに相談する場合でも同様であり，一定の情報が守秘義務によって守られます。しかしすべての相談内容が秘密にされるわけではなく，虐待や自傷他害が疑われる場合や，直接かかわる専門家同士で情報共有する場合等，守秘義務を超える内容についても十分に押さえておくことが欠かせません。

　スクールカウンセラーには守秘義務があり，子どもから聞いた情報をすべて学校や親に伝えることはありません。守秘義務があることで，子どもや保護者は安心してカウンセリングを受けることができます。一方で，スクールカウンセラーには守秘義務と同時に報告義務もありますので，現実には守秘義務と報告義務のバランスのとり方を考える必要があります。スクールカウンセラーの守秘義務と報告義務のバランスについて，石隈（2008）の考え方を本田（2015）は図12-3のように整理しています。

　さらに，長谷川（2003）は集団守秘義務という考え方で守秘義務と報告義務のバランスについて提案しています。これは，援助にかかわる個人ごとではなく，複数の援助者同士で一体となって守秘義務を負うという考え方です。守秘義務を尊重することで子どもや親との信頼関係を深めつつ，報告義務を果たすことで教師とスクールカウンセラーが情報を共有し，子どもや親へのよりよい援助を生み出していくことが促進されます。本田（2015）は，守秘義務によって「相談者が守られている」という地平に立ったところから，「誰に何をどこまで報告し共有するか」という方向に向けて立ち位置を探っていくことでバランスをとることが大切であると述べています。

　とはいえ，心理的危機状態にある子どもとのカウンセリングでは守秘義務を超える事例，または超えるかどうか判断に迷う事例に遭遇しやすく，子ども本人が「親や先生には絶対言わないで」と言ってもそのまますぐに認めるわけにはいかないことがあります。そ

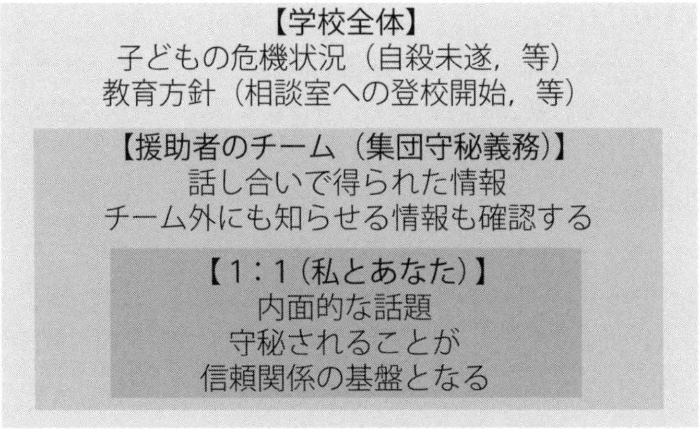

図12-3　学校における情報共有のレベル
出典：本田（2015）p. 90より作成

のような場合でも，できるだけ相談者の承諾が得られるようにしながら情報を共有していくことが倫理上求められます（石隈, 2008; 金沢, 1998）。

《引用・参考文献》

中央教育審議会（2015）．チームとしての学校の在り方と今後の改善方策について（答申）．http://www.mext.go.jp/b_menu/shingi/chukyo/chukyo0/toushin/__icsFiles/afieldfile/2016/02/05/1365657_00.pdf（2017年4月11日閲覧）

長谷川啓三（2003）．学校臨床のヒント（Vol. 1）集団守秘義務の考え方　臨床心理学, *3*, 122-124.

本田真大（2015）．援助要請のカウンセリング──「助けて」と言えない子どもと親への援助──　金子書房.

家近早苗（2013）．援助チーム．水野治久・石隈利紀・田村節子他（編著），よくわかる学校心理学（pp. 72-73）ミネルヴァ書房.

石隈利紀（1999）．学校心理学──教師・スクールカウンセラー・保護者のチームによる心理教育的援助サービス──　誠信書房.

石隈利紀（2008）．秘密保持と情報の共有──チーム援助の視点から──　児童心理, *62*, 69-75.

石隈利紀（2016）．予防開発的心理教育を学ぶ．野島一彦（編），公認心理師への期待（こころの科学増刊）（pp. 66-72）日本評論社.

石隈利紀・田村節子（2003）．石隈・田村式援助シートによるチーム援助入門──学校心理学・実践編──図書文化社.

神奈川県教育委員会（2016）．スクールカウンセラー業務ガイドライン．http://www.pref.kanagawa.jp/uploaded/attachment/845225.pdf（2019年8月11日閲覧）

金沢吉展（1998）．カウンセラー──専門家としての条件──　誠信書房.

金沢吉展（2006）．臨床心理学の倫理をまなぶ　東京大学出版会.

河村茂雄（2012）．教育相談とは．河村茂雄（編著），教育相談の理論と実際──よりよい教育実践をめざして──（pp. 10-19）図書文化社.

文部科学省（2010）．生徒指導提要　教育図書.

文部科学省（2017）．児童生徒の教育相談の充実について――学校の教育力を高める組織的な教育相談体制づくり――（報告）．https://www.pref.shimane.lg.jp/izumo_kyoiku/index.data/jidouseitonokyouikusoudannjyuujitu.pdf（2019年8月11日閲覧）

中井大介（2017）．カウンセリング――信頼関係を築き，子どもを援助する方法――．藤田哲也（監修），水野治久・本田真大・串崎真志（編著），絶対役立つ教育相談――学校現場の今に向き合う――（pp. 39-51）ミネルヴァ書房．

宇留田麗（2003）．コラボレーション．下山晴彦（編），よくわかる臨床心理学（pp. 24-25）ミネルヴァ書房．

1. はじめに

(1) 開発的・予防的介入とは

　この章では，教育相談を促す開発的・予防的な取り組みについて解説します。4章から8章で取り上げたように，学校現場にはいじめ，非行，暴力行為などの問題行動や，不登校になってしまう子ども，また，そこまでに至らなくとも，友だちとの関係づくりに苦手意識をもっていたり，学習についていけなくなってしまっている子どもなど，さまざまな問題を抱えている児童・生徒がいます。これまでは，このような児童・生徒の問題に対して，問題が起きてから対応するという問題解決的な取り組みが主流でしたが，昨今では問題が生じる前に介入することで，問題の発生自体を防ぐ「予防的な介入」や，心理教育・スキル訓練などを通して児童・生徒の「問題を解決する力」に直接アプローチすることで，人生を活き活きと生きていく力を育む「開発的な介入（育てるカウンセリング）」が注目を集めています。

　これまでの問題解決的な取り組みでは，対象となる子どもと1対1で行われることがほとんどでした。そこでは，子どもの思いに耳を傾け（傾聴），あるがままを受け入れて（受容），子どものありのままを理解しようとする（共感）姿勢を基本として，子どもの抱えている問題を解決することを目指して行われてきました。これに対してここで紹介する開発的・予防的な取り組みは，主に学級や学校などの「集団全体」を対象として，講義や体験活動などを通して問題解決に必要なスキルや態度の養成を目指して行われます。

　一見すると問題解決的な取り組みとは対極にあるように思えますが，そうではありません。対象となる集団の子どもたちが抱えている（あるいは将来抱えるであろう）問題を適切に見取り，「目の前の子どもたちに必要な力が何であるか」「どのように実施することが適切か」といったことを判断することが求められます。集団を対象とした開発的・予防的な介入は，傾聴・受容・共感といった基本的な姿勢を基礎とした，適切な児童・生徒理解や児童・生徒とのかかわりがあって初めて，その効果を最大限に発揮することができるのです。

(2) 社会性と情動の学習

　このような取り組みとして，「社会性と情動の学習（SEL: Social and Emotional Learning）」

があります。SELは数多くの心理教育プログラムの総称で，人間関係の基礎をなす社会的能力を育むことを目指しています。日本では，小泉令三を中心として日本の教育事情に合わせて効果的に育成できるように工夫した学習プログラム「SEL-8S（Social and Emotional Learning of 8 Abilities at the School）」が開発されています。小泉によるとSELは「自己の捉え方と他者との関わり方を基礎とした，社会性（対人関係）に関するスキル，態度，価値観を育てる学習」（小泉，2011）とされています。SEL-8Sでは，5つの基礎的社会的能力（①自己への気づき，②他者への気づき，③自己のコントロール，④対人関係，⑤責任ある意思決定）と，3つの応用的社会的能力（⑥生活上の問題防止のスキル，⑦人生の重要事態に対処する能力，⑧積極的・貢献的な奉仕活動）という8つの能力を育むことを目指してプログラムがつくられています。実際に，学級集団に対する実践によって社会情動的スキルの育成や問題行動・心理的諸問題の改善とともに，学力の向上の効果が示されています。

　また，生徒指導提要においても，「教育相談の新たな展開」として具体的な技法がいくつか紹介されています。続いて，その中から「構成的グループ・エンカウンター」「ストレスマネジメント教育」「アサーショントレーニング」「ピア・サポート活動」を取り上げて，その概要を説明します。

2. 開発的・予防的技法の実際

(1) 構成的グループ・エンカウンター

> 🔑 **キーワード**
> **エンカウンター**：「ホンネを表現し合い，認め合う体験」を通した，それまで気づかなかった自分や他者との「出会い（encounter）」を意味しています。

　グループ・エンカウンターとは，人間関係をつくり，その人間関係を通して自己発見を援助する，集団に対する技法です。そのような集団には，人を癒し人を育てる働きがあると考えられています。そして，適切な場を設定して，このような集団を意図的につくろうとする活動が，構成的グループ・エンカウンター（SGE: Structured Group Encounter）です。國分（2000）によると，SGEは「ルール」「グループの人数・構成」「時間の制限」などの「枠」を設定したうえで，次の手順で行われます。①インストラクション（ねらいの説明，エクササイズの内容，ルールの説明，デモンストレーション），②エクササイズ（体験活動），③シェアリング（「分かち合い」という意味で，それぞれの体験を通して，気づいたこと，感じたことなどを語り合うこと），④まとめ，です。「エクササイズ」と「シェアリング」を通して自己理解・他者理解・自己受容・自己主張・身体体験・感受性の促進が図られると考えられています。そして，これらがうまく機能するためには，メンバーそれぞれが安心して自己開示できることが必要です。そのためには「インストラクション」の「ねらいの説明」や「ルールの説明」が不可欠です。これらが適切になされていないと，期待した成果が得ら

図13−1　無人島SOS

右図出典：佐賀県教育センター（https://www.saga-ed.jp/kenkyu/kenkyu_chousa/h25/03_doutoku/jissenn1.htm）

れないばかりか，参加者に不必要な「傷つき体験」をさせてしまう可能性があり，学級集団でSGEを実践しようとするときにはとくに注意が必要です。エクササイズは，対象やねらいに応じてさまざまに開発されています。ここでは，自己主張や他者理解をねらいとして，小学生から高校生まで取り組むことのできる「無人島SOS」を紹介しておきます（図13−1）。

（2）ストレスマネジメント教育

🔑 **キーワード**

ストレス：外部からの刺激（ストレッサー）によって引き起こされる，身体・心理・行動面のさまざまな反応をストレス反応といいます。この一連のプロセスには，「個人の認知」が関係していると考えられています。

　ストレスマネジメントとは，ストレッサーを受けてからストレス反応が生起するまでの一連のプロセスに介入することで，ストレスの成立を阻止し，健康の維持，適応の促進を目指す活動です。介入には，大きく分けて環境への介入と個人への介入があります（図13−2）。個人への介入には，「考え方への介入」「コーピング（ストレス対処行動）への介入」「ストレス反応への介入」などがあります。「考え方への介入」とは，出来事に対する捉え方や自己に対する否定的な考え方といった，不快な気分を増大させている考え方の変容を目指す介入です。「コーピングへの介入」は，問題場面での具体的な対処スキルを習得することを目指す介入です。「ストレス反応への介入」は，心身のストレス反応を自分で緩

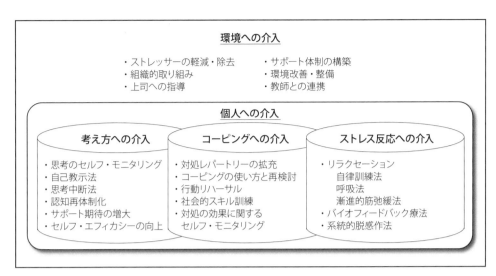

図13－2　ストレス・マネジメントへの介入
出典：坂野他（2004）を参考に作成

和するための方法を習得することを目的とした介入です。

　ストレスマネジメント教育（SME: Stress Management Education）とは，このような力を育成するために行われる教育活動です。その内容は，①ストレスの概念を知る，②自分のストレスに気づく，③ストレス対処法を習得する，④ストレス対処法を活用する，という4つの要素からなります。

(3)　アサーション・トレーニング

　相手に自分の思いを伝えるのは，簡単なようで実はとても難しいことです。児童・生徒が抱える問題の根底には，「自分の思いを適切に主張できないこと」がしばしば見受けられます。「謝罪」「依頼」「断り」などの場面において，自分の思いを適切に主張するスキルを育てる試みに，アサーショントレーニング（Assertion Training）があります。

　「ラーメン屋さんで醤油ラーメンを頼んだにもかかわらず，味噌ラーメンを出された」場面を例に考えてみましょう。このときの反応としては，「A：『なんで味噌ラーメンが来てるの？おかしいじゃないか』と怒鳴りつける」「B：（心の中で）『私の頼み方がいけなかったんだ』と思いながら，出された味噌ラーメンをそのまま食べる」「C：『私は醤油ラーメンを頼んだと思うのですが，確認していただけますか？　作り直していただけないでしょうか？』とお願いしてみる」という3つが考えられます。Aを「アグレッシブ型」といいます。これは，相手を大切にしないで主張するタイプ（私はOK，あなたはNO）です。一方Bは，「ノンアサーティブ型」といいます。相手を大切するが自分の気持ちは押し殺して主張しないタイプ（私はNO，あなたはOK）です。この2つはどちらも適切とはいえません。そこで，Cに注目してみましょう。Cは「アサーティブ型」といい，自分も相手も大切にしながら主張するタイプ（私もOK，あなたもOK）です。このような主張ができ

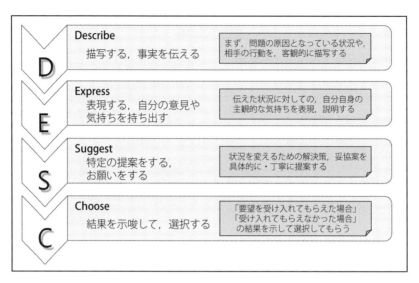

図13-3　DESC法

るようになると，対人関係はよりスムーズになり，ストレスの少ない生活が送れるように
なるでしょう。具体的な主張スキルとしては，DESC法（図13-3）などが用いられます。
このように，自分も相手も大切にする適切な主張スキルを習得することを目指す働きかけ
がアサーショントレーニングです。

(4) ピア・サポート活動

> 🔑 **キーワード**
>
> **ピア**：同じ境遇にある「仲間」をピア（peer）といいます。とりわけ学校現場におけ
> るピア・サポートでは，同じ学校に通っている児童・生徒はもちろん，同級生・先
> 輩・後輩のすべてを含めてピアと考えています。

　ピア・サポート（Peer support）とは，児童・生徒が相互に支え合い課題解決する場を意
図的・計画的に提供することを通して，安心・つながり・絆を生み出し，思いやりのある
学校風土を創造することを目指した取り組みです。ピア・サポートには，「誰もが成長す
る力をもっている」「誰もが自分で解決していく力をもっている」「人は実際に人を支援す
る中で成長する」「誰もが他者をサポートできる存在であり，サポートを受ける存在であ
る」という理念があります。したがって，大人から一方的に問題解決スキルを教えるので
はなく，「誰かの役に立つ体験」を通して自己有用感を高めることで，自ら問題と向き合
い解決していく力を引き出していくことを目指しています。ピア・サポート活動は「領域
-1」と「領域-2」の2つの領域に分かれています（図13-4）。「領域-1」では，子どもた
ちが安全に「役に立つ体験」を経験させて，その後「領域-2」において，実生活により
近い状況を設定して，「準備」「お世話活動」「振り返り」を繰り返し行う一連のプログラ

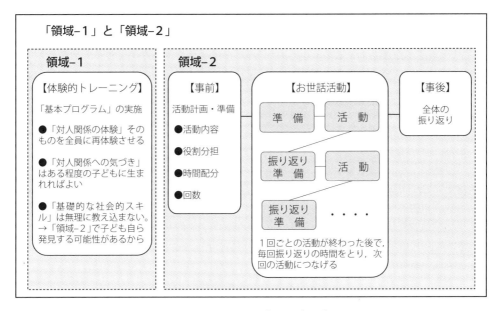

図13－4　ピア・サポートプログラム
出典：滝（2014）を参考に作成

ムを実施します。

🔑 **キーワード**

援助要請（help-seeking）：困ったときに誰かに相談し助けを求めることを「援助要請（help-seeking）」といいます。児童・生徒の問題を早期に発見して深刻化を防ぐためには，子どもたちからの援助要請にいち早く気づくことが必要です。しかし，そのような子どもたちの中には，意図的に援助要請をしない子どもや，援助要請をすることができない子どもがいます。適切な援助要請をするためには，自身の状況を常にモニタリング（振り返り）しながら，主訴を明確化していく力が必要です。適切な援助要請スキルを育むことも，予防的・開発的な取り組みとしてきわめて重要でしょう。また，それと同時に教師をはじめとする援助者の側が常にアンテナを張り巡らせて，子どもたちの変化にいち早く気づく努力をしていくことも忘れてはいけません。

《引用・参考文献》

平木典子（編）（2008）．アサーション・トレーニング──自分も相手も大切にする自己表現──　至文堂．

本田真大（2017）．いじめに対する援助要請のカウンセリング ──「助けて」が言える子ども，「助けて」に気づける援助者になるために── 金子書房．

児玉昌久（1997）．ストレス・マネジメントの基本的考え方．竹中晃二（編著），子どものためのストレス・マネジメント教育──対症療法から予防措置への転換──（pp. 34-38）北大路書房．

小泉令三（2011）．社会性と情動の学習（SEL-8S）の導入と実践（子どもの人間関係能力を育てるSEL-8S 1）　ミネルヴァ書房．

國分康孝（2000）．続・構成的グループエンカウンター　誠信書房．

國分康孝・片野智治（2001）．構成的グループ・エンカウンターの原理と進め方──リーダーのためのガイド──　誠信書房．

國分康孝・國分久子（総編集）（2004）．構成的グループエンカウンター事典　図書文化社．

水野治久（2015）．必要な援助を求められる子どもに──どうしても育てたい援助要請の力──：第2部（1）学校における援助要請カウンセリング　月刊学校教育相談，*29*（12），48-51.

坂野雄二（監修），嶋田洋徳・鈴木伸一（編著）（2004）．学校，職場，地域におけるストレスマネジメント実践マニュアル　北大路書房．

滝充（2004）．改訂新版 ピア・サポートではじめる学校づくり 中学校編──「予防教育的な生徒指導プログラム」の理論と方法──　金子書房．

山口権治（2019）．中学校・高校 ピア・サポートを生かした学級づくりプログラム　明治図書出版．

山中寛（2002）．教師によるストレスマネジメント教育　児童心理，*56*（17），1688-1692.

14章
教育相談を促す技法の実際（問題解決的）

川俣智路

1.　クライエント中心療法

🔑 キーワード

日本の教育相談の発展：日本の教育相談は，アメリカの心理学者でクライエント中心療法の創始者であるロジャーズ（Rogers, C. R.）の影響を強く受けています。たとえば，「共感的理解」が教育相談で重要だとされているのも，ロジャーズの影響の1つです。ロジャーズは構成的グループ・エンカウンター（13章参照）の理論的背景となるエンカウンターグループを提唱するなど，集団を対象にした取り組みも提唱しており，日本の教育相談に大きな影響を与えたといえるでしょう。

クライエント中心療法は，ロジャーズが提唱したカウンセリング理論です。1900年代前半は，フロイト（Freud, S.）を始祖とする精神分析理論が心の問題を解決する中心的な理論でした。その当時の精神分析理論はクライエントの深層心理，つまり無意識を治療者が解釈して，クライエントにそれを伝えることにより問題解決を試みるものでした。しかしロジャーズは，治療者が一方的に無意識を解釈し伝えることが本当の問題解決につながるのかについて疑問をもち（Rogers, 1967），もっとクライエント自身の問題解決能力を信じ，それを引き出すようなカウンセリング理論を提唱したのです。

ロジャーズは，カウンセリングにおいて建設的なパーソナリティの変化が起こるための条件として，6つの条件をあげています（Rogers, 1966）。

(1) 2人の人が心理的な接触をもっていること。

(2) 第一の人（クライエントと呼ぶことにする）は，不一致（incongruence）の状態にあり，傷つきやすく，不安な状態にあること。

(3) 第二の人（セラピストと呼ぶことにする）は，その関係の中で一致しており（congruent），統合（integrated）していること。

(4) セラピストは，クライエントに対しての無条件の肯定的配慮（unconditional positive regard）を経験していること。

(5) セラピストは，クライエントの内的照合枠（internal frame of reference）を共感的に理解（empathic understanding）しており，この経験をクライエントに伝えようと努めていること。

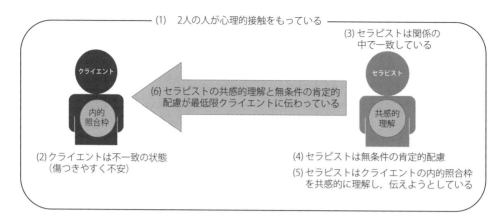

図14－1　建設的なパーソナリティの変化が起こるための6つの条件

(6) セラピストの共感的理解と無条件の肯定的配慮が，最低限クライエントに伝わっていること。

　それを図式化したものが図14－1です。ロジャーズは，セラピストが関係の中で一致しており，クライエントに対して何の条件もなく肯定的に受け入れることができ，クライエントの内的な世界を，あたかもその人になったかのような気持ちで共感的に理解することができれば，クライエントの人格に変化が生じるのであると述べています。ロジャーズは，セラピストの役割はクライエントの言動を繰り返し確認したり，感情を明確化したり支持することに徹するべきであるとし，カウンセリングにはこうした条件以外に特別な技法や枠組みは必要ないと主張したのです。
　クライエント中心療法は，一方的な指導だけではなく児童・生徒の声に耳を傾けるべきであるという，カウンセリングマインドという概念として教育現場で注目され，日本の教育相談に大きな影響を与えました。私たちが共感や傾聴が大切であると考える根底には，このロジャーズのクライエント中心療法の考え方があるともいえるでしょう。
　一方，クライエント中心療法には，態度だけではなく問題に理論的枠組みや技法が必要ではないかという批判もなされてきました。近年では教育現場においても，クライエント中心療法の考え方に加えて，より専門的な技法や理論が取り入れられています。

2.　ソーシャルスキルトレーニング（SST）

> **🔑 キーワード**
>
> **ソーシャルスキル**：佐藤（2006）によると，対人関係の中でお互いが利益をうまく調整して，適切に折り合いをつけていくためのスキルのこと。近年では，ソーシャルスキルに課題のある児童・生徒への働きかけはもちろん，発達促進や生徒指導上の問題の予防的視点から学級集団全体への取り組みも積極的に行われています。

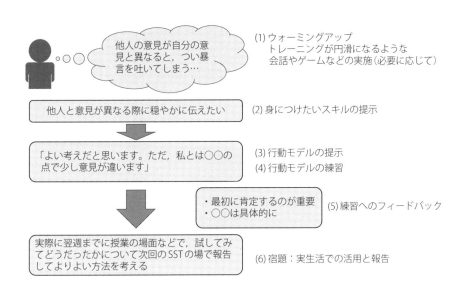

以下の図内テキスト：

他人の意見が自分の意見と異なると，つい暴言を吐いてしまう…

(1) ウォーミングアップ
　　トレーニングが円滑になるような
　　会話やゲームなどの実施（必要に応じて）

他人と意見が異なる際に穏やかに伝えたい

(2) 身につけたいスキルの提示

「よい考えだと思います。ただ，私とは○○の点で少し意見が違います」

(3) 行動モデルの提示
(4) 行動モデルの練習

・最初に肯定するのが重要
・○○は具体的に

(5) 練習へのフィードバック

実際に翌週までに授業の場面などで，試してみてどうだったかについて次回のSSTの場で報告してよりよい方法を考える

(6) 宿題：実生活での活用と報告

図14－2　ソーシャルスキルトレーニングの例

　近年，学校現場では，ソーシャルスキルを子どもに学習させ対人関係の改善に役立てる，ソーシャルスキルトレーニング（以下，SST）が積極的に取り入れられています。SSTは，行動主義的な立場による学習理論に基づいているもので，もともとは病院などでの社会復帰のためのリハビリテーションの一環として実施されていたものでした。これを学校現場に応用し，対人関係に課題のある子どもや，発達に偏りのある子どもに対して実施し，生活の質（QOL）の向上を目指すケースが増えてきています。

　SSTにはさまざまな方法がありますが，その基本的な取り組み方は，図14－2のようになっています。図では，他人と意見が異なる際に口論になってしまう生徒に対して，意見が異なることを穏やかに他人に伝えるスキルを身につけるためのトレーニング例を提示しています。教えたいスキルを説明し，ふさわしい行動のモデルを示し，それを実際に練習し，周囲からフィードバックを受けて，実際の生活場面で活かし，その結果をまた次回のSSTの際に報告する。このサイクルを繰り返すことにより，対象となった児童・生徒は徐々に適応的な行動を身につけていくことができるのです。

　SSTは具体的に児童・生徒の行動に働きかけ，改善が期待される点でとても有効な問題解決の手段といえるでしょう。しかし，行動の改善のためには，まず児童・生徒本人が自分の行動の課題を認識し，改善したいというモチベーションをもつことがとても重要です。本人にモチベーションがなければ，いくら周囲が積極的に働きかけても十分な効果は望めません。SSTは教員が児童・生徒をコントロールするためにあるのではありません。児童・生徒との対話の中でよりよい集団生活のあり方を共有し，それを実現するための技法であることを理解したうえで実施することが重要です。

3. 認知行動カウンセリング

　認知行動カウンセリングは，自分や他者，社会の認識（認知）と行動の両方の変容を目指す問題解決的な技法の1つです。ロジャーズのクライエント中心療法が，相手を受容することにより，クライエント自身が問題解決能力を発揮することを目指しているのに対して，認知行動カウンセリングは，認知を変容させることにより行動を改善することを目指しています。坂野（1995）によると，認知行動カウンセリングは，従来の問題解決的な技法と比較すると，本人や家族が問題を具体的に理解することができる，問題が解決していくプロセスがわかりやすい，問題解決のプロセスがわかりやすいことにより本人の問題対応能力の向上が期待できる，といったメリットがあり，近年最も注目されている技法の1つです。

　坂野他（2005）によると，認知行動カウンセリングには20種類以上のアプローチ方法があり，先に紹介したSSTも広い意味では認知行動カウンセリングの1つです。またその適用範囲も広く，心的外傷後ストレス障害（PTSD）や強迫性障害などの不安障害，いわゆる躁うつや抑うつなどの気分障害，さらに喫煙やスマホ依存などの生活習慣にかかわる問題にまで応用可能です。その中でも，ここでは強迫性障害への認知行動カウンセリングの例を紹介します。

　図14－3は中井（2010）が紹介しているAさんの事例に出てくる，強迫症状の悪循環の図です。Aさんは不安になると，友人や仕事の取引先に確認の電話をたくさんしてしまい，それを自分でコントロールできなくなっていました。図からわかるように，日時を間違えているのではないかと心配するあまり，不安になって確認の電話をしてしまい，一時的に安心するもまた不安になり電話してしまう，ということを繰り返していたのです。

　そこでAさんに対してセラピストは，強迫症状のメカニズムを図14－3を用いて説明

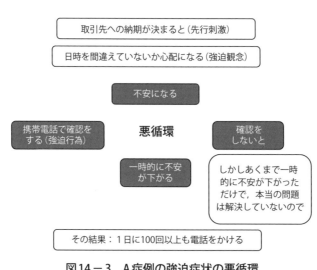

図14－3　A症例の強迫症状の悪循環
出典：中井（2010）より作成

し，曝露・反応妨害法という認知行動療法の技法を導入し改善に取り組みました。曝露・反応妨害法はクライエントを不安状況に直面させながら，強迫行為をさせないようにし，不安状況が実際には悲惨な結果を引き起こさないことを実感し，強迫行為を消失させる方法です（今野，2005）。実際に面接中に携帯電話の電源を切ることを5分間我慢し，徐々に我慢する時間を伸ばしていくなどし，同様のことを自宅でも練習するなどしました。また，Aさんの認知を変容させるために読書をしたり，Aさんの妻へも面接を実施するなど，いくつかの技法を並行して実施した結果，Aさんの不安は収まり，強迫症状は治癒しました。

　認知行動カウンセリングは，治療を受ける側にも問題がわかりやすく，また数値で効果があることも示されており，今後はさらに多く用いられる技法となり，その考え方は教育実践現場にも活用されることが望まれます。ただし，認知行動カウンセリングの実施にあたっては，専門的な知識やトレーニングが必須であり，見よう見まねでは十分な効果は得られないことに注意してください。

4. 環境調整による問題解決

> **🔑 キーワード**
>
> **教育におけるユニバーサルデザインの活用：**ユニバーサルデザイン（UD）は，人間の多様性を踏まえた建物のデザイン方法です。近年は子どもたちの多様性を踏まえ，UDの発想を学校生活や授業に活用する方法が注目されています。本節で紹介する学びのユニバーサルデザイン（UDL）以外にも，授業UD学会が提唱する「授業のユニバーサルデザイン」などが学校現場で参考にされています。

　教育相談の際には子どもやその家族，周囲の子どもに働きかけるだけではなく，環境を調整することにより問題を解決することも有効な手段です。たとえば教科書を読んで内容を理解する際に，目が見えない児童に何らかの働きかけをして教科書を読めるようにすることは非常に難しいでしょう。しかし，教科書ではなくデジタル教科書を利用できるようにして，デジタル教科書の読み上げ機能を利用することができれば，目が見えない児童もたちどころに教科書の内容を理解することができるでしょう。何度指示を伝えても忘れてしまう生徒をすべての指示を漏らさず記憶できるようにすることは時間のかかることかもしれませんが，メモの使い方を教えることにより，たとえ指示を忘れてしまってもメモを使用して思い出せるようになるかもしれません。環境調整の最大のメリットは，子どもを変容させたりその行動を改善することよりも，環境を変容させたり調整するほうがずっと簡単に，早く，コストをかけずに実行することができるということなのです。

　学習環境の調整方法として近年注目を集めているのが，学びのユニバーサルデザイン（Universal Desing for Learning: UDL）です。UDLはアメリカの学習支援に関する研究団体

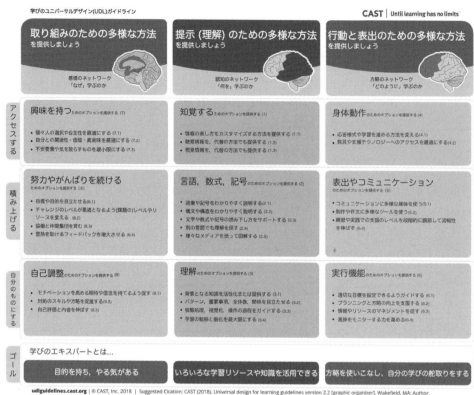

図14－4　学びのユニバーサルデザイン（UDL）ガイドライン

出典：udlguidelines.cast.org | © CAST, Inc. 2018 | Suggested Citation: CAST (2018). Universal design for learning guidelines version 2.2 [graphic organizer]. Wakefield, MA: Author.http://udlguidelines.cast.org/binaries/content/assets/udlguidelines/udlg-v2-2/udlg_graphicorganizer_v2-2_japanese-rev.pdf

であるCAST（Center for Applied Special Technology）が提唱した，学習環境改善のための理論的枠組みです。UDLは子どもが学習においてつまずいたときに，その原因が子どもにあるのではなく学習環境にあるのだと考えます。そして，学習環境にある子どもの学びを阻むバリアを取り除くことにより，すべての子どもが学べるようになることを目指すのです。

　学びのバリアを取り除くために，UDLでは学習環境の中に複数の学ぶ方法を用意して，子どもが自分の得意な学び方に基づいて学習方法を選択できるようにします。図14－4は学習環境にどのような学び方を準備したらよいのかを示してくれる，UDLのガイドラインです。具体的には神経心理学の知見に基づき，以下の3つの観点から，学び方に選択肢を用意します。

・提示（理解）のための多様な方法（主に子どもに情報をインプットするための方法）

・行動と表出のための多様な方法（主に子どもが情報をアウトプットするための方法）

・取り組みのための多様な方法（主に子どもがやる気をもって継続して学べるための方法）

　子どもたちはこうした複数の学習方法から，自分が学びやすい方法を自ら選択すること

で，学習方法さえ調整できれば学べるのだという成功体験を手に入れて，主体的な学習者に成長していくのです。

　すでにUDLの取り組みは日本でも実施されつつあります。たとえば，旭（2017）は小学校にて，児童の支援ニーズに基づいて，ローマ字の学習の際に解説動画，アルファベット一覧表，ホワイトボードやタブレットPCのアプリなどを学びの選択肢として用意し，それを児童が自由に使用できるようにすることにより，学習が得意な児童も苦手な児童も積極的に楽しんで学べるようになったことを報告しています。また，松戸（2019）は高校の国語の授業において，教材そのものを選択できたり，学習の際にスマートフォンなどのテクノロジーを利用できるようにしたり，個人・グループ・教員と学ぶといった学習コミュニティを生徒の希望に基づいて選択可能にしたところ，授業アンケートにおいて授業のわかりやすさへの満足度が90％を超え，自主的な学習を生徒が楽しめるようになったことを報告しています。

　このように，環境調整は多くの児童・生徒を対象に効果を上げることが可能なものです。変わるべきものは何か，ということについて絶えず検討し続けることにより，さまざまな技法をバランスよく活用して問題解決にあたることが可能となるはずです。

《引用・参考文献》

旭未可子（2017）．子どものニーズを反映した支援計画の実践とその効果の検討　大正大学大学院人間学研究科臨床心理学専攻修士論文.

今野義孝（2005）．認知行動療法. 乾吉佑・氏原寛・亀口憲治他（編），心理療法ハンドブック（pp. 134-141）　創元社.

松戸結佳（2019）．UDL実践のゴールと評価を示すツールで振り返る授業と生徒の変容　実践障害児教育，*549*, 22-25.

中井貴美子（2010）．強迫性障害――曝露・反応妨害法／論理情動行動療法――　現代のエスプリ，*520*, 64-74.

Rogers, C. R.（著），伊東博（編訳）(1966)．サイコセラピィの過程（ロージァズ全集4）　岩崎学術出版社.

Rogers, C. R.（著），村山正治（編訳）(1967)．人間論（ロージァズ全集12）　岩崎学術出版社.

坂野雄二（1995）．認知行動療法　日本評論社.

坂野雄二（監修），鈴木伸一・神村栄一（著）(2005)．実践家のための認知行動療法テクニックガイド――行動変容と認知変容のためのキーポイント――　北大路書房.

佐藤正二（2006）．子どものSSTの考え方. 佐藤正二・佐藤容子（編），学校におけるSST実践ガイド――子どもの対人スキル指導――（pp. 11-27）　金剛出版.

1. 保護者との関係づくり

> **🔑 キーワード**
>
> **リレーション**：互いに構えのない，率直に感情交流できるふれあいのある関係性のこと。

　児童・生徒への教育相談と同様に，保護者との教育相談においても，保護者と教師間での信頼関係の形成が重要です。一方で，文部科学省（2013）による教師のメンタルヘルスに関する報告によると，保護者との関係性に悩む教師が多いことが示されています。

　教師にとって，保護者はともに児童・生徒の成長をサポートしていく協力者であり，評価者でもあります。保護者は，授業参観，保護者会，三者面談，学校行事，教師と交わす手紙など，直接的に教師とかかわる場面はもちろんですが，学級だよりの記事，成績表の所見，答案用紙へのコメントや採点の仕方，わが子から聞く教師の姿，他の保護者からの情報，わが子の学校生活への態度（意欲的，生き生きとしている，無気力，学校に行きたがらない等）といった間接的な情報からも教師を見ています（文部科学省, 2010）。

　河村（2019）は，人は相手がどういう人間かわからないとき，自分の本心を明かして接することはまれであり，表面的な関係になりやすいことにふれ，良好な人間関係（リレーション）を形成する第一歩は，相互に相手の人となりに関するある程度の情報をもつことだと指摘しています。保護者とのリレーション形成のためには，授業参観や保護者会，行事等で保護者と直接的にコミュニケーションがとれる場面はもちろん，間接的な方法も含めて情報を開示したり，積極的にコミュニケーションをとろうとしたりする姿勢が必要です。

　教師と保護者が直接かかわる場の1つに保護者会があります。13章であげた，エンカウンターを保護者会で取り入れ，教師と保護者，保護者同士の関係づくりをしていくことも有効です（具体的なエクササイズの例については表15－1を参照）。どうしても当日来ることができない保護者には，まわりの保護者から保護者会の様子を知らせてもらったり，学年・学級だより等で会の様子や雰囲気を伝えたりすると，次回の保護者会に参加しようという人が増える（八巻, 2018）可能性もあります。また，保護者会は，学校としての決まり事や方針，学習の進め方，学級経営方針について説明し，保護者からの理解と協力を得る機会です。そのために，わかりやすい資料をつくる，日常の教育活動を写真や映像で紹介しな

表15－1　保護者会におけるエンカウンターのエクササイズ例

エクササイズ名	方　法
子育ての宝物箱	**準備**：ワークシート（A4用紙の真ん中に宝箱のイラストを描いたもの）を用意しておく。 ①「子育てのことで悩んだり，困ったりしていることはありませんか。いろいろ悩みは尽きないと思いますが，いつも苦しくつらいことだけだったわけではありませんよね。今日は今まで頑張ってきた自分自身や同じような苦労をしてきた皆さんと一緒に，ご自身にとっての子育ての宝物（場面・出来事・成長・自分への勇気づけ）を確かめましょう」と保護者に伝え，ワークシートの宝箱に「宝物」を書いてもらう。 ②2人組になってもらい，自分にとっての子育ての宝物をそれぞれ紹介する。 ③2人組同士が一緒になって4人組になり，先ほど聞いた相手の子育ての宝物について他己紹介する。 ④4人組のグループ内で話し合いを振り返る。 ⑤全体での振り返りの際に，子ども同士のかかわりを見る中で気づいたいいことも共有できるように，教師がエピソードを入れる。保護者同士の話し合いで話題になったことも紹介する。
共通点探し	**方法1**：好きな色や誕生月などでグループづくりをする。 **方法2**：ペアやグループをつくり，グループごとにメンバー全員の共通点を3〜5つ探す。見つかったところから挙手して知らせてもらう。
教師への質問コーナー	教師へ質問したいことを小さな紙に書いてもらい，それを集めてくじのように引き，教師が答える。時間が足りないときは学級通信等で知らせる。
ネームゲーム	お互いの名前を覚えてもらう。
他己紹介	ペアでそれぞれ自己紹介した後，相手についてみんなに紹介する。

出典：副島（2008），八巻（2018）をもとに一部加筆して作成

がら児童・生徒の様子を伝えていく等の工夫も必要です。授業実践とも共通することですが，話す位置や姿勢，視線等のノンバーバルな部分にも気を配りましょう。

　日ごろから保護者との信頼関係をつくっておくことは，開発的・予防的な機能も果たします。まずは，児童・生徒が学校生活を楽しめるよう授業づくりや学級運営をしていくこと，そして，先にあげたような方法で，こまめに情報を共有するとともに，家庭状況の把握や生徒と保護者の関係性，保護者の想い等の把握に努める姿勢が大切です。

2.　保護者のタイプを知る（ブリーフセラピーより）

　ブリーフセラピーでは，クライエント（相談をする側）のタイプを「ビジター」「コンプレイナント」「カスタマー」の3つに分類しています（森，2000）。より相談を有意義な時間や次へとつながる場にしていくうえで，保護者のタイプを見極めながら相手に応じた対応をしていくことが必要です（表15－2）。

3.　保護者との面接の進め方

　保護者との面接においても，児童・生徒との相談と同様にカウンセリングの技法（受容，

表15-2　クライエントの3タイプ（ブリーフセラピーより）

ビジタータイプ	クライエント自身が問題を感じていないか，感じてはいてもそれを表明しない，もしくは変化することをまったく期待していないタイプ
	対応例：人間関係づくりを目標とし，相談者に合わせる
コンプレイナントタイプ	不平不満を強くもち，自分が感じている問題を何とかしようと考えてはいるが，問題発生の責任を他者や周囲の環境に求めるタイプ
	対応例：相談者を尊重しながら，よりよい目標を設定するのを支援する。相談者自身に変化を求めない
カスタマータイプ	クライエントが実際困っていて，何とかしようと思っている，また，問題が自分にあることを自覚していて，自分が変化したいと強く思っているタイプ
	対応例：解決に向けての有効な質問を用いながら，目標を具体的なレベルにしていくように支援する

出典：3タイプの説明は原田（2007），「対応例」は濱浪（2005）をもとに作成

共感，積極的傾聴等）が役立ちます。

　保護者からの自発的な相談，学校側が保護者を呼び出しての相談，このどちらの場合でも，来校することは少なからず心理的負担となります。まずは，来校してくれたことに対する労い・感謝の気持ちを伝えましょう。また，学校からの呼び出し面接の場合は，「とにかく来てください」といった曖昧な言い方ではなく，率直に問題を伝えます。その際「～で困っています」よりも「～なので心配しています」と，児童・生徒の問題解決が目的であることを伝えるようにします（文部科学省，2010）。

　相談を進めていくにあたって重要なことが「主訴・問題の明確化」です。対話を通して，保護者が何を問題としているのか，もしくはしていないのか，どうなりたいと願っているのかを明確にするとともに，教師の考えも共有しながら，共通理解を図っていきます。相談における保護者へのアプローチは大まかに，①主訴や保護者の想いに対する受容・共感，傾聴といった「感情面へのアプローチ」，②対象児や教育支援などへの認知の仕方・考え方を適切なものに導く「認知面へのアプローチ」，③対象児の不適応行動等に対する大人の指導・対応を分析し，具体的な対応・支援方法を伝える「行動へのアプローチ」の3つがあります（枡他，2018）（図15-1）。これら3つのアプローチの比率は，クライエントに応じて変化させていく必要があります。たとえば，児童・生徒にとって最善な対応であっても，保護者の状況や置かれている環境によっては実施が難しいことや，問題の解決を目指して行った助言が逆に保護者の精神的負担となってしまうことがあります。そのようなケースでは，認知面へのアプローチや行動へのアプローチは最小限にし，まずは受容や共感といった感情面のアプローチを優先させ，保護者を孤立させないことや次へとつなげていくことに重きを置くこともあります。相談や情報収集を通して，保護者の特徴や家族の問題を把握し，保護者ができそうなことから提案したり，ともに考えたりしていくことが大切です。

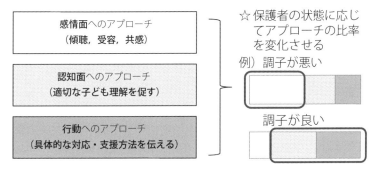

図15－1　3つのアプローチ

4.　外部の専門機関との連携

　教育相談を進めていくにあたり，外部の専門機関・専門家との連携が求められる場合があります。

　生徒指導提要には，何か問題があった場合に「対応のすべてを相手に委ねてしまうこと」は「連携」ではない旨が明記されています。学校で「できること」「できないこと」を見極め，学校ができない点を外部の専門機関などに援助をしてもらうことが必要です。

　学校が連携する外部の専門機関は教育，医療，福祉，刑事司法と多領域にわたります（図15－2）。各々の専門機関について，対象者や実施している支援や特徴，どんな機能をもっているのか等を把握することも連携を行ううえで大切です。

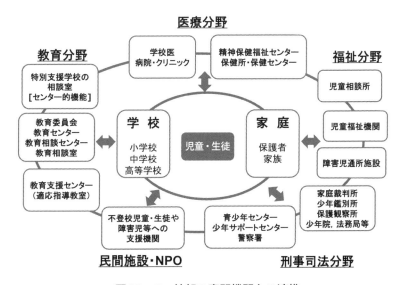

図15－2　外部の専門機関との連携

(1) 教育機関との連携

> #### 🔑 キーワード
>
> **教育センター**：教育センターでは，教職員の研修や教育課題の研究，教育相談などを実施しています。教育相談においては，子どもや保護者，教師等を対象に，教育関係者や心理職，福祉職等の専門職による支援が行われています。

　各都道府県および政令指定都市には教育センターが設置されており，教職員の研修や教育課題の研究，教育相談などを実施しています。また，教育委員会や区市町村の教育相談センター，教育相談所，教育研究所等の教育相談機関においても，子どもやその保護者，学校関係者からの性格や行動，発達，学校生活，家庭生活，進路等の相談に，学校教育が専門の相談員や，心理職，福祉職等の専門家が応じています。相談形態としては，電話相談，来所相談，メール相談等があります。また，不登校児童・生徒に対して個別カウンセリング，集団での指導，教科指導等を行う教育支援センター（適応指導教室）と連携するケースや，障害やその疑いのある児童・生徒について，地域の特別支援学校と連携して支援・指導にあたる場合もあります。

(2) 医療機関との連携

　医療機関との連携で，中心になるのは心と体の「病気」にかかった児童・生徒の医療機関への紹介です。教員が最初に相談するのは，学校医が多いと考えられます。学校医の診断から他の専門医を紹介する例も見られます（文部科学省, 2010）。その他の医療機関としては，精神病院，精神科クリニック，心療内科，保健所・保健センター，精神保健福祉センターなどがあります。

(3) 児童相談所・児童福祉機関・障害児通所施設との連携

> #### 🔑 キーワード
>
> **障害児通所支援**：障害児を支えるための児童福祉法に基づく制度。自宅から施設に通ってサービスを受けるタイプの事業の総称。
>
> **児童福祉施設**：児童福祉に関する事業を行う施設（乳児院，保育所，児童養護施設，児童自立支援施設等）の総称。

　児童相談所は，児童福祉法によって，児童（18歳未満）についての諸問題について相談を受け，問題の本質，周囲の状況などを的確に把握し，最も適切な処遇方針を立て，児童の福祉を図っている行政機関です。養護相談（保護者のいない場合，児童虐待等），障害相談，非行相談，育成相談（性格，行動，しつけ等）等，非常に多岐にわたる相談内容を扱っています（厚生労働省, 1990）。児童福祉機関には，不良行為をなした児童，またはなすおそれのある児童だけでなく，家庭環境その他の環境上の理由により生活の指導を要する児童を

対象とした児童自立支援施設や，保護者のいない児童，虐待されている児童その他環境上養護を要する児童を対象とした入所施設である児童養護施設等があります。また，障害児の場合，障害児通所支援を行う機関に通っている場合もあります。

(4) 刑事司法関係の機関との連携

刑事司法関連の連携先としては，青少年センター（少年補導センター，青少年育成センター，少年センター等，地域の実情や主たる活動内容に応じて具体的な名称は異なる）や都道府県の県警本部に設置されている少年サポートセンター，警察署があります。

青少年センターでは，いじめ・不登校・非行といった子どもや若者とその保護者が抱える悩みに対する相談活動をはじめ，非行や不良行為を行っている者に対する街頭補導活動，有害環境の浄化活動，各種イベントをはじめとする広報啓発活動，就労支援，居場所づくりといった活動が地域の実情に応じて行われています（内閣府, 2013）。少年サポートセンターでは，少年補導職員による少年相談，継続補導，被害少年の支援などの専門的・継続的な活動が実施されています（内閣府, 2019）。

その他の刑事司法関係には，家庭裁判所，少年鑑別所，保護観察所，少年院，法務局や法務省の人権擁護局などがあります。

(5) NPOとの連携

民間施設やNPO等による不登校児童・生徒や障害児への支援も多く行われています。不登校児童・生徒が学校外の公的機関や民間施設において相談・指導を受けている場合，校長の判断で指導要録上の出席扱いとすることができるようになっています（文部科学省, 2010）。それぞれの機関によって，取り組みや方針等に特色があるため，教師はそれぞれの施設の特徴や期待してよい役割等について理解を深める必要があります。

《引用・参考文献》

濱浪雅登（2005）．解決志向アプローチを行う上での課題点や留意点に関する一考察．旧岡山県教育センター平成17年度長期研修研究成果物, 119-124.

原田唯司（2007）．学校教育現場における解決焦点化ブリーフカウンセリングの適用可能性　静岡大学教育学部研究報告（人文・社会科学篇）, 57, 257-268.

河村茂雄（編著）（2019）．教育相談の理論と実際 改訂版　図書文化社.

厚生労働省（1990）．児童相談所運営指針.

枡千晶・橋本創一・三浦巧也（2018）．小学校特別支援学級・通級指導教室に通う児童の保護者に対する外部専門家によるコンサルテーションの在り方の検討　日本学校心理士年報, 10, 144-151.

文部科学省（2010）．生徒指導提要　教育図書.

文部科学省（2013）．教職員のメンタルヘルス対策について（最終まとめ）.

森俊夫（2000）．先生のためのやさしいブリーフセラピー――読めば面接が楽しくなる――　ほんの森出

　版.

内閣府（2013）．平成25年版 子ども・若者白書.

内閣府（2019）．令和元年版 子ども・若者白書.

副島賢和（2008）．学校における親とのかかわりを考える．小林正幸・橋本創一・松尾直博（編），教師
　のための学校カウンセリング　有斐閣.

八巻寛治（2018）．発達段階を意識して「いいところ」を伝える　月刊学校教育相談, *32*（7）, 29-31.

16章
教育相談とキャリア・カウンセリング

李　受眞・橋本創一

---

1. キャリアガイダンス

　キャリア（career）とは，人が生涯の中でさまざまな役割を果たす過程で，自らの役割の価値や自分と役割との関係を見出していく連なりや積み重ねをいいます（中央教育審議会，2011）。現在キャリアには，①職業キャリア（職業に関連した経歴）と②ライフキャリア（仕事を含めた個人の生き方）があります。

　ガイダンス（guidance）とは，主に学生・生徒の自己実現，自己コントロール，自己管理を目的とする教育活動，一般に生活指導，生徒指導とされています。次の3つの意味合いから捉えるとわかりやすいでしょう。まず「社会一般における指導」の意味としては，不慣れで事情のわからないものに対して初歩的な説明をすることです。「生活・学習面のあらゆる面にわたる指導」では，生徒が自己の能力や個性を最大限に発揮できるように助言・指導をします。最後に「キャリアガイダンス」のように，進路や行動の方針の選択・決定にあたり，助言・援助するものとなります。

　「キャリアガイダンス」は，学生が職業観・勤労感を培い，社会人として必要な資質能力を形成していくことができることをねらいとしています。そのため，学生の現状を踏まえて，学生のキャリア発達の支援のためにキャリアガイダンスを教育活動に位置づけ，その充実に努めることが必要です。

2. キャリア・カウンセリング

🔑 キーワード

自己理解：一般的な概念としての自己理解とは，自分自身の分析を通してさまざまな面から自己を確認し，客観視できるようになることです。キャリア教育においては基礎的・汎用的能力の具体的内容の1つとしてあげられています。「仕事に就くこと」に焦点を当て，実際の行動として現れるという観点から，「人間関係形成・社会形成能力」「自己理解・自己管理能力」「課題対応能力」「キャリアプランニング能力」の4つの能力に整理しています。これらの能力は，包括的な能力概念であり，必要な要素をできるかぎりわかりやすく提示するという観点でまとめたものであり，それぞれが相互に関連・依存した関係です。ここで「自己理解・自己管理能力」は，自分が

「できること」「意義を感じること」「したいこと」について，社会との相互関係を保ちつつ，今後の自分自身の可能性を含めた肯定的な理解に基づき主体的に行動すると同時に，自らの思考や感情を律し，かつ今後の成長のために進んで学ぼうとする力であると示されています。（文部科学省，2011）

　キャリア・カウンセリングとは，人のライフ・キャリア発達を支援する活動です。学校におけるキャリア・カウンセリングは，「子どもたち一人一人の生き方や進路，教科・科目等の選択に関する悩みや迷いなどを受け止め，自己の可能性や適性についての自覚を深めさせたり，適切な情報を提供しながら，子ども達が自らの意思と責任で進路を選択できるようにするための個別またはグループ別に行う指導援助である」（文部科学省，2003）としています。キャリア発達を促すためには，児童・生徒1人ひとりに対するきめ細やかな指導・援助を行うキャリア・カウンセリングの充実はきわめて重要となります。

　宮城（2002）によれば，キャリア教育におけるキャリア・カウンセリングの役割として3点をあげています。①自己概念の明確化と職業役割の明確化，②自己指導能力，主体的な進路選択能力の開発，③自己の能力，適応，興味・関心，希望進路を総合的に考え，進路を選択できる能力の育成の3つです。また，個々のキャリア・カウンセリングの進め方には8ステップがあげられています（表16-1）。ステップ4のアセスメントツールを通じて，個人特性を客観的に測定し，より適切な進路選択，進路指導ができるようにする必要があります。このように能力面から適性を把握し，職業との相性を考える自己理解ツールには，厚生労働省（編）一般職業適性検査（GATB: General Aptitude Test Battery）があります。将来の自分のキャリアと就職の意味を考えることを促す就職活動サポートツールとしてはRCC就職レディネス・チェックがあり，仕事に対する興味・関心や自信から自分のパーソナリティを理解する検査には職業レディネス・テスト（VRT）があり，個人の性格特性や作業態度を総合的に捉えるKN式クレペリン作業性格検査［進路指導用］があり，自己理解・適性評価を支援するコンピュータ・システムにはキャリア・インサイト等があります。「障害者用就職レディネス・チェックリスト（ERCD: Employment Readiness Checklist for the Disabled）」では，障害のある人が一般企業に就職して職場での役割機能を果たしながら適応していく際に必要となる心理的・行動的条件を把握します。

3.　教育活動全体を通じたキャリア教育とポートフォリオの活用

🔑 キーワード

ポートフォリオ（キャリア教育の記録）：キャリア教育の場面においては，学習や活動の内容を記録し振り返ることは，教師にとっても，児童・生徒にとっても意義があります。こうした記録をポートフォリオといいます。ポートフォリオを作成することは，さまざまな役割の関係や価値を自ら判断し，取捨選択や創造を重ねるための助けとな

表16－1　キャリア・カウンセリングの進め方

ステップ1	信頼関係（ラポール）の構築	このカウンセラーだったら安心・信頼してなんでも話せるという安心感を与える。柔和な表情，誠実な態度，傾聴による真摯な聴き方などが重要な要素となる。
ステップ2	主訴，キャリア問題の把握と理解	どのような相談なのか。解決したい問題は何かについて，まず，正しく理解しカウンセリングテーマの明確化を行う。
ステップ3	キャリア情報の収集	これまでのキャリアの棚卸。現在の仕事や置かれている状況，知識，スキル，経験，資格，家庭と家族状況，有するリソース，阻害要因などについて詳しく聴く。
ステップ4	アセスメント（自己分析，正しい自己理解）	必要に応じて，客観的診断・査定を行う。性格診断，行動特性診断，興味・関心分析，価値分析，スキル分析，職業適性診断などを行う。強み，弱み，個人特性を明らかにする。アセスメントには さまざまな市販のツールがあり，利用できる。
ステップ5	目標の設定	どのような問題を具体的に解決し，どうしたいのかを明らかにする。ありたい自分と現在の自分のギャップを明確化し，ギャップを埋めるステップを考える。具体的な達成目標を明らかにし，達成方法を策定する。短期，中期，長期目標などに分類し目標を明らかにする。
ステップ6	目標達成のための課題の特定	目標達成のためにはどのような課題が存在するかを明らかにし，その課題の解決方法について考える。
ステップ7	目標達成へ向けた行動計画	ステップ6までを踏まえて行動計画を策定する。「何を，いつまでに，どのように，どれくらい」と具体的にスケジュール化し達成行動を計画する。
ステップ8	フォローアップ	カウンセリング後の進捗状況をフォローする。また，その後の適応状態などをフォローし，新たな問題が発生している場合には再度問題解決のサポートを行う。

出典：宮城（2004）を参考に作成

り，その活用により児童・生徒が自己の生き方や進路を真剣に考えることにつながります。

(1) キャリア教育における進路指導の教育課程の編成

　小学校，中学校，高等学校においても発達の段階を踏まえたキャリア教育の推進が重視されています（文部科学省，2017）。社会的・職業的自立に向けて必要な基盤となる資質・能力は，小学校から高等学校まで，発達の段階に応じて，学校の教育活動全体の中で育むものとされてきました。しかし，小学校では「進路指導」との混同により，中学校と高等学校においては，職業に関する理解を目的とした活動だけに目が行きがちになり，1人ひとりが自らのあり方や生き方を考えるものになっていないという課題がありました。人間としてのあり方や生き方を考える領域は，特別の教科道徳や総合的な学習の時間もその役割を担っています。その中で，特別活動は，自分自身の現在および将来と直接かかわるものであること，集団や他者とのかかわりを前提として自己を考えるということをねらいとしており，「自己実現」の観点を明示しています。

(2) 1人ひとりのキャリア形成と自己実現

中学校ではこれまでの学級活動の内容「学業と進路」を「一人一人のキャリア形成と自己実現」と改め，小学校にもこれを設けています。小学校の特別活動の目標および内容には，①現在や将来に希望や目標をもって生きる意欲や態度の形成，②社会参画意識の醸成や働くことの意義の理解，③主体的な学習態度の形成と学校図書館等の活用が明示されています。中学校の特別活動の目標と内容では，小学校のものに加え，それぞれにさらに詳しく明示されています。具体的には，①現在および将来の学習と自己実現とのつながりを考えたり（中略）学ぶことと働くことの意義を意識して学習の見通しを立て，振り返ること，②社会の一員としての自覚や責任をもち，社会生活を営むうえで必要なマナーやルール，働くことや社会に貢献することについて考えて行動すること，③目標をもって，生き方や進路に関する適切な情報を収集・整理し，自己の個性や興味・関心と照らして考えることについて示しています。

(3) ポートフォリオ的な教材（キャリア・パスポート）の活用

小学校から高等学校までの特別活動をはじめとしたキャリア教育にかかわる活動について，学びのプロセスを記述し振り返ることができるポートフォリオ的な教材（キャリア・パスポート）を作成し，活用することが効果的ではないかとの提案がなされました（図16－1）。これらを活用する際は，子どもたちが自己評価を行う際に教員が対話的にかかわることで，自己評価に関する学習活動を深めていくことが重要となります。また，これらを活用することで学びを蓄積し，それを社会や将来につなぎ，必要に応じて振り返ることにより，自己のキャリア形成に活かすことが期待されています。

(4) 卒業後つまずく児童・生徒の支援

障害のある人が学校教育修了後の進路として就労移行支援事業所を選択することは少なくありません。就労移行支援事業所は在校生の動向にも目を向けています。このため，卒業生の受け入れを前提として日ごろから学校と情報交換し，ネットワークを形成していくことが求められます。

就労移行支援事業

就労移行支援事業とは，障害者総合支援法において，一般就労を希望する障害のある人を企業等での就労につなぐ事業のことをいいます。障害者総合支援法のもとで目的別に障害福祉サービスが再編成された結果，就労移行支援事業は一般就労を希望する人を対象とし，「福祉から一般就労への移行」を促進するという明確な役割を担うことになりました。その役割を果たすために，就労移行支援事業には基本的な5つの機能があります。すなわち，①ステップアップのための中間的環境，②職業的適性等に関するアセスメント機能，③障害のある人の自己理解を支援し，就労意欲を高める機能，④適した職場を見つけ調整するマッチング機能，⑤就職直後から長期の継続支援を含むフォローアップ機能です。

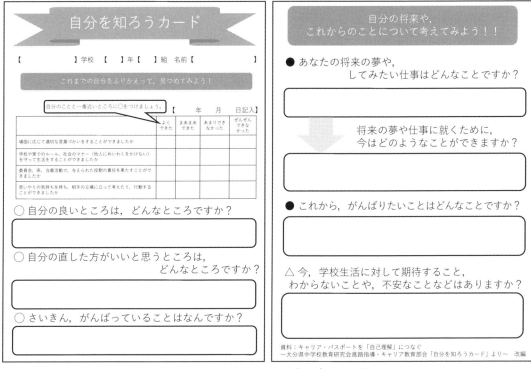

図16－1　キャリア・パスポートの例

　障害のある人の就労支援は，アセスメントからフォローアップに至る7つの基本プロセスを踏まえて進めることが大切です。また，地域の連携の中でこの基本プロセス全体が実行されることが重要です。7つの基本プロセスとは，①就労相談，②障害のある人のアセスメントと準備訓練，③職業紹介，④職場のアセスメント，⑤マッチングの調整，⑥職場適応支援，⑦フォローアップです。就労移行支援事業所が必ずこれらプロセスのすべてを担うわけではありません。必ず担わなければならないのは，2段階のアセスメントと準備訓練です。

> 🔑 **キーワード**
>
> **地域若者サポートステーション**：地域若者サポートステーション（愛称：サポステ）では，「働きたいけど，どうしたらよいのかわからない」「働きたいけど，自信がもてず一歩を踏み出せない」「働きたいけど，コミュニケーションが苦手で不安」「働きたいけど，人間関係のつまずきで退職後，ブランクが長くなってしまった」など，働くことに悩みを抱えている15～39歳までの若者に対し，キャリアコンサルタントなどによる専門的な相談，コミュニケーション訓練などによるステップアップ，協力企業への就労体験などによる就労に向けた支援を行っています。サポステは，厚生労働省が委託した若者支援の実績やノウハウがある全国のNPO法人，株式会社などが実施しています。

《引用・参考文献》

中央教育審議会（2011）．今後の学校におけるキャリア教育・職業教育の在り方について（答申）．

国立教育政策研究所（2018）．キャリア・パスポートを「自己理解」につなぐ——大分県中学校教育研究会進路指導・キャリア教育部会「自分を知ろうカード」より——（キャリア教育リーフレットシリーズ特別編 キャリア・パスポート特別編5）．「キャリア教育」資料集 研究・報告書・手引編（平成30年度版）．

厚生労働省（2011）．就労移行支援ガイドブック（平成23年度障害者総合福祉推進事業）．

宮城まり子（2002）．キャリアカウンセリング 駿河台出版社．

宮城まり子（2004）．キャリアカウンセリングはどのように活用するのか 日本労働研究雑誌，*525*，50-53.

文部科学省（2003）．キャリア教育の推進に関する総合的調査研究協力者会議—中間まとめ—．

文部科学省（2011）．キャリア教育とは何か．

文部科学省（2017）．小学校学習指導要領 総則；中学校学習指導要領 総則．

文部科学省（2018）．新たな学習指導要領におけるキャリア教育．

■編者紹介　橋本創一・三浦巧也・渡邉貴裕・尾高邦生
　　　　　　堂山亞希・熊谷　亮・田口禎子・大伴　潔

■著者紹介
（50音順）

荒木史代	福井工業大学	Ⅱ－2章
石津憲一郎	富山大学	Ⅱ－10章
大伴　潔	東京学芸大学	Ⅰ－7章
尾﨑啓子	日本女子大学	Ⅱ－1章
尾高邦生	順天堂大学	Ⅰ－16章
尾花真梨子	江戸川大学	Ⅱ－4章
川俣智路	北海道教育大学	Ⅱ－14章
日下虎太朗	東京学芸大学大学院	Ⅱ－13章
熊谷　亮	宮城教育大学	Ⅰ－11章・12章
小林　巌	東京学芸大学	Ⅰ－4章
小林正幸	東京学芸大学	Ⅱ－6章
齊藤英俊	北陸学院大学	Ⅱ－5章
霜田浩信	群馬大学	Ⅰ－10章
杉岡千宏	福岡教育大学	Ⅰ－9章，Ⅱ－9章
相馬花恵	駿河台大学	Ⅱ－8章
田口禎子	駒沢女子短期大学	Ⅱ－7章
堂山亞希	目白大学	Ⅰ－3章
野元明日香	志學館大学	Ⅱ－11章
橋本創一	東京学芸大学	Ⅰ－1章・8章・9章・13章，Ⅱ－13章・16章
林安紀子	元東京学芸大学	Ⅰ－5章
廣野政人	東京学芸大学	Ⅰ－5章
渕上真裕美	東京学芸大学	Ⅰ－8章
本田真大	北海道教育大学函館校	Ⅱ－12章
枡　千晶	前信州大学	Ⅰ－14章，Ⅱ－15章
三浦巧也	東京農工大学	Ⅱ－3章・9章
溝江　唯	東京学芸大学	Ⅰ－7章
安永啓司	聖学院大学	Ⅰ－15章
山口　遼	国立特別支援教育総合研究所	Ⅰ－1章
李　受眞	浜松学院大学	Ⅰ－13章，Ⅱ－16章
渡邉貴裕	順天堂大学	Ⅰ－2章
渡邉流理也	新潟大学	Ⅰ－6章

教職課程コアカリキュラム対応版
キーワードで読み解く

特別支援教育・障害児保育 &
教育相談・生徒指導・キャリア教育

2020 年 4 月 10 日　初版第 1 刷発行
2023 年 2 月 5 日　　第 3 刷発行

編著者	橋本創一・三浦巧也・渡邉貴裕
	尾高邦生・堂山亞希・熊谷　亮
	田口禎子・大伴　潔
発行者	宮下基幸
発行所	福村出版株式会社

〒113-0034　東京都文京区湯島 2-14-11
電話 03 (5812) 9702　FAX 03 (5812) 9705
https://www.fukumura.co.jp

印刷・製本　中央精版印刷株式会社

福村出版◆好評図書

渡邉貴裕・橋本創一 他 編著
特別支援学校・特別支援学級・通級による指導・通常の学級による支援対応版
知的障害／発達障害／情緒障害の
教育支援ミニマムエッセンス
●心理・生理・病理，カリキュラム，指導・支援法
◎2,700円　　　ISBN978-4-571-12144-9　C3037

特別支援学校教諭免許状の第二・三欄カリキュラムを網羅。指導・支援者が学ぶべきミニマムエッセンスを解説。

橋本創一・安永啓司・大伴 潔・小池敏英・伊藤友彦・小金井俊夫 編著
特別支援教育の新しいステージ
5つのI(アイ)で始まる知的障害児教育の実践・研究
●新学習指導要領から読む新たな授業づくり
◎1,800円　　　ISBN978-4-571-12135-7　C3037

新学習指導要領のポイントをわかりやすく解説し，知的障害児のためのユニークな授業実践33例を紹介。

橋本創一・熊谷 亮・大伴 潔・林 安紀子・菅野 敦 編著
特別支援教育・教育相談・障害者支援のために
ASIST学校適応スキルプロフィール
●適応スキル・支援ニーズのアセスメントと支援目標の立案
◎5,000円　　　ISBN978-4-571-12123-4　C3037

学校・職場などでの適応状況を可視化するオリジナルの調査法。専門知識は不要ですぐに使える。CD-ROM付。

橋本創一 編
知的障害・発達障害児における
実行機能に関する脳科学的研究
●プランニング・注意の抑制機能・シフティング・ワーキングメモリ・展望記憶
◎7,000円　　　ISBN978-4-571-12141-8　C3037

支援ニーズ把握のためのアセスメントとして実行機能に焦点を当て，様々な実験を通じて多面的な検討を試みる。

障害児の教授学研究会 編
アクティブ・ラーニング時代の実践をひらく
「障害児の教授学」
◎2,700円　　　ISBN978-4-571-12138-8　C3037

障害児の授業を支える理論を体系的に論じ，新学習指導要領をふまえた教育実践を創造するための視点を示す。

障害児の教授学研究会 編集／新井英靖・小川英彦・
櫻井貴大・高橋浩平・廣瀬信雄・湯浅恭正・吉田茂孝 編著
エピソードから読み解く特別支援教育の実践
●子ども理解と授業づくりのエッセンス
◎2,300円　　　ISBN978-4-571-12130-2　C3037

現役教師が体験をもとに書き下ろした21のエピソードと研究者の解説を通して学ぶ「授業づくり」の実践ガイド。

新井英靖 編著
特別支援教育のアクティブ・ラーニングと
カリキュラム開発に関する実践研究
◎5,400円　　　ISBN978-4-571-12145-6　C3037

ドゥルーズ，ベルクソン，吉本均らの哲学・教授学から従来の特別支援教育を超える授業づくりの原理を導き出す。

湯浅恭正・新井英靖 編著
インクルーシブ授業の
国際比較研究
◎6,800円　　　ISBN978-4-571-12132-6　C3037

日・英・独における比較研究を通して，21世紀に期待されるインクルーシブ授業（教育）のあり方を展望。

日本発達障害学会 監修
キーワードで読む 発達障害研究と実践のための
医学診断／福祉サービス／特別支援教育／就労支援
●福祉・労働制度・脳科学的アプローチ
◎2,800円　　　ISBN978-4-571-42058-0　C3036

発達障害の概念を包括的に捉え，医学・福祉・教育・労働における最新のトピックと取り組み，課題を解説。

◎価格は本体価格です。

福村出版 ◆ 好評図書